中欧
智慧城市比较
研究报告
（2014年）

指导：
工业和信息化部
欧盟委员会通信网络技术和内容总司
撰写：
中国信息通信研究院
中国欧盟政策对话支持项目

商务印书馆
创于1897 The Commercial Press
2015年·北京

图书在版编目(CIP)数据

中欧智慧城市比较研究报告. 2014年/中国信息通信研究院,中国欧盟政策对话支持项目著. —北京:商务印书馆,2015
ISBN 978-7-100-10946-8

Ⅰ.①中…　Ⅱ.①中…②中…　Ⅲ.①现代化城市—城市建设—对比研究—研究报告—中国、欧洲—2014　Ⅳ.①C912.81

中国版本图书馆CIP数据核字(2014)第292897号

中欧智慧城市比较研究报告(2014年)
中国信息通信研究院、中国欧盟政策对话支持项目　著

商务印书馆出版
(北京王府井大街36号　邮政编码 100710)
商务印书馆发行
北京冠中印刷厂印刷
ISBN 978-7-100-10946-8

2015年5月第1版　开本 880×1230　1/32
2015年5月北京第1次印刷　印张 14¼

定价:58.00元

中欧智慧城市合作指导委员会名单

一、中方

组长:工业和信息化部副部长　杨学山

执行成员:

北京市海淀区区长　孙文锴

天津市副市长、滨海新区区长　宗国英

上海市政府副秘书长、浦东新区区长　孙继伟

江苏省扬州市副市长　孔令俊

江苏省南通市市长　张国华

江苏省淮安市市长　曲福田

浙江省宁波市市长　卢子跃

浙江省嘉兴市市长　肖培生

福建省漳州市市长　檀云坤

山东省烟台市市长　孟凡利

广东省广州市委常委、南沙开发区管委会主任　丁红都

广东省深圳市前海管理局局长　张备

广东省珠海市市长　何宁卡

四川省成都市市长　葛红林

新疆维吾尔自治区库尔勒市市长　居来提·吐尔地

国家发展和改革委高技术产业司副司长　顾大伟

工业和信息化部信息化推进司司长　徐愈

工业和信息化部信息化推进司副司长(正司长级)　秦海

工业和信息化部国际合作司巡视员　崔志华

中国信息通信研究院(原工业和信息化部电信研究院)院长　曹淑敏

二、欧方

组长:Zoran Stančič,欧盟委员会通信网络内容和技术总司副总司长

执行成员:

Colette Maloney,欧盟委员会通信网络内容和技术总司智慧城市和可持续发展部主任

Merce Griera-I-Fisa,欧盟委员会通信网络内容和技术总司智慧城市和可持续发展部

Chris Brown,中欧政策对话支持项目二期项目经理

Jeanette Whyte,牵头专家,Jenesis咨询公司顾问

Thomas Hart,信息通信政策研究资深专家

Ger Baron,荷兰阿姆斯特丹

Julia Lopez,西班牙巴塞罗那

Lorraine Hudson,英国布里斯托

Hans Christian Christiansen,丹麦哥本哈根

Gianluca Vannuccini,意大利佛罗伦萨

Wiebke Fiebig Wendelin Friedel,德国法兰克福

Eric Legale，法国巴黎伊西莱穆

Per Justesen，法国里昂

Monika Månsson，瑞典马尔默

Steve Turner，英国曼彻斯特

Inete Ielite，拉脱维亚里加

Vaino Olev，爱沙尼亚首都塔林

Gianfranco Bettini，意大利威尼斯

Aiste Andziuleviciute，立陶宛首都维尔纽斯

Mirjana Zubak，克罗地亚萨格勒布

编委会

主　编：

秦海

副主编：

余晓晖、Chris Brown

作　者：

中方：康彦荣、陈才、臧磊、李浩、葛雨明、崔颖、金夏夏、杨思维

欧方：Jeanette Whyte、Thomas Hart

致　谢

《中欧智慧城市比较研究报告》的顺利完成首先要感谢工业和信息化部杨学山副部长与欧盟委员会通信网络内容和技术总司佐兰·斯坦齐齐副总司长共同开启了“中欧绿色智慧城市”合作，正是他们的远见卓识为中欧双方的城市、专家提供了一个分享交流的平台，也因此有了这份凝聚中欧城市实践经验和双方专家智慧的报告。

《中欧智慧城市比较研究报告》由工业和信息化部、欧盟委员会和中欧政策对话支持项目（PDSF）委托，由中国信息通信研究院（原工业和信息化部电信研究院）康彦荣博士、Jenesis 咨询公司 Jeanette Whyte 女士联合牵头的中欧专家经过一年多的努力完成。

中欧绿色智慧城市合作的 30 个试点城市为本报告提供了大量本地区智慧城市实践的背景信息，并花费宝贵的时间填写了智慧城市评估框架调查表。正是这些城市的参与和第一手信息使得本报告具有了其他智慧城市研究不可比拟的优势和价值。

工业和信息化部信息化推进司秦海副司长一直以来鼎力支持和推动中欧绿色智慧城市合作的实施，此次倾力为本书撰写了序言，2 万多字的序言精彩之至，他从经济、社会、人文、历史和科学技术等多重视野对智慧城市的深刻洞察和思考，不仅使本书大为增辉，也成为本书中一颗充满思想的耀眼明珠，值得细细品味。

三年来,工业和信息化部国际合作司崔志华巡视员、郑凯处长,信息化推进司张望处长、方新平等不遗余力地推动中欧绿色智慧城市合作,为本研究报告的形成创造了良好的条件。中国信息通信研究院在推动中欧绿色智慧城市合作的过程中发挥了重要的智库作用,曹淑敏院长、余晓晖总工程师、政策与经济研究所鲁春丛所长、王爱华、张雪丽等领导和同仁在本报告撰写过程中给予了大力支持和指导,余晓晖总工程师审阅了全书。

欧盟委员会通信网络内容和技术总司智慧城市和可持续发展部主任 Colette Maloney 女士和她的同事 Merce Griera-I-Fisa 女士给予中欧绿色智慧城市合作大力支持。

由 Chris Brown 先生带领的中欧政策对话支持项目(PDSF)在报告撰写过程中积极协调并大力支持。Shaun Topham 博士帮助项目组建立与欧方试点城市的联系,并搜集欧方城市的信息。欧盟驻华商会乌兰娜女士为起草组搭建了与欧方企业交流的平台。

中方企业为报告提供了有价值的智慧城市相关解决方案信息。华为技术有限公司在报告撰写、出版过程中提供了支持。

没有各方的指导、支持和条件创造,很难想象本研究报告可以如此顺利地完成,正是大家的共同努力,结出了中欧绿色智慧城市合作的这朵小花,希望可以为中欧智慧城市的发展和实践提供一些有益的参考。

缩略语

API	应用程序接口
BO	建设和运营
BOT	建设、运营和转让
BSA	商业软件联盟
BSI	英国标准协会
CATR	工业和信息化部电信研究院
CIP	竞争力与创新框架计划
CF	凝聚基金
COSME	企业和中小型企业竞争力计划
EEEF	欧洲能源有效利用基金
EIB	欧洲投资银行
EIP-SCC	智慧城市和社区创新伙伴关系计划
ERDF	欧洲地区发展基金
ERDP	欧洲区域发展项目
ELENA	欧洲地方能源援助
ESCO	能源服务公司
ESF	欧洲社会基金
ESPC	节能绩效保证合约

FP	框架计划
FTTH	光纤到户
GeSI	全球电子可持续发展倡议组织
GHG	温室气体
ICF	智慧社区论坛
ICGF	基础设施信贷担保基金
ICT	信息通信技术
IDA	新加坡信息通信发展管理局
IEE	智能能源欧洲项目
IFI	国际金融机构
IoE	万物互联
IP	互联网协议
IoT	物联网
ITDP	交通与发展政策研究所
ITI	综合区域投资
ITS	智能交通系统
JESSICA	欧洲联合支持可持续投资城市区域基金
LED	发光二极管
M2M	机器通信
MIIT	工业和信息化部
MOHURD	住房和城乡建设部
MOST	科学技术部
NDRC	国家发展和改革委员会
NFC	近场通信
NICE	智慧城市能源效率网络

OASIS	政策建议在线提交系统
P2M	人机通信
P2P	人人通信
P3GM	P3 全球管理公司
PDSF	政策对话支持项目
PPP	公私合作伙伴关系
RFID	射频识别
RSFF	风险分担融资项目
SEAPS	可持续能源行动计划
SIP	战略实施计划
TIF	税收增量融资
TOD	公共交通为导向的发展
UDP	城市发展平台

目　录

图　表

序　言

智慧城市，我和你！[①]

秦　海

（2014 年 4 月 26 日）

“智慧城市”好像脱胎于“智慧地球”。“智慧地球”这一概念最早于 2008 年年底由 IBM 公司提出，当时称之为“smarter planet”。2009 年，IBM 商业价值研究院发布了《智慧地球》[②]一书，优先推荐了智慧的电力、智慧的医疗、智慧的城市、智慧的交通、智慧的供应链和智慧的银行等六大领域。“智慧城市”的概念开始正式形成，并风靡一时，迅速席卷全球。不讨论“智慧城市”好似是不识时务者，或干脆就是“落伍者”。

一、何谓智慧城市？

2008 年 11 月 28 日，美国外交关系理事会（Council on Foreign

① 本文在写作过程中，先后得到了廖毅敏博士、王志成博士和康彦荣博士的帮助，廖毅敏、秦梓宸阅读了初稿，核查了相关文献，提出了很多修改意见，王志成帮助整理了相关图表，在此表示诚挚感谢。文中可能包含的错误，由作者负责。

② IBM 商业价值研究院：《智慧地球》，东方出版社 2009 年版。

Relations)召开了“技术、国际关系和主权”研讨会,时任IBM公司首席执行官彭明盛(Sam Palmisano)第一次提出了“智慧地球”的概念,他强调,整个世界的各种系统和产业正越来越变得可测、互联互通和智能化,并且认为下一代领导人和公民可以利用当前技术应用状态和处理各种事务的能力,改进和提升整体事务的运行体系和各种产业。2009年1月28日,在美国候任总统巴拉克·奥巴马出席的美国工商领袖圆桌会议上,彭明盛再次提出了“智慧地球”的概念。据说smarter一词,对于奥巴马来说具有“亲切感”,因为在奥巴马竞选的过程中说过这样的“口头禅”。为了投其所好,彭明盛进一步认为,下一个十年将是“智慧的十年”,建设“智慧地球”有助于解决面临着最大压力的各种现实的经济社会问题,而且可以作为有效应对2008年国际金融危机和实现经济复苏的战略举措。随后,IBM公司在全球举办了一系列商业技术论坛和推介活动,陆续发布了《智慧地球赢在中国》等报告,并且在国内外许多城市举办了智慧城市峰会。

智慧城市挑战计划

2010年,IBM市民项目(IBM Citizenship)开通了智慧城市挑战(Smarter Cities Challenge)网站,在美洲、欧洲、亚洲、非洲和大洋洲签约了100个城市,并帮助它们厘清在未来的三年各自所面临的挑战,该计划调集了来自IBM不同商业单元和区域的专家与这100个城市领导者花三周时间共同讨论它们发展的基础环境,以使得这些城市运行得更加智慧、更富有效率。该计划所强调城市发展的基本背景和基础环境,具体包括:公共行政、市民参与(citizen engagement)、经济发展、教育和劳动人口、环境、公共安全、社会服务、交通和城市规划等 9 项指标，并设定了全球智慧城市网页参考地图。[①] 在这一张全球智慧城市网页参考地图上，每点击一项指标，网页就会通过颜色和清晰度的变化为我们推荐相关城市，然后再点击这些城市，就可以得到每个被推荐的城市在智慧城市建设上所面临的挑战以及相关的最佳实践，此外，该网站还会自动列举面临相同挑战的相关城市。2011 年 3 月 1 日 IBM 公司发布了“智慧计算”（smarter computing）框架支持智慧地球建设。

维也纳指数

来自维也纳理工大学区域科学研究中心、斯洛文尼亚卢布尔雅那大学（University of Ljubljana）地理系和荷兰代夫特理工大学（Delft University of Technology）住房、城市和迁徙研究所的城市规划和空间规划专家，继承了早在 20 世纪 90 年代初期关于城市生活成本、吸引力、知名度等排序方面的研究成果，2007 年 4—10 月合作开展了欧洲智慧城市研究项目，并于 2007 年 10 月发布了《智慧城市——欧洲中等城市排名》[②]。他们认为，因为全球化和一体化所引发的经济和技术变迁，欧洲城市正面临着竞争力和可持续发展的双重挑战，这些挑战对城市质量——特别是居住、经济、文化、社会和环境等产生了重大影响。他们的研究并不关心大都会城市，只关心人口在 10 万—50 万的中等城市，因为这些城市在全球化和一体化的城市发展中可能面临着与大都会城市的复杂连接、定位以及自身可持续发展等方面的突出挑战。他们从欧盟 ESPON 空间

① 来源：http://smartercitieschallenge.org/index.html。

② 来源：The Center of Regional Science, Vienna University of Technology（2007）：*Smart Cities—Ranking of European Medium-Sized Cities*, http://smart-cities.eu/download/smart_cities_final_report.pdf。

规划项目(ESPON Space 1.1.1 项目)所覆盖的1600个城市中,选择了70个城市作为样本,这些城市的特点是:(1)人口在10万—50万之间,(2)至少拥有1所大学,(3)属区居民不足150万人。因此,他们在这一样本基础上提出了智慧城市模型,该模型由智慧经济、智慧迁徙、智慧环境、智慧公民、智慧生活和智慧治理等六个特征变量以及31个因子和74个指标构成,然后对样本城市进行排名。参见表0-1。

表0-1:维也纳指数(指标,权重)

智慧经济	智慧公民
• 创新精神(3,17%) • 企业家(2,17%) • 经济远景和商标(1,17%) • 生产率(1,17%) • 劳动力市场的灵活性(2,17%) • 国际嵌入性(3,17%) • 转型能力(0,%)	• 生活质量水平(4,14%) • 终生学习(3,14%) • 社会和伦理的多元性(2,14%) • 灵活性(1,14%) • 创造力(1,14%) • 普适性/开放心智(3,14%) • 公共生活的参与(2,14%)
智慧治理	**智慧迁徙**
• 决策参与(4,33%) • 公共和社会服务(3,33%) • 透明政府(2,33%) • 政治战略和远景(0,0%)	• 地域可迁入性(3,25%) • 国际可迁入性(1,25%) • ICT基础设施的有效性(2,25%) • 可持续、创新和安全的交通系统(3,25%)

（续表）

智慧环境	智慧生活
• 自然条件的吸引力（2,25%） • 污染物排放（3,25%） • 环境保护（2,25%） • 可持续的资源管理（3,25%）	• 文化设施（3,14%） • 医疗保健条件（4,14%） • 人身安全（3,14%） • 住房质量（3,14%） • 教育设施（3,14%） • 旅游吸引力（2,14%） • 社会包容（2,14%）

资料来源：http://smart-cities.eu/download/smart_cities_final_report.pdf。

西门子绿色城市指数（Siemens Green City Index）

该指数始于2009年，由《经济学家》集团智库（The Economist Intelligence Unit）研制，西门子公司赞助。该指数在欧洲、拉美、美国和加拿大、亚洲和非洲等地区共选择120个以上城市（北美和加拿大27个城市，欧洲30个城市，其中德国除柏林外还有11个城市，亚洲22个城市，拉美17个城市，非洲15个城市，澳大利亚和新西兰7个城市），并就这些城市的平均人口总量、平均GDP、CO_2排放量、绿色空间、人口密度、交通方式、水系统的链接、水消费、废品、废弃品的循环利用率、二氧化硫（sulphur dioxide）、可吸入颗粒物（particulate matter，主要是PM10）、二氧化氮（nitrogen dioxide）等指标进行监测[①]，绘制了一张全球动态地图。在这些样本城市中，无论是任何一个城市，还是任何一个指标，我们只要滑动鼠标或者

① 来源：http://www.siemens.com/entry/cc/features/greencityindex_international/all/en/pdf/gci_report_summary.pdf。

键盘进行选择,就可以查询不同城市不同指标的数值,并通过播放器(flash player)进行展示,而且就空气、废弃物、水资源、交通、建筑、土地利用、能源、CO_2排放量以及环境治理等提供可视化的蛛网图。[①] 同时,在全球绿色城市比较中,网页浏览者可以查询世界不同地区上述指标的平均值。以2009年为例,在西门子绿色城市的样本城市中,美国和加拿大的样本城市人均GDP为46000美元,欧洲为38500美元,亚洲为18600美元,拉美为11100美元,北美城市的人均GDP几乎是亚洲城市的2.5倍,是拉美城市的4倍多;CO_2排放量,北美人均14.5吨,欧洲5.3吨,亚洲4.6吨;二氧化硫排放量,拉美为每立方米15微克,欧洲为每立方米7微克,亚洲为每立方米23微克;可吸入颗粒物(以PM10为代表),每年每天集中程度,拉美为每立方米48微克,欧洲为每立方米35微克,亚洲为每立方米108微克;二氧化氮排放量,拉美为每立方米38微克,欧洲为每立方米35微克,亚洲为每立方米47微克。显然,西门子绿色城市指数关注的是城市环境,特别是城市的CO_2、SO_2、NO_2排放以及可吸入颗粒物等指标,注重城市的绿色发展、低碳发展和可持续发展。

智慧城市之轮

在吸收各方面研究成果的基础上,美国气候变化战略专家博伊德·柯恩博士(Boyd Cohen)提出了"智慧城市之轮"(Smarter Cities' Wheel)概念。[②] 如图0-1。

---

① 来源:http://www.siemens.com/entry/cc/en/greencityindex.htm。

② 来源:http://www.smartcityevent.com/boyd-cohen-the-smart-city-wheel。

图 0-1：博伊德·柯恩的"智慧城市之轮"

资料来源：http://www.smartcityevent.com/boyd-cohen-the-smart-city-wheel/。

他认为，在智慧城市之轮中，核心是智慧公民、智慧经济、智慧环境、智慧治理、智慧生活、智慧迁徙等六个核心因子，它们可以通过一些描述性指标进行界定，智慧经济表现为企业家精神和创新、生产率和地域与全球的相互依存；智慧环境体现为绿色建筑、绿色能源、绿色城市规划；智慧治理表现为供求双方政策的匹配、透明度和开放数据、信息通信技术普遍应用和电子政务；智慧生活体现为公共卫生和健康保健、公共安全和文化繁荣昌盛以及幸福感；智慧迁徙表现为多元接入的交通方式、优先选择清洁和非机动交通工具以及一体化的信息通信技术；智慧公民表现为面向 21 世纪的教育、包容性社会和激发创造性。

此外，如澳大利亚智库 2thinknow 也提出了全球创新城市指数

(innovative cities index)[①]。他们秉持创新是一个过程而不是一种价值的理念,从2006年起,按照162项指标测定了全球445个城市的创新潜力,具体指标包括建筑、艺术、基本公共服务、企业经营、商务活动、文化交流、外交、经济、自然环境、时尚、食品、地理、政府、公共卫生和保健、产业、信息、劳工、法律、物流以及军事、迁徙性、音乐、公共安全、资源、零售业、精神面貌、体育、创业、技术和通信设施等,并对每个指标按照从0到5分进行打分,然后进行排名,每年定期发布。

从上述综述看,"智慧城市"并没有一个通识的定义。如果从时间上看,似乎维也纳理工大学区域科学研究中心的学者们早在2007年就提出这一概念,只是他们并没有采用英文中常用的"比较级"(smarter),而且只关注中等城市,旨在强调中等城市在全球化和一体化进程中的定位和可持续发展,因而他们主张从经济、治理、环境、迁徙、公民和生活等六个维度研制"维也纳指数"来评价欧洲中等城市的转型和发展,保持中等城市的竞争力。《经济学家》智库提出的西门子绿色城市指数,强调在全球气候变化过程中,必须加大对城市污染和排放的监测、控制和治理,走绿色、低碳和可持续的城市转型和发展道路,由于其是由独立的第三方智库所执行的监测,它在CO_2、SO_2、NO_2排放量以及可吸入颗粒物(PM10)等指标的排名中,显然给那些纳入观察的样本城市增加了前所未有的压力。[②] 澳大利亚智库2thinknow所提出的创新型城

① 来源:http://www.innovation-cities.com。

② 需要指出的是,该数据平台并不完全是中立的,因为由西门子公司提供财政资助,所以也就成为西门子公司的产品、服务和技术解决方案的排他性的展示和广告平台。

市，侧重于影响城市创新的各种因子，阐述了哪些因子会影响城市的创新和活力。与这些城市评价相比，IBM 公司首次将"智慧"概念以"比较级"（smarter）的形式体现出来，使得智慧城市的"定位"（positioning）不仅仅局限于中等城市，还可以覆盖到大城市或者大都会地区。按照当时 IBM 首席执行官彭明盛的说法，"智慧地球"就是将传感器嵌入到经济社会运行所必需的各类设施设备之中，更加深入、更加及时、更加全面地感知经济社会运行的状态，并通过网络传输和信息处理，与广泛普及的互联网以及相应的应用系统相结合，全面优化和提升各种基础设施、公用设施以及管理系统和设备的运行效率和能力，进一步深化信息通信技术在各行各业的应用，推动信息基础设施和非信息公用设施智能化，使人类经济社会事务走向更加精细、更加科学的生产和生活状态。IBM 公司所关注的重点问题是信息通信技术的应用，更敏捷的感知、更迅速的传输、更广泛的互联以及更智慧的服务，从而使处于孤立状态的应用系统能够实现全面的互联互通和信息共享，以便能够高效处理城市经济发展和社会治理所面临的各种挑战。而博伊德·柯恩博士提出的"智慧城市之轮"综合了公民、经济、环境、治理、生活和迁徙等 6 个关键因子之间的相互依存，它们如同一个车轮中的"辐条"，共同维持城市的发展和繁荣。

相反，从中国国内实践来看，国内绝大多数城市都提出了建设智慧城市的愿景。有些城市管中窥豹，以偏概面，只见树木，不见森林，将"智慧"分拆到城市建设、运行和治理的各个环节；有些城市因为已经拥有了相对完善的信息通信基础设施和完备的信息应用系统，而且在物联网、大数据、云计算以及移动互联网等新一代信息通信技术创新应用方面具有一定基础，干脆夜郎自大，自认为就是“智慧城市”;有些城市干脆就是“新瓶装旧酒,换汤不换药”,将原来数字城市或者特定领域的信息化项目整体“打捆”,全部纳入“智慧城市”囊中;有些城市人云亦云,盲目追风,盲目占位,不管三七二十一,先把“智慧城市”的光环戴在自己头上再说;甚至还有些城市认为,有了智慧城市的冠名或者称号,自己工作和生活的城市就“智慧”起来了。

显然,“智慧城市”,作为当前的一个“关键词”或者是“热词”,不仅需要一个通识定义,而且需要一个工作定义和生活定义。通识定义能够使人们产生广泛的共鸣,并达成共识;工作定义能够为人们的进取和努力提供导向和目标,从而知晓自己应该做什么,怎么做;生活定义展现人们美好的向往、期待和愿景,并自觉自愿地尽到自己的一份绵薄责任。

智慧城市的通识定义

城市是经济发展和社会进步的包容性的有机体,有其自身的生命力,在全球化和一体化发展进程中,因技术进步和各种发展要素的高度迁徙性,每个城市更加需要明确自身的定位和特色,以便澄清自身发展所面临的机遇和挑战,更加理性、务实和稳妥地处理好城市发展进程中在空间和区域规划、基础设施、产业优化布局、环境保护、公共服务、公共治理以及全球化等方面需要解决的紧迫问题,在城市发展和转型过程中增强城市低碳发展、绿色发展和可持续发展的能力。

智慧城市的工作定义

城市是具有无限扩展潜力的多元的、互动的、复杂的利益相关者网络,同时,因为不同城市的地理区位、自然禀赋、功能定位、要素流动、经济活力、文化属性、社区认同、环境意识、迁徙归属感等方面的差异，不同城市在空间和土地规划、基础设施（信息通信基础设施以及交通、水煤气电管网等非信息通信基础设施）、建筑宜居、产业布局、公共服务（包括教育培训、健康医疗服务、养老、社会救助以及反贫困等）、公共安全、环境保护以及城市治理等方面面临着日益突出的矛盾，然而，现代信息通信技术的网络化、泛在化、移动化和智能化——特别是以传感网络、移动互联网、云计算和大数据等为代表的新一代信息通信技术的创新和应用，不仅可以使城市发展中所面临的紧迫问题得到有效化解，而且可以使广泛的利益相关者直接参与到城市治理体系建设之中。审慎的市政管理者可以通过“边干边学”、互动学习等方式，多元的利益相关者可以通过广泛参与、积极表达等方式，利用互联互通、开放共享的信息应用系统而不是孤立的、局部的带有部门利益本位的信息应用系统，共同参与构建现代城市治理体系。

智慧城市的生活定义

对于普通公民而言，城市能够提供更丰富的工作机会、更高级的生活品质和更宽广的选择，能够实现人生的广泛追求和远大志向，是实现人生梦想的舞台和栖息地，也是人们需要精心呵护的家园。山川秀美的自然景观、源远流长的文明遗址、高耸入云的高楼大厦、川流不息的交通网络、车水马龙的营商氛围以及四季分明的花团锦簇、风和日丽的生态环境等勾勒了城市的轮廓和边界，但是，积极向上、乐善好施的公民，不断塑造着一个城市的活力和生机。一个具有普遍认同感、舒适感和归属感的城市，往往就是最具包容性、宜居性、吸引力和创新性的城市。这样，“智慧”就是普通公民的一种感受、一种体验和一种自豪感，它应该是普通公民的话语，没有任何神秘可言，而不是一种技术问题，普通百姓希望他们哪怕再“朴素”、“幼稚”和“没有过脑子”的想法也能够得以接受和付诸现实,希望他们的日常生活能够“方便”、“灵巧”、“随意”、“有求必应”,而且每个普通公民也会因为自己日常生活中再熟悉不过和喜闻乐见的体认,为实现城市良好治理尽到他们应尽的责任和义务。

二、谁之城市?何种智慧?

城市是人类经济社会发展进程中的突出现象,也一直是社会科学研究的重要课题。除了美国的城市起源于19世纪早期之外,欧洲和中国的一些主要城市基本上都拥有数百年上千年的历史。早期的理论家们普遍关注城市的地理区位和它的道德后果。在中外历史上,城市的起源基本上接近于宗教的聚集场所(特别是欧洲)、城堡或封地、领地,在城市起源的早期,几乎所有城市的区位都是由政治考虑决定的。随着市场的形成和发展,由于交通技术、动力和工具以及道路网络、水运网络等因素限制了市场交易半径的扩展和长距离的贸易,交通因素就成为决定城市地点的主要原因,交通的中断和接续地点可能就是城市的所在地。从商品交易和贸易的角度看,城市是商品流通过程中的集散地,它们往往集聚若干河流相汇的河口、山谷、平原等人们聚会的地点。早期美国城市理论家查尔斯·H.库莱(Charles H. Cooley)认为,美国19世纪初期的城市,如芝加哥、布法罗、克里夫兰、底特律、密尔沃基等就是内陆航运河道或湖泊的港口,而纽约主要是因为陆地交通和水路交通的交汇决定了它的重要地位。

经济学家视野中的城市

经济学对城市的研究几乎与人类经济活动的演化相契合，因循了从农业经济（或者封闭的自给自足经济）向工业经济、从区域经济一体化向经济全球化的发展规律。

在农业经济时代，对城市研究可以追溯到经济区位理论。在德国普鲁士时期，农业制度改革，取消了容克地主和贵族阶级的许多特权，取缔了农民依附于土地所有者的隶属关系，在法律上被称为自由农民，同时，所有国民都可以拥有动产和不动产，并且可以自由交易和分割，促使贵族成为大的土地所有者，同时也催生了独立的农业企业家。约翰·海因里希·冯·屠能（Johann Heinrich von Thünen，1783—1850）亲历了这场改革，在19世纪头十年收购农场，并记录了十余年的农业数据，于1826年出版了《孤立国同农业和国民经济的关系》①，最早阐述了其"孤立国"理论——或农业圈抑或农业区位理论。

屠能的农业区位理论赖以存在的基础是以下的6个假设：

（1）在广袤的平原中央仅有一个城市；

（2）马车或者陆路交通是唯一的交通工具，不存在适用于航运的内陆河流和航道；

（3）土壤质量是均质的，任何地点都适宜于耕作；

（4）中央城市50英里之外就是荒野，并且与其他地区相隔绝；

（5）日用工业制成品的供应来自中央城市，食品和农产品的供应来自周边的平原地区；

① 约翰·冯·屠能：《孤立国同农业和国民经济的关系》，吴衡康译，商务印书馆1986年版。

(6)资源性工业驻扎在城市附近,不存在国际交流和贸易。

依据上述假设,屠能构造了以中央城市为中心、以固定运输距离为半径的同心圆,即屠能区位圈理论——第一圈为自由农作物圈,第二圈为林业圈,第三圈为轮作农业圈,第四圈为谷草式农业圈,第五圈为三圃式农业圈,第六圈为畜牧业圈,而且每个农业圈内部中都有适当的分区。这些同心圆和内部区位所遵循的基本规律是,距中央城市越远,交通成本越高,同时,随着距中央城市越远,土地报酬逐步递减,直到其地租为零。此外,由于同心圆的地租递减,因而农业的耕种技术和方法也不尽相同,距离城市越近,因其地租高,适宜于精耕细作,反之,由于地理位置不经济性,则越来越粗放。实际上,屠能的农业区位理论是一种地租理论,是一种理想的假设。但是,屠能的农业区位理论恰恰说明了城市是经济活动的重心所在。后来,屠能的农业区位理论得到了阿尔弗雷德·韦伯(Alfred Weber,1868—1958)①、沃尔特·克里斯塔勒((Walter Christaller,1893—1969)②、奥古斯特·勒施(August Losch,1906—1945)③等德国经济学家和社会学家的继承和发展,形成了系统的区位理论和区域科学理论。同时,德语文献也在英文文献中得到了体现和发展,20世纪60年代,美国哈佛大学教授威廉·阿朗索(William Alonso, 1933—1999)将区位地租理论引入城市经济功能分析,阐述了在政府不干预土地市场的前提下,土地边际劳动生产率决定城市区位地租的理论:在完全竞争的条件下,每个功能区位

① 阿尔弗雷德·韦伯:《工业区位论》,李刚剑等译,商务印书馆2010年版。

② 沃尔特·克里斯塔勒:《德国南部中心地原理》,常正文、王兴中等译,商务印书馆2010年版。

③ 奥古斯特·勒施:《经济空间秩序》,王守礼译,商务印书馆2010年版。

不同的土地，由于交通条件的差异，地租曲线的递减率是逐步降低的。①

同时，区域科学的建立为将经济学方法引入城市发展研究打开了方便之门，特别是城市人口扩张、产业革命以及贸易等成为研究城市的独特视角。比如美国学者安迪纳·韦伯（Adna Weber，1899）在《十九世纪城市的增长》中指出，城市增长主要是由经济力量决定的，而这一经济力量主要是工业革命——蒸汽机和机器、贸易和商业、现代交通工具、工业化和日益改进的农业生产率、商业中心的增长、交通系统、工厂体系。韦伯认为，城市增长的次要原因是由一系列经济、政治和社会因素所决定的，经济因素包括交通、金融、生产、商业等领域的革命以及高工资的诱惑和更多的选择机会，政治因素包括促进贸易自由、迁徙自由的立法、集中化的行政管理系统以及土地自由占有等，社会因素包括较高水平的教育、娱乐、生活水准、知识分子集聚、城市环境的宜居性和舒适性以及整个社会关于城市生活价值知识的传播等，所有这些因素都激发了人们对城市生活的向往和追求。另外，美国经济学家沃尔特·艾萨德（Walter Isard，1919—2010）在《区位和空间经济》（1956）②中将投入-产出和一般均衡分析引入空间分析，提出了区位均衡、集聚经济和地理专业化问题。欧洲大陆的经济学家皮埃尔-菲利普·库姆斯（Pierre-Philippe Combes）、蒂里·迈耶（Thierry Mayer）和雅克-弗朗索瓦·蒂斯（Jacques-Francois Thisse）出版的

① 威廉·阿朗索：《区位与土地利用：地租的一般理论》，梁进社等译，商务印书馆2007年版。

② 沃尔特·艾萨德：《区位与空间经济：关于产业区位、市场区、土地利用、贸易和城市结构的一般理论》，杨开忠、沈体雁、方森等译，北京大学出版社2011年版。

《经济地理学:区域和国家一体化》(2008)中,从经济活动的空间分布不均衡和在有限空间集聚的现实出发,指出了区位对经济发展方式和贸易方式的持续影响,建立了商品、知识和人口的流动性在有限空间不断增强和集聚的机制,从而指出经济一体化具有将全球经济活动凝聚在大都市的有限经济空间内,空间差异可以解释大都市在吸纳商品、技术和信息等方面的集聚效应。[①] 藤田昌久(Masahisa Fujita)、保罗·克鲁格曼(Paul Krugman)和安东尼·J.维纳布尔斯(Anthony J. Venables)在《空间经济学:城市、区域和国际贸易》(2001)将不完全竞争和递增收益引入城市体系建模,从而解决了要素价格决定和需求空间分布问题,从而奠定了新经济地理学的基础。[②] 克鲁格曼(1993)在解释芝加哥城的发展中,也曾将自然禀赋称为"第一自然"(first nature),而将要素价格决定机制和需求分布等决定城市空间集聚的力量称为"第二自然"(second nature),这两种因素的共同作用决定了城市空间的地理区位和城市经济格局的演化。[③]

此外,约翰·弗农·亨德森(John Vernon Henderson,2004)、阿瑟·奥沙利文(Arthur O' Sullivan,2011)以及爱德华·L.格莱泽(Edward L. Glaeser,2008,2011)等人在建立城市经济学体系上也独有建树,他们将空间规划、土地利用、人口流动、城市交通、社区

---

① 皮埃尔-菲利普·库姆斯、蒂里·迈耶和雅克-弗朗索瓦·蒂斯:《经济地理学:区域和国家一体化》,安虎森、颜银根、徐杨、吴艳红、何文、蒲业潇译,中国人民大学出版社2011年版。

② 藤田昌久、保罗·克鲁格曼和安东尼·J.维纳布尔斯:《空间经济学:城市、区域和国际贸易》,梁琦译,中国人民大学出版社2011年版。

③ Paul Krugman(1993): First Nature, Second Nature and Metropolitan Location, *Journal of Regional Science*, Vol. 33(2), pp. 129-144.

问题、住房政策、地方政府支出和税收、公共政策等熔于一炉，指出了市场机制在决定城市功能演化和兴衰中的决定性作用。比如爱德华·格莱泽在《城市的胜利》①中指出，“对于许多美国人来说，伴随着工业化时代的结束，20 世纪后半期带给他们的并不是城市的辉煌显赫，而是城市的污秽肮脏。我们如何更好地吸取城市带给我们的教训将决定我们的城市人群能否在一个新的城市黄金时代里实现繁荣发展。”城市未来的繁荣和发展必须建构在市场机制和以人为本相容的演化轨道之中，生活在城市的世界，我们一定要熟稔城市化的原因和后果（Glaeser，2014）。②

2008 年国际金融危机以来，新经济增长理论家保罗·罗默（Paul Romer，2009，2010）也投身于城市化研究，并提出了“以人为本”的制度设计——“宪章城市”（charter cities），并与世界范围内快速城市化国家的各级政府进行合作。2009 年以后，罗默就一直思考宪章城市问题，他认为，21 世纪将会有数十亿人口成为城市居民，现有的城市仍将扩张，新建的城市将会涌现，在欠发展和发展中国家，城市化的增长可以加速全球的进步。③ 罗默从斯坦福大学转到纽约大学斯特恩商学院后，与一批新增长理论家和城市经

---

① Edward L. Glaeser（2011）：*Triumph of The City：How Our Greatest Invention Makes Us Richer，Smarter，Greener，Healthier and Happier*，Penguin Press. 中译本参见爱德华·格莱泽：《城市的胜利：城市如何如何让我们变得更加富有、智慧、绿色健康和幸福》，刘润泉译，上海社会科学出版社 2012 年版。

② Edward L. Glaeser（2014）：A World of Cities：The Causes and Consequences of Urbanization in Poorer Countries，Working Paper No.14745，National Bureau of Economic Research，http://www.nber.org/papers/w19745/.

③ Paul Romer（2009）：Why the World Needs Charter Cities? http://www.ted.com/talks/Paul-Romer/以及 Paul Romer（2010）：Technologies，Rule，and Progress：The Case for Charter Cities，Center for Global Development，March 2010，www.cgdev.org/content/publications/detail/1423916/.

济学家兴办了“城市化研究计划”,开启了“宪章城市议程”。[①] 宪章城市旨在鼓励具有改革思维的领导者们将新兴城市作为一个实现变革的机制——作为实验全新规则为公民提供更多工作机会的一种机制,以及提高全民以及后代生活水平的一系列新方式。罗默认为,“一座宪章城市就是一种公民性创业类型,一种改革框架。公民性创业允许社会机体试验新的规则。”市民们必须自愿参与并达成新的社会规范。城市领导者可以从制定奠基性的立法——宪章——开始起步建设宪章城市,并向公共机构承诺改革的核心原则,改革的内容依赖于当地的情境。但是,对于所有的宪章城市而言,两个基本原则是共同的:(1)公民有权选择是否进入,(2)在现有法律的约束下,那些迁入的公民必须享有同等的权利。自由选择进入和享有同等的权利保证了每个人在一个新的城市中都是经济和文化生活的利益相关者。在罗默看来,宪章城市必须考虑城市化进程、规则、治理、规范、创业、移民、透明度、不平等、贫困等一系列的问题,并在这些问题上形成灵活的改革安排。宪章城市可以从小城镇起步,当达到一个城市的规模时,城市领导者就必须推进上述的各项改革,以便为建设宪章城市留有余地。相反,那些快速扩张的、夜郎自大的城市(upstart cities)就可能走向失败。罗默推崇的宪章城市包括香港和深圳,他认为,宪章城市制度设计在洪都拉斯等落后国家都可以成功复制。

在经济学的逻辑框架下,受制于既定的资源禀赋约束,城市需要关注自身的长期可持续繁荣和发展,需要关心代际平等,需要关注在全球化时代市民参与治理的城市如何具有巨大的吸引力、如

① 来源:http://urbanizationproject.org/。

何具备发展经济学上所强调的扩散效应和回荡效应，从而带动周边经济发展和社会进步。当然，这些问题，对于每一个城市管理者而言，也是现实的挑战和压力所在，对于每个市民来讲，又不免是现实生活的忧虑和烦恼之源。

社会学家视野中的城市

开始对城市进行了严肃的社会研究的始作俑者是英国人查尔斯·布斯（Charles Booth，1840—1916）。他是19世纪末期英国著名的慈善家、企业家和反贫困研究者。他目睹了19世纪末期英国社会的各种冲突和矛盾，特别是城市工业文明日臻成熟所带来的各种尖锐的社会矛盾。英国著名的现实主义小说家查尔斯·狄更斯（Charles Dickens，1812—1870）的《双城记》展示了这一时期英国伦敦的城市生活。与狄更斯不同，布斯从英国职业人口调查入手，研究了伦敦居民的生活状况，从1886年起，他组织了一项大型的社会调查，并出版了一部17卷巨著《伦敦人民的生活和劳动》（*Life and Labour of the People in London*），以便反映伦敦社会的全貌。《伦敦人民的生活和劳动》描述了三个主题：贫困、工业和宗教影响，其中"贫困"部分就囊括了4卷。布斯把伦敦400万居民按收入状况划分为8个社会等级，并进行了家计调查。其结论是，伦敦30%以上的人口生活在贫困线以下。在工业部分，包含了5卷，并且按照下层贫民和上流社会进行聚类分析，所谓下层贫民按照每间房屋居住的人数进行统计，上流社会则按照雇用的仆役进行统计，调查工作根据街道和社区展开，以便反映伦敦城市经济组织状态的全貌。最后一卷《关于社会后果的记录和结论》着重分析了贫困、交通拥挤与出生率、死亡率之间的关系，并大量采用了定量分析方法。布斯的思想遗产不仅对民族志（ethnography）、社会经济统计和社会调查产生了巨大的影响,还直接影响了美国芝加哥城市社会学派的形成,并为英国的老年养老金立法(Old Age Pensions)提供了实证基础。

芝加哥城市社会学派是活跃在20世纪20—30年代美国芝加哥大学社会学系的思想流派,其代表人物罗伯特·E.帕克(Robert E. Park, 1916)在《城市:对于开展城市环境中人类行为研究的几点意见》中,首次阐明城市是现代社会发展的突出现象,并主张从地理学的角度走向生态学的角度研究城市,他认同德国历史学家奥斯瓦尔德·施本格勒(Oswald Spengler, 1880—1936)关于"城市拥有其自身文化"的说法①,指出,"城市,……决不仅仅是许多单个人的集合体,也不是各种社会设施——诸如街道、建筑物、电灯、电车、电话等——的聚合体;城市也不只是各种服务部门和管理机构,如法庭、医院、学校、警察和各种民政机构人员等的简单聚合。城市,它是一种心理状态,是各种礼俗和传统构成的整体,是这些礼俗中所包含并随传统而流传的那些统一思想和感情所构成的整体。换言之,城市绝非简单的物质现象,绝非简单的人工构筑物。城市已同其居民们的各种重要活动密切地联系在一起,它是自然的产物,尤其是人类属性的产物。"②他认为,城市研究就是"人文生态学",不同于动植物的生态学。"交通和通迅、电车和电话、报

① 施本格勒在《西方的没落》中指出,"人类所有的伟大文化都是由城市产生的。第二代优秀人类是擅长建造城市的动物。这就是世界史的实际标准,这个标准不同于人类史的标准;世界史就是人类的城市时代史。国家、政府、政治和宗教等等,无不是从人类生存的这一基本形式——城市——中发展起来,并附着其上的。"奥斯瓦尔德·施本格勒:《西方的没落》,齐世荣、田农等译,商务印书馆2001年版。

② R.E.帕克、E.N.伯吉斯、R.D.麦肯齐:《城市社会学:芝加哥学派城市研究文集》,宋俊岭、吴建华、王登斌译,华夏出版社1987年版,第1页。

纸和广告、钢筋水泥建筑和电梯——总之,这些促使城市人口既频繁流动又高度集中的一切——正是构成城市生态组织的首要因素。"①在帕克心目中,城市是"三维的"——地理、生态和经济,"我们也可以把城市——包括它的地域、人口,也包括那些相应的机构和管理部门——看作一个有机体,看作一种心理物理机制(psycho-physical mechanism)。"②

芝加哥城市学派的另一位代表人物 E.D.伯吉斯(Ernest W. Burgess)借用生物学新陈代谢过程的同化和分解过程类比于城市发展和功能分区,并创造了"社会组结和社会解体"的概念,城市发展就是"社会组结和社会解体的一个后果",城市组结是通过人口扩张和迁徙进行的,它与社会解体构成了互补过程,是城市社会秩序的动态平衡。③ 罗德里克·麦克齐(Fodericke D. McKenzie)则将生态学的分类引入了城市社区的分类,他认为,社区的生态学分类大致可以划分为四类:第一类是基本服务社区,诸如农业村镇、捕鱼、采矿、林业社区等,由自然资源的性质和形式所决定,第二类是履行生活资料分配的次功能社区或者称为商业社区,它们主要由地理位置所决定,其规模可以包括小型集镇,也可以包括巨型的港口和交通枢纽;第三类是工业社区,它们是商品制造业中心,并且兼备基本服务社区和商业社区的功能;第四类社区是缺乏明确经济基础的社区,不承载城市生产和分配的任何功能,娱乐、旅游、政

① R.E. 帕克、E.N.伯吉斯、R.D.麦肯齐:《城市社会学:芝加哥学派城市研究文集》,宋俊岭、吴建华、王登斌译,华夏出版社 1987 年版,第 2 页。

② 同上。

③ E.N.伯吉斯:《城市发展:一项研究计划的导言》,载 R.E. 帕克、E.N.伯吉斯、R.D.麦肯齐:《城市社会学:芝加哥学派城市研究文集》,宋俊岭、吴建华、王登斌译,华夏出版社 1987 年版,第 48—62 页。

治、教育、监狱以及慈善机构等密集的地区就隶属于这类社区。① 与芝加哥城市学派相对应,英国学者福塞特(C.B. Fawcett, 1922)更加强调城市群落的概念,认为城市作为一个集聚体是由一系列齿唇相依的城市群所构成的。"在过去的几十年中,世界上较发达国家的城市人口发展增长的一个最重要、最突出的表现形式,是出现了一批巨大的城市聚集体,或称为城市群(conurbation),这类城市较之过去任何历史时代出现的城市,规模大,数量多。这种现象往往是由于若干个相邻的城镇同时发展、相距越来越近,最终联成一片广大的城镇地区。这样的城市群,每个内部仍然包含有许多较为密集的城镇发展核心,这些核心又大多是城市群所赖以发展形成的原有城镇的中心地带;这些核心地带现在又与人口较为稀疏的城郊地区相毗邻。这类城郊地区(现在不是太密集的城市化地区),建筑物比较少,且有较多的开放空间。"(Fawcett,1922)②

德国著名的社会学家马克斯·韦伯(Max Weber,1864—1920)也曾经详实地讨论了城市的经济性质和城市的类型学。在他看来,城市的经济性质是市场集聚,根据城市的功能可以划分为"消费城市"和"生产城市"。在东西方的历史沿革中,城市作为一种盟约、共同体乃至身份认同,完成了从氏族兄弟盟约、封建城邦、商业联盟到政治-行政单元的蜕变,从而可以找到现代政治制度的遗传基因。③ 换句话说,城市由于其经济属性和功能分类,一直是作为

① R.E. 帕克、E.N.伯吉斯、R.D.麦肯齐:《城市社会学:芝加哥学派城市研究文集》,宋俊岭、吴建华、王登斌译,华夏出版社1987年版,第66—67页。

② C.B. Fawcett(1922): British Conurbations in 1921, *Sociological Review*, XIV (April 1922), pp. 111-112.

③ 马克斯·韦伯:《非正当性的支配:城市的类型学》,康乐、简惠美译,广西师范大学出版社2011年版。

治理载体而演化的。

历史学家视野中的城市

从19世纪末期到20世纪初期,城市开始引起历史学家的重视,城市史开始成为历史研究的主题。美国著名的历史学家约翰·B.麦克马斯特(John Bach McMaster, 1852—1932)和爱德华·P.钱宁(Edward Perkins Channing, 1856—1931)就开始强调城市史的重要性。1883年,钱宁撰写了《英国殖民时期北美的城市和乡村》,强调在英国殖民时期,地理因素决定了城市和乡村的发展。20世纪30年代,美国边疆学派(Frontier Thesis)的创始人费雷德里克·杰克逊·特纳(Frederick Jackson Turner, 1862—1932)首次提出以城市历史重新解释美国历史,并准备撰写《美国历史上的城市》,可惜在特纳逝世之前也没有出版系统的城市史论著。

小阿瑟·M.施莱辛格(Arthur Meier Schlesinger, Jr. 1988—1965)①是美国城市史和社会史研究的先驱。他生活在美国进步时代,其历史观强调物质因素(比如经济利润)而不是意识形态和价值是历史角色的主要动机。1933年老施莱辛格出版了《美国城市的兴起:1878—1898年》,详实阐述了城市的兴起在美国19世纪后半期工业化进程中的关键作用,首次提出了美国历史的"城市解

① 小阿瑟·M.施莱辛格(Arthur Meier Schlesinger, Jr.)系小阿瑟·施莱辛格之父,父子同名,后者也是美国著名的历史学家。所不同的是,与老施莱辛格相比,小施莱辛格主要研究美国20世纪自由主义历史和政治制度史,是美国政治制度史家、社会批评家和公共知识分子,其著作主要讨论亨利·杜鲁门、富兰克林·罗斯福、约翰·肯尼迪以及罗伯特·肯尼迪时期的公共行政制度以及美国的政治思潮,著有《生命中枢:自由的政治学》(1949)、《罗斯福时代Ⅰ:旧秩序的危机,1919—1933年》(1957)、《罗斯福时代Ⅱ:新政的来临1933—1935年》(1958)、《一千天:约翰·F.肯尼迪在白宫》(1965)、《帝国的总统制》(1973)、《美国历史年鉴》(1983)、《分崩离析的美国:多元文化的社会》(1991)等。

释”,1940 年,他又在《密西西比流域历史评论》上发表了“美国历史上的城市”一文①,该文不仅挑战了美国边疆学派代表人物特纳关于“大西部”的历史观,而且深刻地阐述了“美国历史上城乡之间的持续互动决定了美国文明的演化”,开创了美国城市史研究的先河。后来,尽管老施莱辛格再也没有出版相关的城市史研究著作,但是,他的影响奠定了后来城市史——特别是 20 世纪 40—50 年代美国城市史研究(主要以城市传记、地方志和民族志等形式出现)——的基础,并使得美国城市史研究集中在英国殖民地时期的城乡生活、西部城市以及南部城市等三大区域,形成了理解和解释城市的“经纬网络”——即历史时代以及不同地区、地理因素和区域因素等主题。

卡尔·布瑞登博格(Carl Bridenbaugh,1903—1992)是美国历史学家中首屈一指的、专司于研究殖民地时期的城市史家。他师承老施莱辛格,1939 年出版了《荒野中的城市:美国城市生活的第一个百年,1625—1724 年》(*Cities in the Wilderness*: *The First Century of Urban Life in America*, *1625—1742*),1955 年,他又出版了《反叛中的城市:美国的城市生活,1743—1776 年》(*Cities in Revolt*: *Urban Life in America*, 1743—1776),这两部著作不仅将美国城市上溯到 17 世纪,而且集中研究了波士顿、费城、纽约、查尔斯顿和纽波特等英国殖民地时期 5 个最大的城镇,指出了这些城市在经济增长、商业繁荣、行政风格、社会问题以及文化等方面的特点,认为美国的城市区别于欧洲的主教教区和君主制度,是风格迥异的新型城市,

① Schlesinger, Arthur Meier, Jr.(1940): The City in American History, *Mississippi Valley Historical Review*, Vol. 27(1), pp. 43-66.

它们主要追求经济增长、商业繁荣和公共行政。这两部著作至今仍不断再版，仍然是美国大学历史课程的重要参考文献。

在美国西部城市史研究中，理查德·C.韦德（Richard C. Wade）是该领域的佼佼者。1959年，他发表了《城市边疆：西部城市的兴起，1790—1830年》，该书反驳了特纳的“边疆理论”，通过对匹兹堡、辛辛那提、路易斯维尔、莱克辛顿和圣路易斯等地生活的比较研究，提出城镇是“西进”的先锋，而不是“边疆”消逝后的产物，并结合大量史实分析了西部城镇的历史作用。

相比而言，因为种族分离、南北内战等因素，美国南部城市史的研究相对薄弱，南部是黑人聚集区，经济发展相对落后，以农业为主，交通网络稀少——特别是铁路网络更加薄弱，美国南部的城镇均沿着农业区和铁路网布局。1860年，全美人口在1万人以上的城市仅93个，南部仅为14个，南部的城市化率仅为7.2%，只是在工业化加速以后，南部的城市化率才开始逐步提高。鲁伯特·范斯主编的《都市林立的南部》（1954）系统地汇集了进入20世纪后美国南部城市的发展，讨论了社会阶级、种族冲突、城市规划等方面的独特景观。

刘易斯·芒德福（Lewis Mumford）的《城市发展史：它的起源、演变和前景》①，从人文的角度讨论了城市发展的历史，系统回顾了城市在美索不达米亚的诞生、古埃及、古希腊、古罗马、罗马时期的城市以及中世纪基督教、巴洛克的商业城市以及近代和现代时期工业城市，他认为，城市就是一张由政治、经济、文化、宗教、社会和

① 刘易斯·芒德福：《城市发展史：它的起源、演变和前景》，宋俊岭、倪文彦译，中国建筑工业出版社2005年版。

城市规划等多重因素编织起来的复杂网络。

在历史地理学的视野中,早在20世纪30年代,我国著名人口学家、地理学家胡焕庸(1901—1998)在《中国人口之分布》(1934)中就提出了“胡焕庸线”。他指出,从黑龙江省黑河到云南省腾冲画一条45度线——即胡焕庸线,就可以识别这条线两旁的经济社会特征和人口分布。胡焕庸线的东南侧,国土面积仅占36%,人口却占96%,而在西北侧,国土面积占64%,人口仅占4%,这种地理人口特征是由自然禀赋、历史人文特征以及经济社会活动的活跃程度、基础设施密度等因素造成的。胡焕庸线揭示了我国城市的历史地理特征,而且对当今城市的发展也具有非常重要的现实意义,这也是胡焕庸线东南侧的开发强度超过英格兰地区、日本三大都市圈、德国斯图加特地区的地理原因。

多维视野中的城市发展理念

除了经济学家、社会学家和历史学家钟情于城市观察和研究之外,建筑学者、空间规划专家以及环境保护主义者也提出了许许多多的城市发展理念。与经济学、社会学和历史学所不同的是,建筑学家、空间规划专家和环境学者们对城市抱着更加朴素、更加自然的感情,在他们的城市发展理念中,先后提出了“紧凑城市”(compact city)、新城市主义(new urbanism)以及“精明增长”(smart growth)等一系列新的理念。

早在20世纪70年代,丹其格和萨蒂(Dantzig and Saaty, 1973)①就提出了“紧凑城市”的概念。当时,针对城市形态、空间

① Dantzig, George B. and Thomas L. Saaty(1973): *Compact City: A Plan for a Livable Urban Environment*, San Francisco, C.A.: W. H. Freeman & Co.

特征以及社会功能，他们认为，城市应该构建高层、高密度的居住条件，减少对汽车的依赖，并能够在空间上与相邻的地区具有清晰的边界。20 世纪 90 年代，托马斯和寇辛斯（Thomas and Cousins，1996）①认为，“分散式集中”的城市发展既可以形成紧凑的居住模式，从而实现环境的可持续性，符合民意，同时，又能满足经济需求，城市在尺度上应该是“紧凑的”，基于步行、自行车和公共交通的通达性，以及对自然资源更加尊重。邱其曼（Churchman，1999）②提出，紧凑城市应该是通过更高的居住密度，混合利用土地、限制制定地区的开发，突出对城市土地的利用程度。进入新世纪后，紧凑城市的概念又有了进一步的发展。伯顿（Burton，2002）③强调“高密度、混合利用和集约发展”是紧凑城市的典型特征。纽曼（Neuman，2005）④提出了紧凑城市的一系列特征：

- 较高的居住和就业密度；
- 混合土地利用；
- 土地利用的精细化；
- 强烈的经济和社会互动；
- 连片开发；
- 界定容量的城市发展；

---

① Thomas，Louise and Will Cousins（1996）：A New Compact City Form：Concepts in Practice，in *The Compact City：A Sustainable Urban Form？* Edited by Jenkes，Mike，Elizabeth Burton and Katie Williams，E & FN Spon Press，pp.44-55.

② Churchman，Arza（1999）：Disentangling the Concept of Density，*Journal of Planning Literature*，Vol. 13（4），pp.389-411.

③ Burton，Elizabeth（2002）：Measuring Urban Compactness in UK Towns and Cities，*Environment and Planning B：Planning and Design*，Vol. 29（1），pp.219-250.

④ Neuman，Michael（2005）：The Compact City Fallacy，*Journal of Planning Education and Research*，Vol.25（1），pp.11-26.

- 城市基础设施,包括供水以及排水管道系统;
- 多元化的交通联运系统;
- 较高的本地与毗邻区域的可通达性;
- 街道的联通性;
- 不透水地表的覆盖程度;
- 高比率的开放空间;
- 密切协调的土地利用规划控制;
- 充足的政府财政能力,能够及时满足基础设施的投资需求。

但是,随着城市化理论、政策和实践的日臻成熟,特别是面对全球化和全球气候变化等共同的挑战,2012 年 OECD 出版了《紧凑城市:OECD 国家实践经验的比较和评估》[①],对紧凑城市将近 20 年的实践进行了总结。这份研究报告认为,紧凑城市的核心特征是:

- 密集而邻近的开发模式:集约利用城市土地,邻近或紧密连接的城市群,城市与乡村土地利用之间具有清晰的边界以及安全的公共空间。这是紧凑城市的物质形态。
- 良好的公共交通系统和互联互通:城市地区具有高度的可移动性和可通达性,从而使得城市运行更加有效。这是紧凑城市的动态特征。
- 本地服务和就业机会的便利性和弹性:居民可以方便获取各种公共服务和生活服务,并能够就近就业。这是紧凑城市的

① 经济合作与发展组织:《紧凑城市:OECD 国家实践经验的比较和评估》,刘志林、钱云等编译,中国建筑工业出版社 2013 年版。

活力所在。

实际上,OECD 报告从紧凑城市的实践中总结了其动态特征。首先,紧凑城市要有助于实现城市可持续发展的多元目标,必须将环境生态、能源资源节约、经济发展、公共服务以及生活质量等综合起来加以考虑,是一种多维的政策工具。其次,它突出了经济发展与环境保护两个重要的维度,而且强调这两个维度是平衡的,不是相抵或者替代的:从经济发展的角度看,紧凑城市可以提高基础设施的投资效率,减少运行维护成本,提高运行效率,特别是通信、交通、能源、住房、供水、垃圾处理等公共设施,而且要为当地居民提供方便的、可获取的服务和就业机会;从环境保护的角度,尽管紧凑城市提高了城市单位土地的承载力,但是也带来了一些负面的影响,如交通拥挤、空气污染、住房负担、生活质量、热岛效应、能源高负载以及局促的开放空间、娱乐空间等,这样一旦遭到突发性自然灾害或紧急事件,就可能显得异常脆弱,从而放大了可能出现的风险,这就需要紧凑城市更加注重技术创新,提升治理能力。第三,除强调城市空间规划外,紧凑城市应该是一套行之有效的、职责明确的治理体系。从城市扩张看,任何一个城市都可能面临人口增长压力以及建设用地、公共服务、就业以及居住条件等方面的挑战,紧凑城市将城市土地用途管制、近邻地区的开发等与公共交通、公共服务以及就业等城市发展政策联系起来,把城市规划作为管制工具,从而更好地回答了“深度开发”、有限开发、受保护开发、“禁止开发”以及如何开发等一系列城市化进程中所面临的问题,凸显了公共治理在城市开发战略中的核心地位。美国的可持续社区伙伴关系、加拿大温哥华协议、澳大利亚的国家城市政策、巴黎公私伙伴关系、大波特兰-温哥华指数(Greater Portland-Vancouver

Indicator)等,都是紧凑城市开发中十分值得借鉴的经典案例。

新城市主义起源于20世纪80年代的美国,它一直受到城市设计标准的强烈影响,强调传统的邻里设计和运输导向的城市扩展。同时,伴随着新城市主义的实践,它越来越强调区划主义、环境保护主义和精明增长。1993年,美国成立了新城市主义协会(Congress of New Urbanism),并发布了《新城市主义宪章》。该宪章宣布,"我们提倡重新构筑我们的公共政策和发展实践来支持以下的原则:邻里应该在人口成分和使用功能上体现多样性;社区设计应该为步行和公共交通以及机动车行驶服务;城市和城镇应该由物质环境明确并完全开放的公共空间和社区机构构成;应该由适应地方历史、气候、生态和建筑实践的建筑和景观设计来形成。"①新城市主义实际上是对20世纪中期后汽车进入普通家庭以及大都市城郊化的一种反思。按照新城市主义协会两位创始人安德瑞斯·图尼和伊莉萨白·帕莱特-泽贝克夫妇(Andres Duany and Elizabeth Plater-Zyberk, 1980)的倡议,新城市主义至少应该具有以下的含义:

- 城郊具有一个明显的中心,这一中心可以是一个广场,或者一个绿色的甚至有时候是繁忙的或者值得纪念的街区,自然也是交通枢纽;
- 绝大多数居住区与该中心的距离应该控制在步行5分钟内,差不多控制在800米;
- 存在着多种类型的居住风格,可以适应年轻人或老人、单

① 来源:The Congress of New Urbanism(2011):*The Charter of New Urbanism*, http://www.cnu.org/charter/。

身或家庭、穷人或富人等不同的居住需求；

- 在城郊的边界上，应该有购物中心和公共机构，以便能够满足居民的生活服务和公共服务；
- 在自家的后院，小型的辅助建筑或者车库是允许的，它们可以用于临时的出租或者作为作坊（特别是作为创业的临时场所）；
- 小学应该非常接近于社区，绝大多数小学生可以步行到校；
- 每个社区都应该拥有可以迅速步行到达的小型运动场所——最远不超过100米；
- 街道的宽度应该为街道两旁的树荫所限，这样就可以创造一个缓慢通行的条件，更加适宜于步行和自行车出行；
- 相邻中心的建筑应该紧邻街道，以便创造宽敞明亮的居室环境；
- 停车场或者修理厂等大门不应该面向街道；
- 在街道的终点或相邻中心的某些重要地点应该留作公民建筑使用，这些地点可以用作社区会议、教育、宗教或文化活动场所；
- 城郊应该按照自治方式进行组织。市政环境的维护、安全以及自然条件的变化可以通过城郊居民的广泛讨论和咨议解决，纳税是大型社区的责任。

新城市主义的目的是为了遏制大都市的蔓延和扩张，在既成事实的条件下保护有效投资，崇尚城郊治理应该走向社区自治，城郊发展应该走绿色、低碳和可持续的发展道路，而不是重蹈大都市蔓延的老路。

精明增长也是城市发展的新理念之一。1992年联合国环境与发展大会里约热内卢会议讨论21世纪议程时首次采用了“精明增长”的概念,其目标是开发可持续发展的社区,以便更好地适应人民生活、营商、工作和供养家庭。1997年,美国规划协会(American Planning Association)发表了《精明增长立法指南:规划律令和变迁管理》,将精明增长定义为“服务于经济、社区和环境的发展”。精明增长包括以下原则:

- 混合的土地利用;
- 利用紧凑的建筑物设计;
- 创造一系列的居住机会和选择;
- 创造可步行到达的近邻或城郊;
- 培育独特的、有吸引力的社区;
- 保护开放空间、耕地、自然美以及关键的环境蓄养区;
- 针对现存的社区加强和指导开发;
- 提供不同的交通选择;
- 开发决策更具有可预见性、公平和成本集约;
- 在开发决策中鼓励社区和利益相关者合作。

显然,精明增长是一种针对城市摊大饼式的扩张蔓延、交通拥挤、城郊脱节以及老城衰落的替代选择,特别是在全球气候变化条件下,精明增长对现代交通工具以及分区式的独立住宅政策提出了挑战,而主张一个城市应该形成增长地带和绿色地带,以对抗日益恶化的城市空气污染和环境退化。

现代信息通信技术革命以来,与习惯劳作于长途跋涉、风吹日晒、精于勘探和环境评估的传统建筑规划学家不同,现代建筑规划学者借助于地理信息系统已经开始在网络空间规划未来的城市。

麻省理工学院建筑和规划学院院长威廉·J.米切尔(William J. Mitchell)早在1995年出版的《比特之城:空间·场所·信息高速公路》中指出,21世纪的城市是“比特城市”(city of Bits),“网络好比一块摆在我们面前的城建用地”,“这将是一个不依赖于地球上任一确定地点而存在的城市,其格局不取决于交通的便利性和土地的有用性,而受互联性与带宽程度的制约。它的运作在很大程度上是异步的,居民由脱离现实的、分裂的主体组成,他们以化名和代理人的集合形式出现。域中的场所将由软件以虚拟方式组建,而不是用石头和木材以物理的方式造就,它们通过逻辑关系而不是门、走廊和大街、彼此相连”。[①] 作为一名建筑和规划设计专家,他认为,1835年之前城市是前工业文明时代的栖息地,地理位置和资源禀赋决定了人们的选择,那些地理位置优越的地方会出现商业化、工业化和行政化的城市;到20世纪中叶,城市是通勤族的城市,地理仍然起到了决定性的作用,所不同的是城市在功能上已经被彻底细化和深化,出现了居住区、工作区、购物中心和娱乐场所,所有的这些场所都由疏而不漏的地上、地下交通网络连接起来,人们如同潮水一般往返于这些场所;20世纪90年代的城市有了“电子化身”,交通和通信能力的增强,越来越多的商务和社会交往转移到了赛博空间(cyberspace)进行,人们获取服务甚至不大依赖于地理上的相邻,社区与地理日益脱离,“我们的网络联系与我们自身所处的位置正变得同等重要”;进入新世纪后(2000年以后),“对于设计者和规划者来说,21世纪的任务是建设比特圈(bits-

① 威廉·J.米切尔:《比特之城:空间·场所·信息高速公路》,范海燕、胡泳译,生活·读书·新知三联书店1999年版,第25页。

phere)——一个世界范围内的电子中介环境,网络扩散到每个角落,在其中运行的大多数人造物(从毫微米到全球的各个层次上)都具有智能和电信能力。它将覆盖并最终取代人类已在其间浸淫甚久的农业和工业景观”。[①] 同时,米切尔认为,对于“比特圈”而言,需要制定新的博弈规则,消除“数字机会的不平等”、“数字鸿沟”和数字分化,以防止“穷人可能被丢弃在特权阶层不再需要的过时、落后的城区和孤立的乡野中”。“同我们较为熟悉的社会和政治机构一样,国际比特圈社区将迫切需要合适的宪法、制度、公共政策和法律;或许会出现为电脑化空间特别制定的法律,就像现在我们有海洋法一样。同时,既有的、按领土来界定的民族、国家、地区和城市将不得不使其比特圈时代的结构和习俗适应新的情况——在这种新情况下,边界失去了原有的意义,权利和强势可能不以空间疆界来衡量,财产无法用传统的方式来保护,大多数经济、社会和文化活动被吸引到骤然崛起的电脑化空间场所中。”[②]

三、中欧智慧城市差异何在?

2011 年年底,工业和信息化部与欧盟委员会信息社会与媒体总司(现更名为“通信网络内容和技术总司”)在成都召开了第三次中欧信息技术、电信和信息化对话会议。对话期间,工业和信息化部副部长杨学山与通信网络内容和技术总司副总司长佐兰·斯

① 威廉·J. 米切尔:《比特之城:空间·场所·信息高速公路》,范海燕、胡泳译,生活·读书·新知三联书店 1999 年版,第 167 页。

② 同上书,第 168 页。

坦齐齐共同决定：开展中欧绿色智慧城市合作，建立中欧绿色智慧城市合作专家团（expert framework），在中国和欧盟挑选试点城市进行深度合作。随后经过一段时间的紧张工作，挑选中国和欧盟各15个城市进行绿色智慧城市合作，并于2013年11月21日中欧城镇化合作伙伴论坛智慧城市分论坛上正式宣布启动。欧盟的15个城市分别是：荷兰阿姆斯特丹、西班牙巴塞罗那、英国布里斯托、丹麦哥本哈根、意大利佛罗伦斯/普拉托、德国法兰克福、法国巴黎伊西莱穆、法国里昂、瑞典马尔默、英国曼彻斯特、拉脱维亚里加、爱沙尼亚塔林、意大利威尼斯、立陶宛维尔纽斯、克罗地亚萨格勒布；中国的15座城市（包括建成区）分别为：北京市海淀区，天津市滨海新区，上海市浦东新区，江苏省南通市、扬州市、淮安市，浙江省宁波市、嘉兴市，福建省漳州市，山东省烟台市，广东省广州市南沙区，深圳市前海深港现代服务业合作区，珠海市横琴新区，四川省成都市，新疆维吾尔自治区库尔勒市。在这次论坛上，来自中欧绿色智慧城市合作伙伴的代表共同讨论了城市运行管理、便民惠民服务、政府高效协同治理、产业发展转型等领域的重大问题。2014年4月28—30日，中欧绿色智慧城市合作试点城市又在北京举行"新型城镇化、综合规划、城市治理和城市文明"、"基础设施升级和公共服务提供"、"节能减排、低碳生活方式和环境保护"等专题对话。作为这两场会议的组织者，我能够从现场感受到中欧双方的城市代表对彼此所表达的智慧城市充满了兴趣，而且这些政策对话对彼此都产生了开阔视野、参照借鉴和增进合作等方面的重要作用。但是，我自始至终都对中欧智慧城市的差异抱以浓厚的兴趣。

坦率地讲，中国和欧盟成员国的城市化都具有悠久的历史传统,只是因为一些显而易见的原因,中国的城市化并没有如同欧盟成员国一样是一个自然而然的演化过程。从欧盟一侧来看,目前欧盟城市化速度远不及中国或亚洲地区,大约有四分之三的欧洲人(约 3.5 亿人)居住在人口密度超过 5000 居民的城镇之中,甚至可以说欧盟已经进入了“后城市化”或者说“逆城市化”阶段,他们所关心的问题是能源消耗、交通拥堵、垃圾处理、就业、种族包容等问题。据欧盟理事会测算,欧盟城镇的能源消耗占整个欧盟能源消耗总量的 70%;交通拥堵每年所造成的损失大约相当于欧盟 GDP 的 1%,而且交通拥堵绝大多数发生在城镇地区。同时,从城市分布和结构上来看,欧盟成员国城市人口集中度并不很高,人口在 100 万以上的城市有 23 个,人口在 10 万以上的城市有 345 个,生活在人口规模超过 500 万的特大城市的公民仅为 7%,这种高度分散、星罗棋布的城市群落给垃圾处理、种族包容、创业就业以及公共卫生、医疗、教育、环境保护等公共服务带来了巨大的挑战。

针对上述的情况,欧盟旨在通过信息通信技术解决环境和能源方面的问题,改善城市的资源配置方式,并且开辟渠道,利用社会投资开发和创新各种新型的智能化服务,创造更多的就业岗位,最终实现城市的价值,提升在全球化时代城市的竞争力。从欧盟已经提出的政策框架看,其重点在于发展绿色低碳经济、促进就业、提升资源能源配置效率,在欧盟倡导的 2020 年应对全球气候变化的 3 个主要目标的创新性解决方案中,智慧城市赫然成为一个理想的检验对象。在已经颁布的“欧洲 2020 战略”和“资源效率欧洲”等计划中,绿色低碳智慧城市都处于至关重要的位置。再比如“欧洲数字议程”——这份报告面对国际金融危机重创欧盟成员国的严峻现实,又将智慧城市与恢复经济活力连接在一起,所提出的优先行动都具有一石数鸟的目的。

• 宽带连接。2013 年 9 月发布的"欧洲宽带计划"和"电信统一市场"等一揽子政策改革方案提出通过加强高速宽带接入提高泛欧的连接性。同时,也主张连接性是智慧城市系统解决方案以及企业家和研发人员所依赖的高质量通信基础设施。

• 数据开放。欧盟旨在建成一个"默认开放数据"系统,使公民可以获得公共部门的信息,从而为企业、市民以及行政机构提供便利。开放数据的规定,使得公民和企业可以创造性利用公共部门的信息资源。如果企业可以利用政府数据来为公民、行政机构以及本地企业开发便利和智能的产品,将有利于促进交通、能源及生活等方面提供更多、更好、更及时的解决方案。

• 培育新兴公司。"未来互联网实验室"等创新项目是欧盟在促进智慧城市发展进程中高度关注的问题,除了提供创新的基础设施以及相应的基础条件之外,欧盟特别关注优化创业和营商环境等制度环境建设,培育孕育企业家脱颖而出的成长环境,这样就可以极大加速创新产品的市场化、产业化进程。

• 面向下一代信息基础设施。现代信息通信技术——特别是物联网、云计算、普适计算等的应用需要大幅度地提高信息网络的传输和连接速率。这也是城市运营和治理赖以存在的基础,换句话说,基于宽带、高速、可靠、可信和安全的信息网络之上的智慧城市可以看成是现代城市的综合基础设施。针对这一需求,欧盟已经要求信息网络运营商迅速地投入到下一代网络以及第五代移动通信(5G)的研发和实验过程,并且欧盟委员会为 5G 的开发建立公私合伙关系框架,提供必要的政策和资金支持。

• 创新。欧盟委员会已经启动了"欧洲智慧城市和社区创新伙伴关系"计划,该计划旨在将所有相关行业的利益相关方聚集在一起,使他们可以分享成功的经验和案例,并且共同努力战胜当前面临的挑战,从而促进能源、交通和信息通信技术基础设施等跨领域的创新。

中欧智慧城市建设之间的差异是显著的。两个较为突出的方面是:电子政务建设并不体现在欧盟的智慧城市建设之中,相反,电子政务建设却是中国智慧城市建设的重中之重;欧盟智慧城市依赖于多元的社会融资和建立广泛的利益相关者参与机制,相反,中国的智慧城市建设偏重于公共财政投资和招商引资,显得分散、零乱和盲目。这固然与我国城镇人口规模和地理分布有关,更为重要的是,可能与我国城镇化所面临的特定问题相关,一些城市贪大求全、贪大求洋,仍然延续招商引资、引入新产业的习惯性做法,部分公共政策制定部门"越位"或者"缺位",奉行拿来主义,无心研究智慧城市的实质。可以肯定的是,盲目跟风,只能事与愿违,操之过急,则欲速而不达;漫无边际、没有靶的和缺乏重点目标的行动,到头来都会造成资源错配和浪费。《中欧智慧城市比较研究报告》值得读者仔细玩味品读。

四、余论:智慧城市距离我们多远?

2013年12月12—13日召开了首次中央城镇化工作会议,习近平总书记、李克强总理发表了重要讲话。会议明确指出,城镇化是现代化的必由之路,是一个自然历史过程和长期过程,阐明了中国城镇化发展的指导思想、主要目标、基本原则和重点任务,特别是推进城镇化在解决“三农”问题、推动区域协调发展、扩大内需和促进产业升级以及全面建成小康社会、加快推进社会主义现代化等方面的重大现实意义和深远历史意义。会议要求,推进城镇化必须从我国社会主义初级阶段基本国情出发,遵循规律,因势利导,使城镇化成为一个顺势而为、水到渠成的发展过程;必须切实提高城镇化发展质量,稳步提高户籍人口城镇化水平;大力提高城镇土地利用效率、城镇建成区人口密度;切实提高能源利用效率,降低能源消耗和二氧化碳排放强度;高度重视生态安全,扩大森林、湖泊、湿地等绿色生态空间比重,增强水源涵养能力和环境容量;不断改善环境质量,减少主要污染物排放总量,控制开发强度,增强抵御和减缓自然灾害能力,提高历史文物保护水平。要以人为本,推进以人为核心的城镇化,提高城镇人口素质和居民生活质量,把促进有能力在城镇稳定就业和生活的常住人口有序实现市民化作为首要任务。要优化布局,根据资源环境承载能力构建科学合理的城镇化宏观布局,把城市群作为主体形态,促进大中小城市和小城镇合理分工、功能互补、协同发展。要坚持生态文明,着力推进绿色发展、循环发展、低碳发展,尽可能减少对自然的干扰和损害,节约集约利用土地、水、能源等资源。要传承文化,发展有历史记忆、地域特色、民族特点的美丽城镇。同时,会议强调,推进城镇化,既要坚持使市场在资源配置中起决定性作用,又要更好发挥政府在创造制度环境、编制发展规划、建设基础设施、提供公共服务、加强社会治理等方面的职能;中央制定大政方针、确定城镇化总体规划和战略布局,地方则从实际出发,贯彻落实总体规划,制定相应规划,创造性开展建设和管理工作。

2014 年 3 月,党中央、国务院印发了《国家新型城镇化规划

(2014—2020年)》。规划明确提出"推进智慧城市建设",规划任务是:统筹城市发展的物质资源、信息资源和智力资源利用,推动物联网、云计算、大数据等新一代信息技术创新应用,实现与城市经济社会发展深度融合;强化信息网络、数据中心等信息基础设施建设;促进跨部门、跨行业、跨地区的政务信息共享和业务协同,强化公共资源社会化开发利用,推广智慧化信息应用和新型信息服务,促进城市规划管理信息化、基础设施智能化、公共服务便捷化、产业发展现代化、社会治理精细化;增强城市要害信息系统和关键信息资源的安全保障能力。仅就基础设施智能化而言,规划提出:"发展智能交通,实现交通诱导、流量控制、调度管理和应急处理的智能化。发展智能电网,支持分布式能源的接入、居民和企业用电的智能管理。发展智能水务,构建覆盖供水全过程、保障供水质量安全的智能供排水和污水处理系统。发展智能管网,实现城市地下空间、地下管网的信息化管理和运行监控智能化。发展智能建筑,实现建筑设施、设备、节能、安全的智慧化管控。"在规划实施的要求中,明确提出:"继续推进创新城市、智慧城市、低碳城镇试点。深化中欧城镇化伙伴合作关系等现有合作平台,拓展与其它国家和国际组织的交流,开展多形式、多领域的务实合作。"

实际上,自2011年以来,工业和信息化部先后发布了《信息化发展"十二五"规划》、《信息安全产业"十二五"发展规划》、《物联网"十二五"发展规划》、《电子商务"十二五"发展规划》、《电子政务"十二五"规划》,住房和城乡建设部发布了《关于开展国家智慧城市试点工作的通知》以及《国家智慧城市试点暂行管理办法》、《国家智慧城市(区、镇)试点指标体系(试行)》等规划和公共政策,特别是2013年8月国务院印发了《关于促进信息消费扩大内需的若干意见》和《“宽带中国”战略及实施方案》，这些规划和公共政策均明确了智慧城市建设的任务。特别是，《国家新型城镇化规划（2014—2020 年）》已经将我国智慧城市建设规划层级进一步提高，而且首次明确了智慧城市的综合发展方向和建设重点。根据中欧绿色智慧城市试点合作项目组对已经公开发布的地方智慧城市规划汇总情况，地方智慧城市建设的积极性更高。据不同完全统计，截至 2013 年年底，我国已有 311 个城市提出或规划了智慧城市建设项目和任务，仅在“十二五”期间，地方各级规划所提出的投资总规模就接近 2 万亿元人民币。

或许，我们有理由相信，“智慧城市”作为一个概念上的舶来品，正值我国处于波澜壮阔的新型城镇化建设进程之际“闯入”我国，我国城市的历史文化、地理区位、资源禀赋、发展转型以及环境压力等能够为“智慧城市”建设注入“中国特色”和“中国智慧”，创造出独特的中国经验。

但是，我们也不能忘却这样一种严肃的事实：对于绝大多数中国人而言，城市仍然是一个“地理”概念，它意味着一种向往和距离，即使对于那些在城市里生活了多年的人而言，城市还充溢着“身处异乡”的乡愁感，如何将其转变为终身守候的工作、学习和生活场所，是绝大多数中国人的期待，也是以人为本的真谛。城市是现代文明的象征，代表了节奏、速度、追求和梦想，如何让人们在现代城市的交通拥挤、人声鼎沸的人流以及高耸入云的脚手架和此起彼伏的商业繁荣中，拥有踏实的归属感和幸福感，可能是现代城市治理体系和治理能力现代化的核心所在。

从现实出发，我们应该认清智慧城市的起点：

- 实现信息基础设施和公共基础设施的一体化和智能化，

比如绿色能源管理、环境动态监测以及垃圾分类处理;

- 创造共享的环保理念以及低碳生活方式;
- 建立透明、公平和包容的激励机制;
- 实行基本公共服务均等化,以及促进知识、信息的普遍共享;
- 推进城市治理体系和治理能力现代化,开放更多、更充分的社会参与;
- 培育商业模式的多元化和创新类型;
- 开放公共部门的数据,破除部门之间的界限和藩篱,保证所有利益相关者的收益;等等。

城市是时间在空间上的凝聚和累积,是历史传承的物质文明和精神文明的代际沿革和弘扬。智慧城市建设是没有止境的。技术变革、治理挑战以及需求变化是智慧城市建设永恒的变量。智慧城市建设不可能千篇一律,也不存在一劳永逸、灵丹妙药的智慧城市建设解决方案,从城市长期的可持续发展和繁荣来看,"智慧"是源远流长的,是代际知识扩散、更新和文明演进。市民和所有利益相关者是"智慧"之源。

研究综述和摘要

智慧城市是当今世界城市发展的新理念和新模式。随着人口膨胀与城市化快速发展，城市在经济发展方式、管理和服务水平、生态环境保护等各方面面临日益严峻的挑战，而新一代信息通信技术的创新应用为城市智能、绿色、低碳、可持续发展提供了新的思路。

2011 年年底，中国工业和信息化部（MIIT）与欧盟委员会信息社会与媒体总司（现更名为“通信网络内容和技术总司”，简称“DG CONNECT”）在中国召开了第三次中欧信息技术、电信和信息化对话会议。期间，工信部副部长杨学山与 DG CONNECT 副总司长佐兰·斯坦齐齐共同决定要开展“中欧绿色智慧城市”合作，内容包括：建立中欧智慧城市合作专家团，专家团下设指导委员会、技术专家组和秘书处；在中国和欧盟成员国中各选择 15 个试点城市开展智慧城市合作；撰写《中欧智慧城市比较研究报告》等。报告起草工作于 2013 年 4 月正式启动，成立了由中欧专家组成的起草组。

《中欧智慧城市比较研究报告》从全球、中国和欧盟成员国的角度分析了智慧城市的现状和趋势。请 30 个试点城市填写了“智慧城市评估框架”，框架内容包括智慧城市的管理主体和治理、利益相关方如何参与、智慧城市的项目和实践等。在试点城市提供信息的基础上，研究人员进行分析评估，提炼出主要趋势、最佳实践,总结智慧城市建设中面临的问题和挑战,并提出了建议的解决方案。

研究发现,智慧城市对不同的城市具有不同的意义,有的城市强调通过ICT技术实施智能交通或水资源管理,有的城市则通过利用ICT将全市的公共服务整合到"智慧城市"之下。这些差别源于城市在建设智慧城市过程中起点不同以及社会和经济先决条件、自然和地理条件、经济结构、技术解决方案方面的经验以及基础设施成熟程度等方面的差异。基于此,报告不可能提供统一的、适用于所有城市的方案和建议,但试图为所有的试点城市提供一些程序性的建议,分享城市的最佳实践,为城市提供递进的路线图式的建议,即如何从基本、平均、很先进到最先进层级递进,并提出评价标准,供中欧试点城市参考。

报告建议每个试点城市以"智慧城市评估框架"为评价智慧城市发展程度的参考指标,从与其他城市比较中找出差距,并在未来发展中加以改进。

一　简介

（一）研究方法及过程

中欧智慧城市合作研究所采用的方法，如“图 1-1：研究方法”所示。

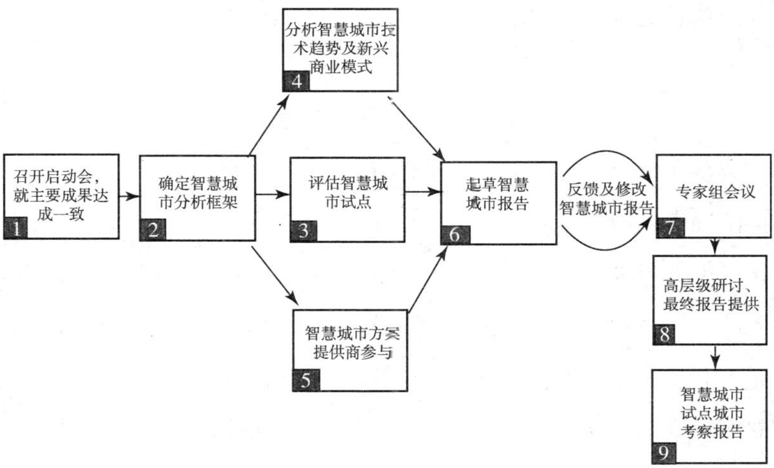

图 1-1：研究方法

2013 年 5 月，起草组在广州召开了第一次会议，为项目商定了工作计划并明确了主要工作成果。该次会议之后，起草组就智慧城市评估框架达成了一致。框架详细内容请参见本报告 4.1 部分。

根据本报告第四章第二节所述的标准,欧盟和中国的各 15 个中欧绿色智慧城市合作试点城市填写了评估框架。这 30 个试点城市如“表 1-1:中欧绿色智慧城市合作试点城市”所示。

表 1-1:中欧绿色智慧城市合作试点城市

欧盟试点城市	中国试点城市
荷兰阿姆斯特丹	北京市海淀区
西班牙巴塞罗那	天津市滨海新区
英国布里斯托	上海市浦东新区
丹麦哥本哈根	江苏省扬州市
意大利佛罗伦萨/普拉托	江苏省南通市
德国法兰克福	江苏省淮安市
法国巴黎伊西莱穆利诺	浙江省宁波市
法国里昂	浙江省嘉兴市
瑞典马尔默	福建省漳州市
英国曼彻斯特	山东省烟台市
拉脱维亚里加	广东省广州市南沙区
爱沙尼亚塔林	广东省深圳市前海深港合作区
意大利威尼斯	广东省珠海市横琴新区
立陶宛维尔纽斯	四川省成都市
克罗地亚萨格勒布	新疆维吾尔自治区库尔勒市

在从试点城市获得数据的基础上,本报告第五章基于评估框架对数据进行分析并给出了分析结果。

在对试点城市进行分析的同时,还与智慧城市方案提供商进行了交流和讨论，成果见本报告第二章。

中欧智慧城市比较研究报告的第一稿于 2013 年 11 月完成。

技术专家小组在 11 月召开了会议，对第一稿进行了讨论，并吸收了“2013 中欧城镇化伙伴关系智慧城市分论坛”获得的建议。从中欧商会获得的意见也反馈到报告修改稿中。

最终报告于 2014 年 4 月在北京举行的中欧试点城市交流会上广泛征求了意见，并进行了相应修改。

（二）报告研究范围

报告第一章为内容简介。

第二章对全球智慧城市的趋势与发展进行了概述，包括中国和欧盟智慧城市的主要发展情况。

第三章描述了中国和欧盟智慧城市发展的政策框架。

第四章列出了选择中国和欧盟各 15 个试点城市的标准，对智慧城市评估框架进行了说明。该框架用于从试点城市收集数据。

第五章对中国和欧盟试点城市提供的信息进行了整理和归纳。

第六章对中欧试点城市智慧城市建设的成熟度进行了评估，评估层级分为基本、平均、很先进、最先进。

第七章总结了中欧试点城市的总体趋势和面临的挑战。

第八章为试点城市持续改进提供了路线图建议。

第九章提出了下一步工作建议。

二　智慧城市的趋势与发展

（一）智慧城市的定义

什么是“智慧城市”，目前业界尚无统一的标准定义，评价智慧城市的首要标准是城市在当前的环境下要尽可能提高资源管理效率和服务提供水平。按照这种对智慧城市概念的理解，智慧城市项目应为城市现代化总体概念的重要组成部分。信息通信技术（ICT）对城市现代化和智慧化发展做出相当大贡献并将带来巨大收益，但绝不能以技术眼光孤立地看待智慧城市，而应将其看作是一个城市（或一个地区）不断寻找最佳运作方式的一种努力。

从历史发展的角度看，自工业革命以来，城市的规模和数量均实现了快速的扩张，城市化在带动城市财富增长、提高区域发展动力等方面起到了重要作用，然而，资源过度浪费、环境日益恶化、贫富差距加大等一系列不利因素逐渐显现。基于发展中面临的问题和挑战，许多城市发展新理念也应运而生，包括知识城市、生态城市、数字城市、宜居城市、低碳城市，等等。这些城市发展的新理念从不同角度提出了城市未来发展的新途径，也影响了城市发展的轨迹。

智慧城市是一种融合了多种发展理念的城市发展新模式。显而易见，仅仅将智慧城市项目理解为单纯的科技项目是片面的。就最宽泛的理解而言，智慧城市应集中一个城市所需的全部服务，并且遵循最先进的公共治理要求、使用最新技术提供这些服务。考虑到全球范围内持续的城镇化进程以及由此带来的人口密度和城市资源消耗增加，任何城市开始现代化进程，都要以想成为什么样的城市这一核心命题为基础，即如何提升城市竞争力，如何提升城市市民的生活品质。

我们认为，智慧城市是与原有城市发展理念相互吸纳、融合之后的城市发展新理念和新模式，是基于新一代信息通信技术深度开发和广泛应用所确立的新型城市发展战略，是推动政府职能转变、推进社会管理创新的新手段和新方法，是信息技术创新应用与城市转型发展深度融合的产物，是城市走向绿色、低碳、可持续发展的本质需求，实现城市管理更高效、经济发展更高端、人民生活更幸福、城市环境更优美的绿色、低碳、可持续发展目标。

因此，一个智慧城市要规划其未来发展蓝图与路径，不妨先退后一步，从城市的本源目的出发，考虑一些更基本的问题：

- 城市为什么发展，如何进步？
- 市民的年龄结构以及专业活动的范围如何？
- 需要什么样的医疗、教育服务？
- 需要什么样的社会交往？

此外，还必须对一些超越城市本身的影响因素进行评估，包括未来能源成本、区域和国际移民发展和/或人口的社会经济构成变化等。理想情况下，这种评估应当由所有城市利益相关方——市政府、市民和企业共同完成，同时由城市规划人员、建筑师、产业专家、社会学家和心理学家乃至技术和安全领域专家提供各相关领域专业知识。

当前,国际上许多组织都制订了标准,用来定义一个城市是否为智慧城市。这些标准通常包括下列全部或部分内容:

- 智能能源生产和节能;
- 智能交通;
- 智能经济;
- 智能生活;
- ICT 产业发展;
- 智能环境;
- 智能治理;
- 生活标准;
- 智能社会。

将智慧城市的概念进一步分解成具体的系统和应用后,便可通过类似于“表 2-1:智慧城市定义”中一个或多个特点来判定一个城市是否为智慧城市。

表 2-1:智慧城市定义

数字化基础设施	数据
• 新 ICT 基础设施 • 高速宽带 • 光纤网络 • 无线技术 • 联网信息系统	• 城市层面的数据收集、存储和分析,甚至可能通过云技术,提高城市预测和规划未来的能力 **信息处理** • 为服务项目处理信息 **服务开发** • 开发服务应用

（续表）

智能交通	可再生能源与能源效率	智能和可持续建筑
• 自行车方案 • 实时公交运行信息表 • 电动车车池 • 征收交通拥堵费	• 混合供热供电 • 新能源 • 电动汽车充电站 • 交通、污染、排放监控传感器 • 街道照明 • 垃圾收集系统 • 智能电网	• 智能计量表 • 能源有效性监测：隔热、低能耗照明、高效锅炉 • 可再生建筑材料 • 电动汽车充电站 • 智能应用 • 移动监测 • 自动天气预报

来源：赫斯特：《JESSICA 基金智慧和可持续城市研究报告》，2011 年 11 月 6 日。

国际上对智慧城市的理解中，有另一个频繁使用的词是“生态城市”。“生态城市”与“智慧城市”或“可持续城市”的概念部分重合，有时也互换使用。生态城市项目通常围绕碳排放减排目标、经济发展目标以及旨在促进健康、社会和环境可持续发展社区的设计。在欧盟，许多智慧城市相关活动旨在实现欧盟理事会 2007 年通过的“2020 年欧盟能源目标”。

欧洲光纤到户（FTTH）理事会智慧城市小组提出：要想被称为“智慧”城市，必须已全部实施下列三项举措：

- 强大可靠的通信网络,最好是基于光纤;
- 政府参与,为市民提供更好的服务;
- 促进可再生能源使用的计划。

智慧城市、数字城市、无线城市这几个词有时也同时使用,因而可能会导致混淆。智慧城市的概念可包含数字城市和无线城市。“智慧城市”指充分挖掘利用数据与信息资源价值,促进整合式信息管理和协同化业务运作,通过对信息的采集、访问、传输和处理过程中应用先进技术,为城市的经济社会发展创造出新的价值。而“无线城市”、“数字城市”的概念要比智慧城市的概念范围窄,前者更强调无线宽带网络等信息基础设施的建设,后者强调某些领域的数字化建设。e-Republic 数字化政府管理和数字化社区中心对“数字城市”的研究表明:数字城市大多都不能称为“智慧”城市,因为它们注重的是以电子形式提供某些服务或是改进基础设施,而非对公用事业、交通等城市功能进行整合式管理。这些数字城市通常主要提供如下服务:

- **电子政务** 提高政府后台办公效率,扩大向市民提供的服务范围;
- **电子交通** 通过电子监控和电子交通分流缓解交通拥挤,同时通过对信号灯和其他高耗能设备的远程控制,减少排放和能源消耗;
- **监控** 实时监控城市,帮助预防犯罪,进行科学研究和合理分配资源;
- **电子医疗和电子教育** 使市民在家中便能获得高质量的医疗保健和教育服务,或通过专家远距离提供;

- **家**　通过集成、远程监控和家电管理，帮助提高家庭生活便利性和安全性。

从智慧城市建设的类型来看，当前，大多数智慧城市项目实际只涉及城市的某些重点领域，或就某个单项问题制订和实施智能化行业解决方案，而非对城市运行、管理、服务进行的整体全面改革。若要实现后者的目标，对于新城、新区而言较为容易，我们称之为绿地型智慧城市（Green Field），即从零开始设计、建设实施。但对于老城、老区和现有的城市，需要在历史遗留的基础设施和管理体系和已有信息化系统基础上，较温和地、循序渐进地推进智慧化进程，我们称之为棕地型智慧城市（Brown Field）。

从智慧城市建设的内容来看，主要包括城市的基础设施智能化转型升级和智慧应用服务提供。在一个全面运作的城市中加入新的智能服务（如停车位智能引导系统、居民健康个性化智能监控系统等），不会对正常的城市管理造成太大干扰；而将各种重要基础设施升级到下一代智能化基础设施将会更为复杂。例如引进智能水表或电表，就好比对城市基础设施实施心内直视手术，必须在不中断服务或保证公用事业公司有能力跟踪使用情况的条件下进行。

（二）全球智慧城市的发展情况及趋势

如表2-2所示，虽然对智慧城市市场规模和项目数量的估算存在较大差异，但全球智慧城市市场确实规模已经较大且在不断增长。

表 2-2:智慧城市市场规模

数据来源	智慧城市市场规模/项目数量
ABI 研究公司	• 2013年智慧城市技术市场总价值为81亿美元,2018年将增加到395亿美元
弗若斯特沙利文公司①	• 2025年智慧城市技术市场总价值将达到3.3万亿美元
全球移动通信系统协会联网生活追踪器②	• 2012年,全球总共有257个试验或商业性移动智慧城市项目,其中美洲38个,欧洲166个,亚洲38个,非洲/大洋洲11个
国际数据公司③	• 预计中国大陆的城市市场2013年总值为108亿美元,预计未来五年保持两位数增长 • 2014年,全球智慧城市在物联网领域的消费将达到2650亿美元。智慧城市会导致15%—20%的传统

① 来源:http://www.menafn.com/f50a50b0-b362-44c9-8d64-88cb2dc34440/Frost-Sullivan-Connected-and-Intelligent-Infrastructure-eGovernment-Services-and-Smart-Security-Solutions-to-Drive-Smart-City?src=main。

② 来源:GSMA,“联网生活追踪器”,http://www.gsma.com/connectedliving/tracker。

③ 来源:IDC,“中国100个智慧城市评估和推荐:渗透合适的大型城市是关键”,2013年7月。

（续表）

数据来源	智慧城市市场规模/项目数量
国际数据公司	IT 支出转向云，45%的大数据应用案例将集中在金融业绩、公共安全和交通领域①
李政勋、玛格丽特·韩柯克：《智慧城市框架：首尔、旧金山与阿姆斯特丹比较研究》	• 2012 年，全球共有 143 个智慧城市项目正在实施或已经完成，其中北美 35 个，南美 11 个，欧洲 47 个，亚洲 40 个，中东和非洲 10 个
派克研究	• 2012 年智慧城市技术市场总值为 61 亿美元，2020 年增至 202 亿美元

本部分就驱动智慧城市技术市场发展的智慧城市全球趋势与发展进行综述，内容不可能做到面面俱到，但目的是对以下 7 个领域中智慧城市的“良好实践”趋势进行总结：

- 治理；
- 融资；
- 商业模式；
- 智慧城市应用；
- 技术；
- 智慧城市社区；
- 政府政策。

① 来源：《智慧城市理事会报告》，http://telecomtv.com/comspace_newsDetail.aspx? n=50754&id=e9381817-0593-417a-8639-c4c53e2a2a10。

1. 城市治理更为协同、开放

智慧城市的建设和运行,正在远离传统的"封闭和自上而下"的方法,转为更加"开放的模式"。城市的官员们认为,公开和透明的管理体系可以为发展创新和包容的智慧城市创造机会。为实现参与性管理模式,各城市所采用的工具和技术包括:

- 开放和包容的网络;
- 开放的数据基础设施;
- 可视化;
- 仿真和游戏化;
- 市民参与;
- 集中管理结构。

开放和包容的网络

许多城市都在接纳开放的管理模式,以实现其智慧城市目标。韩国首都首尔便是其中一例。首尔在全市普及了高速光纤宽带和无线网络。2003年,首尔建成了"e-首尔网"行政光纤网络,沿地铁隧道埋设光纤电缆,连接城市的主要公共建筑、相关办公室和各社区。2011年对该网络进行了升级,以支持最新的智能服务。总长192公里的"u-首尔网"为市民提供免费的Wi-Fi服务,包括访问所有公共网站,还使首尔市政府能够处理各种智能设备传来的海量数据。利用"u-首尔网",市民可随时随地获得各种市政服务。

"u-首尔网"分为三个通信子网:

- 用于提供市政服务的Wi-Fi网络;

- 用于首尔 3 万有线电视用户视频数据交换的有线电视网络；

- u-服务网络，该网络将首尔市政府所有公共办公室网站联网，使市民可以绕过互联网服务提供商的网络，直接访问 u-首尔网免费获得市政服务有关信息。

“智慧首尔 2015”的核心之一是增加智能设备普及率并让新用户学会使用。2012 年，首尔开始向低收入家庭和其他有需要者发放二手智能手机。首尔鼓励市民购买新手机时捐出自己的旧手机，这样可以获得税收减免。首尔还于 2009 年就开始提供智能 ICT 设备培训课程。这些课程有的由市政府直接提供，有的由市政府资助通过私立教育机构提供。课程旨在帮助移民、低收入人群和老年人学会使用智能设备，2009—2011 年间总共有超过 47000 人参加此类课程。[①]

开放的数据基础设施

越来越多的城市向公众开放其数据库，以鼓励多次利用存储其中的数据，企业和个人可以利用这些数据为自身和其他市民创造价值。例如 2012 年 4 月启动的“开放广场”[②]。首尔通过这一机制向市民和私营部门发布行政信息。目前有 880 个数据集，涉及儿童照管服务、公共交通路线、公交车到站时间、停车位情况、各地区天气状况、受到推荐的餐馆等信息，而且均附带地图、互联网链接、图片或统计数字。这些数据可免费获得。城市管理部门鼓励利用这些信息开发智慧城市应用，提高公共服务效率和品质。

---

① 来源：《智能城市首尔：个案研究》，国际电信联盟电信标准化部门观察报告，2013 年 2 月。

② 来源：首尔开放数据广场，http://data.seoul.go.kr/index.jsp。

可视化

在利用技术实现开放管理模式方面,新加坡是另一个典范。"实时新加坡!"①使市民能够访问公开的城市实时信息平台。这一项目利用可视化技术,从城市生成的市民感兴趣或与市民相关的海量数据中推断意义。例如,可视化应用之一是将城市数据与出租车 GPS 数据相结合。新加坡的交通高度依赖出租车,但下雨天很难打到出租车。对这两种数据进行可视化处理,可以使城市更合理地设计道路,并开发实用的应用软件帮助人们打到出租车。

仿真和游戏化

计算机仿真工具和游戏②也可为智慧城市管理和规划提供更加开放的方法。例如,新加坡正在开发一套复杂的系统建模工具③,不但能够模拟各种建筑环境,还能将居民行为纳入考虑并随后提出一套最优方案,以实现居民所期望的居住环境。该工具提供的虚拟平台,供实际开发前对计划中的环境进行测试,这样既减小了实际尝试可能产生的风险,也降低了发生错误的几率。

IBM 的"第一城"④和"玩转城市"⑤两款游戏已被伊斯坦布尔、

① "实时新加坡!"是 SENSEable 城市实验室(SENSEable City Lab)的一个项目,也是新加坡与麻省理工学院联合科研项目(SMART)中未来城市交通研究倡议的一部分。"实时新加坡!"项目得到新加坡国家研究基金的资助。

② 安德列·马克吉尔斯基将游戏化定义为"将游戏比喻应用到现实生活任务中,以影响行为、激发动机和提高参与"。

③ 2013 年 6 月,新加坡住房和发展局与欧洲的法国电力集团(EDF)和威立雅环境研究与创新中心签署了一份"联合科研协议"。

④ 来 源: http://www-01. ibm. com/software/solutions/soa/innov8/cityone/index.jsp。

⑤ 来源:http://www.playthecity.nl/。

阿姆斯特丹、芝加哥、孟菲斯、纽约和圣何塞等城市采用，用于构建相同利益社区，与利益相关者联合设计方案以及制订城市战略。

图 2-1："实时新加坡！"项目仿真图

来源：http://www.hdb.gov.sg/fi10/fi10296p.nsf/PressReleases/FAFC60FD82B4773648257B8700237C45？OpenDocument。

市民参与

有着最佳实践的智慧城市都了解鼓励和授权市民参与的重要性，这样能够带来变革性的经济、社会和环境效益。例如，首尔鼓励市民就城市政策献言，并通过政策建议在线提交系统（OASIS）与城市官员直接讨论这些建议。[①] 市民提出的想法通过 OASIS 并经过下面三个阶段，有可能最终成为城市政策：

- 公务员、专家和市民在网上对建议进行研究和讨论；
- 提出建议的市民与政策制定者通过线下会议进行讨论，

① 来源：《网络社会城市指数——市民视角》，爱立信、理特管理顾问公司。

以扩展建议并确认其可行性;

- 建议落实为政策实施。

未来研究所和洛克菲勒基金会的一份报告[①]建议:企业家、黑客和“市民中的黑客行动主义者”应当发挥作用。他们对未来城市的设想是:信息形式的城市数据,促使城市变得更加民主、更加包容和更具张力。这些身体力行的市民,利用开放源代码技术和市民推动倡议的合作结构,来强化社会承诺并确保技术发展能持续符合市民利益。世界各地许多城市都在举办“黑客马拉松”活动,允许黑客团队在一段较短的时期内“黑入”大型数据集(如天气/运输/交通数据),然后将数据解密并转化为市民可应用的程序。例如,新加坡信息通信发展局(IDA)举办了为期2天的黑客马拉松活动,吸引了超过150名黑客参加,其中包括城市规划师、建筑师、可持续发展专家、技术人员、研究人员、开发人员和设计师。这些人共同创造新模式,帮助新加坡成为更宜居、更有竞争力和更可持续发展的城市。[②]

集中管理结构

不是所有的城市都有单一、透明的管理机构负责智慧城市的发展。相反,许多城市的管理结构为分散型,即分为多层管理,如联邦、自治市和市,这就造成效率不断降低和资源浪费。然而,在那些成功的新兴市场国家的城市中,有一个不断发展的趋势,即实施新型管理结构,使决策更快、更体现责任导向。例如,里约热内

---

① 《全球市民实验室》,2011,http://www.iftf.org/fileadmin/user_upload/downloads/IFTF_Rockefeller_CivicLaboratoriesMap.pdf。

② 来源:http://www.upsingapore.com/data-in-the-city/。

卢为其“里约+20 倡议”[①] 成立了“服务提供部门”,由不同职能的人员构成,致力于城市目标的实现。

“透明有助于政府各部门携手合作,为城市带来更好的服务和成果”,巴西里约热内卢市市长可持续发展特别顾问罗德里戈·罗莎说。[②]

2. 城市服务更为智能、个性

全球范围内,已经部署了许多类型的智慧城市服务,以解决各个城市存在的问题,发展重点领域,例如:

- **智能交通系统**　利用传感器采集的数据主动重新规划交通,避免拥堵,同时最大限度地提高道路使用效率。
- **智能电网技术**　使最终用户的能源使用更有效率,并使市政公司能够主动地识别和修复供电或供水泄漏。
- **公共安全系统**　实时评估人们的活动,可用于提醒警方或为交通网络服务。
- **医疗智能解决方案**　远程监控慢性病患者,患者可以长期待在家中,减小了资源紧张的公立医院的压力。
- **智能学习解决方案**　如虚拟教室和新学习环境,可以提升学习效果和效率,也更加安全。

来自 GSMA 的“联网生活追踪器”和“智慧城市框架:首尔、旧金山和阿姆斯特丹比较研究”的数据说明了全球已经部署和正在

---

① “里约+20”是 2012 年 6 月在里约热内卢召开的联合国可持续发展大会的简称。

② 来源:《信息市场:新城市经济学》第 20 页,气候组织 Arup | Accenture | Horizon。

实施的智慧城市项目的范围和分布情况。前者是一个试验和商业性质的智慧城市项目公共数据库,有移动运营商的参与(参见“表2-3:2013 移动运营商参与的全球智慧城市服务”)。后者参见“表2-4:2012 首尔、旧金山和阿姆斯特丹智慧城市服务”。

表 2-3:2013 移动运营商参与的全球智慧城市服务

类别	项目百分比
交通:包括公共交通、智能交通系统和停车	39%
环境/能源:包括节能建筑	37%
市政项目:包括水资源管理、供水系统现代化、智能照明系统、公共安全和城市抗毁性项目	19%
经济刺激和开放数据	5%

表 2-4:2012 首尔、旧金山和阿姆斯特丹智慧城市服务

类别	服务百分比		
	首尔	旧金山	阿姆斯特丹
预防犯罪/防灾	9%	17%	2%
环境	5%	15%	19%
教育	2%	–	2%
公共管理	13%	12%	22%
设施管理	14%	3%	2%
创造就业/商业	3%	3%	4%
旅游/文化/体育/休闲	22%	15%	26%
交通	20%	35%	15%
医疗福利/健康	8%	–	4%
其他	3%	–	4%

从表中可以看出，智能能源/环境和交通项目数量众多，这不足为奇，因为环境和交通往往是城市面临的最大挑战。因此，政府利用 ICT 确保：

- 更有效地使用能源并降低成本，通过减少污染直接改善环境以及通过减少温室气体排放间接改善环境；
- 提供足够的公交车、火车和大众捷运系统，鼓励人们选择公共交通工具，减少道路上的私家车数量，从而缓解交通拥堵，缩短市民上下班花费的时间。

虽然目前开放数据和经济刺激项目的数量相对较少，但今后是很有可能增加的，因为越来越多的城市会认识到数据采集的好处，会将数据提供给私营部门以开发创新的服务，从而推动经济增长。

3. 融资方式逐渐趋于多元

智慧城市项目需要大量投资，而融资仍是智慧城市倡议所面临的最大挑战之一。智慧城市项目的资金可由政府提供，例如马斯达尔城[①]的资金由国有银行提供，或者通过公共部门直接融资。然而，大多数智慧城市项目需要私人投资来填补资金缺口。

世界各地智慧城市项目最常见的金融工具包括：

- 公私合作伙伴关系；
- 绿色债券；
- 节能绩效保证合约；
- 税收增量融资；
- 众筹；

---

① 马斯达尔城是由阿布扎比政府投资的全新智慧城市项目。该项目由政府所有的投资机构马斯达尔进行管理，用以支持阿布扎比实现经济多样化和经济增长。

- 私人投资。

公私合作伙伴关系

私营部门参与智慧城市项目,可以采取公私合作伙伴关系(PPP)的形式,这样可以将长期风险转移到私营部门。PPP 为智慧城市的发展提供了资金,这在全球已有许多成功的例子。

表 2-5:C40(气候领导组织)“最佳实践”项目

行业	活动	城市	国家	管理模式	合同类型
交通	公共自行车	巴黎	法国	PPP	特许
		伦敦	英国	PPP	
		巴塞罗那	西班牙	PPP	
		奥斯陆	挪威	PPP	
		里昂	法国	PPP	
		斯德哥尔摩	瑞典	PPP	
		布鲁塞尔	比利时	PPP	
		塞维利亚	西班牙	PPP	
		都柏林	爱尔兰	PPP	
		哥本哈根	丹麦	非政府组织(NGO)	
	自行车道	波哥大	哥伦比亚	In-house	
	拥堵费	斯德哥尔摩	瑞典	采购	
能源	可再生能源供应	奥斯汀	美国	In-house	
		墨尔本	澳大利亚	采购	供应与安装
		日照	中国	公共	监管、补贴
		巴塞罗那	西班牙	公共	监管

（续表）

行业	活动	城市	国家	管理模式	合同类型
能源	节能	芝加哥	美国	In-house	
		哥本哈根	丹麦	In-house	
		东京	日本	公共	监管
	街道照明	洛杉矶	美国	In-house	
建筑	节能	柏林	德国	PPP	环境可持续项目
		伦敦	英国	PPP	EPC（设计-采购-施工）
		斯图加特	德国	In-house	
		巴黎	法国	PPP	PFI3（私人主动融资）
城市发展		东莞	中国	PPP	
垃圾	垃圾管理	哥德堡	瑞典	PPP	管理合同
		悉尼	澳大利亚	PPP	BOO（建设-拥有-经营）
		达卡	孟加拉国	NGO	
水	水资源管理	东京	日本	In-house	
		埃米佛罗尼	南非	PPP	BOT（建设-经营-转让）
		奥斯汀	美国	公共	监管、补贴

来源:《绿色城市基础设施筹资》,第30页,2012年10月OECD区域发展工作论文。

不过,一些城市并不愿意允许私人资金拥有核心基础设施的所有权,特别是在美国,更不愿意允许私人公司从基础设施中获利。旨在刺激智慧城市项目 PPP 筹资的措施包括:

- 金融和税收优惠政策:韩国政府推出了多种金融和税收优惠政策,以鼓励智慧城市基础设施 PPP 筹资,进而支持其 2009 年启动的第一个绿色增长五年行动计划。这些优惠措施包括[①]:
  - 建设补贴:法律规定了补贴额占环境项目建设成本的比例(50%—80%),更加绿色的项目可获得更高比例的补贴。
  - 基本费用补偿:政府承担部分投资风险,风险限于政府筹资项目所需要的费用,但是只有实际运营收入超过投资风险的 50%以后,才会发放补贴。
  - 通过基础设施信贷担保基金(ICGF)提供基础设施信贷担保:ICGF 向想从金融机构获得 PPP 项目贷款的特许权获得者提供信贷担保。
  - 税收优惠包括四类:特别税、企业所得税、地方税和免税。
- 争取拥护者的支持:P3 全球管理公司(P3GM)是一家美国私人公司,该公司争取到了比尔·克林顿的支持,帮助其改变美国各地市长对 PPP 的看法。

2013 年 6 月,在克林顿倡导的全球会议上,来自 1300 多个美国城市的市长通过了一项关键决议:支持美国境内的公私合作伙伴关系。作为协议的一部分,P3GM 将与美国各城市合作,发展智

① 来源:《绿色城市基础设施筹资》,第 33 页,OECD 区域发展工作论文,2012/10。

慧城市公私合作伙伴关系，为联网发光二极管（LED）街道照明、扩大宽带接入、交互式信息亭、公共 Wi-Fi 热点等智慧城市解决方案的立项和实施提供启动资金。作为回报，P3GM 获得相关资产的长期管理和投资权。

绿色债券

绿色债券是一种金融工具，可以用来为智慧城市项目吸引私人资金。绿色债券是固定收益证券，旨在为有助于实现低碳、气候适应性经济的项目筹集资金。绿色债券可以由政府、跨国银行或公司发行。最近，世界银行和其他多边发展银行发行了 AAA 级的绿色债券。

绿色债券旨在吸引机构投资者的资金，或作为政府工具来划拨缓和气候变化资金。目前绿色债券市场总体规模大约为 156 亿美元，相比全球债券市场资本，规模仍极小（0.017%）。[①] 芝加哥等一些城市已经制定了绿色债券计划，用于实现能源效率和可再生能源目标。

节能绩效保证合约

美国已经开始利用节能绩效保证合约（ESPC）为智慧城市项目筹资。初始资本由金融界提供，服务由能源服务公司（ESCO）提供。从累计能源节约中向投资者支付回报。ESCO 保证一定水平的节约或绩效，如果达不到绩效标准，ESCO 须退还贷款。

休斯顿采用了这种类型的筹资方式。施耐德电气通过杠杆融资，利用 ESPC 对 40 座市政建筑进行了能源效率改造。此项基础

① 来源：《绿色城市基础设施筹资》，第 43 页，OECD 区域发展工作论文，2012/10。

设施升级使城市的排放量下降,提高了休斯顿的可持续发展评级,同时每年节约300万美元的能源和用水支出。[①]

税收增量融资

税收增量融资(TIF)是在美国和加拿大使用的一种经济发展工具,旨在鼓励对需振兴地区进行重新开发和棕地整治。城市为资本改良指定TIF区域,然后将未来物业税收入增加额全部保留,用于支付基础设施投资和其他经济发展计划。

1952年,美国首次推出了TIF,迄今已被一些州使用。例如在芝加哥,全部物业税收入的10%为TIF预留,而TIF区域占芝加哥总面积的比例已超过25%。2008年加拿大也首次引入了TIF,但没有在美国那么普遍。

众筹

众筹是从个人筹集资金的一种方法。个人通常通过互联网将资金汇集到一起,支持其他人或组织发起的活动。虽然这种筹资机制仍处于起步阶段,但被认为是一种潜在的筹资机制,可以支持城市项目和克服财政等其他障碍限制。[②] 例如,在芝加哥,当地社区成员就愿意通过社区众筹模式,在可再生能源项目实施中发挥作用。[③]

私人投资

一些智慧城市项目完全由私人公司投资。例如,仁川市将松岛新城70%和30%的开发权分别授予了盖尔国际和浦项建设。盖

① 来源:沙尔比·奥恩:《智慧城市基石:城市效率》,施耐德电气。

② 乔治·努恩捏斯·费雷尔(金融集团主席):《智慧城市利益相关者平台、金融工作小组、指导文件和筹资模式》,2013年6月。

③ 来源:马克·塞尔伯格:《本地可再生能源项目筹资:鼓励私人投资芝加哥未来能源发展》。

尔国际是一家全球性的房地产开发和投资公司,在项目开发中的身份为开发商。浦项建设是一家韩国钢铁制造商,在项目中为建筑管理公司。[①] 该项目成本估算为350亿美元。2006年,摩根斯坦利成为首个进行现金直接投资的金融机构,总计投资3.5亿美元。

若能直接从中获益,私营公司也可能会为智慧城市项目投资。例如,杜克能源公司出资410万美元在美国夏洛特建造一个能源效率项目。该项目使用联网电表,以便更好地实现供应和需求匹配,并教育员工更高效地利用能源。杜克能源得到的好处是:该项目帮助其预测和满足高峰期用电需求,而无需投资建设造价高昂的发电基础设施。此外,用电减少而造成的收入损失,由北卡罗来纳州公用事业委员会补偿给杜克能源公司。

4. 商业模式更为创新和关注可持续

世界各地的城市都在探索新的商业模式以资助智慧城市项目。这些城市所采用的新兴技术和创新商业模式包括:

- 基于云技术的即付即用模式;
- 利用数据创造收入;
- 试点项目;
- 更智能化的采购。

基于云技术的即付即用模式

越来越多的城市正在利用基于云或云管理的智慧城市服务。

① 松岛新城位于一座人工岛屿上,距离韩国首都首尔约40公里。松岛新城的总体开发目标是"紧凑、智能、绿色"。按照计划,其温室气体排放量仅为同等大小城市的三分之一。

以即付即用的方式支付费用,相比投资各种专门的基础设施,这种方式成本更低。除了减少启动资本支出,云服务供应商还可能实现规模经济和范围经济,从而降低提供服务的成本。

韩国釜山智慧城市使用基于云的基础设施,由当地政府与思科和韩国电信(KT)合作提供。基于云的架构使釜山能够向大量用户提供新型智慧城市服务。釜山广域市、思科与 KT 通过公私合作伙伴关系分担项目成本与风险。在这一模式中,移动运营商的作用不只是提供连接。例如 KT 一直在设计开发的支持和投资方面发挥作用,并且还管理着釜山智慧城市平台的运作。KT 还为这一全新的基于云的模式提供了几个关键因素:移动宽带网络为城市提供全覆盖和带宽,可以通过移动设备和嵌入式设备访问云应用。该智慧城市项目初步结果显示对于政府来说这是一个新的收入来源,第一年的收入超过 220 万美元,并且在当地公司中创造了就业机会。①

利用数据创造收入

旧金山、首尔、新加坡和赫尔辛基等城市建设了开放数据门户网站,使包括应用和服务开发人员在内的任何人都可以免费访问各种服务生成的数据。例如,旧金山的在线开放数据库提供了一个平台,第三方利用该平台开发了各种应用和服务,包括私人所有但公众可访问的城市空间地图。另外还有一种功能,可以告诉人们在何处对特定产品和材料进行回收、再利用或分解。

私营部门利用公共数据,可以产生巨大的价值。例如丹麦估

---

① 来源:《韩国:釜山绿色 u-城市智慧城市,公私合作伙伴关系提供云服务》,GSMA 联网生活计划。

计，公共数据的再利用每年带来的价值超过 8000 万欧元，而产生的社会效益将达到大约 1400 万欧元，其中约 70%来自私营部门。①

在这种模式中，城市和政府的目标并非利用智慧城市项目收集的公共数据产生收入，而是提供一个有着正确管理结构的平台，鼓励利用数据创造就业机会、降低成本、为市民带来显著的益处以及在城市中推广数字业务。

试点项目

供应商或解决方案提供商可能愿意为任何早期项目提供技术，以便利用某些智慧城市作为范例。比如：

- 2011 年推出的智慧城市挑战赛是一项竞争性拨款计划，三年中全球有 100 个城市将得到 IBM 公司赠与的价值 5000 万美元的专业知识。

- 沃达丰和 IBM 分担了"伊斯坦布尔交通"试点项目的成本。该项目旨在让城市公共交通更高效，具成本效益。

还有一些政府支持的计划，有助于创新型企业起步或示范并部署智慧城市创新活动，例如：

- 2012 年，澳大利亚政府斥资 1 亿澳元（约 9100 万美元）发展智能电网。这是一个与行业合作的智慧城市示范项目。

- 2013 年 6 月，新加坡能源市场管理局向 6 个智慧城市技术试点项目提供了总计 1000 万新元（约 800 万美元）的科研拨款。

- 2011 年和 2012 年，中国科技部分别启动两批国家 863 计划信息技术领域智慧城市重大项目，旨在支持智慧城市关键技术

① 来源：《信息市场：新城市经济学》，第 34 页，气候组织 Arup | Accenture | Horizon。

研发,如各类城市运行、服务与管理系统汇聚互联解决方案,各类系统的数据融合与共享、实时高性能分析、城市动态呈现等共性关键技术等。

- 2013 年,中国住建部与国家开发银行合作,支持开展智慧城市试点工作,国家开发银行提供的授信额度最高可达 800 亿元。

更智能化的采购

城市管理部门和房地产开发商投巨资于智能城市基础设施和服务,但商品和服务采购评分体系往往基于已有的体系,无法激励供应商提供创新解决方案。在各国的决策者中出现了一种新的趋势:在城市服务采购过程中实施更具创造性和创新性的方法,鼓励服务提供商提供"更智慧"的解决方案。例如,一些城市现在指定采用基于结果的采购标准,如降低拥堵或对交通系统碳排放影响和/或引入更开放的标准,目的是激励供应商提供更具创新性和创造性的智慧城市解决方案。

一些城市与供应商展开合作,美国埃文斯维尔市便是其中之一。该市就其"智慧城市 2.0 倡议"与供应商江森自控谈判达成了基于绩效的合同。该项目更换全市水表,实现自动化计量,包括采用无线抄表技术、改进水/污水处理系统以及在污水处理厂使用可再生能源。这种更加智慧的采购,使埃文斯维尔市可以以部分节约下的资金支付项目本身的费用,而无需提高市民用水成本。①

① 来源:"本市与江森自控就智慧城市 2.0 倡议达成最终协议", http://www.evansville.in.gov/index.aspx? page = 9&recordid = 1558&returnURL = %2Findex.aspx%3Fpage%3D60。

5. 技术应用更为综合、集成

本部分探讨的技术，有些用于推动城市数据供应不断增加，有些使数据创造的机会得以实现并最终产生创新的智慧城市服务。这些技术包括：

- 宽带；
- 物联网；
- 个人智能设备；
- 云计算；
- 大数据分析。

此外，本部分概述了世界各地一些提供智慧城市解决方案的技术公司，最后简述智慧城市技术解决方案的技术标准演变。

宽带

当前，信息网络基础设施向宽带、泛在和融合方向加速演进，光纤宽带和新一代移动通信的创新发展构建出无所不在的城市网络环境。传输智能电网中的电表、路边基础设施中的交通信息传感器等生成的数据以及大众捷运系统小额支付数据，要求具备普遍的固定（线缆、xDSL、FTTx）或无线（LTE、Wi-Fi、WiMaX）高速宽带网。在发达国家，大多数城市已经具备宽带基础设施，只是在某些情况下，所使用的技术对带宽造成了制约。相比之下，在较贫穷的发展中国家，各个城市对宽带基础设施的投资有限。

随着世界城市范围内对宽带网络需求的增长，对宽带网络的投资很可能呈增加趋势。各国政府都意识到宽带网络对于国家竞争力极为关键，也是提升公共服务能力的一个关键因素（参见第二章第二节第6部分）。

物联网

物联网(IoT)是通信网和互联网的拓展应用和网络延伸,它利用感知技术与智能装置对物理世界进行感知识别,通过网络传输互联,进行计算、处理和知识挖掘,实现人与物、物与物信息交互和无缝链接,达到对物理世界实时控制、精确管理和科学决策目的。① 它包括各种识别、传感和通信技术,例如射频识别(RFID)、无线传感器网络、执行器、近场通信(NFC)、ZigBee 和蓝牙。

IoT 解决方案部署的行业包括汽车、运输、智能家庭、能源、公用事业、安保、监控、公共安全、金融服务、零售、医疗、工业、仓储及商品流通。IoT 与机器对机器(M2M)有时同义使用。

M2M 市场当前非常活跃,发展态势迅猛。到 2013 年年底,全球 M2M 连接数达到 1.95 亿,年复合增长率为 38%。M2M 连接数占据移动连接数的比例从 2010 年的 1.4% 提高到 2013 年的 2.8%②,预计 2014 年年底全球 M2M 连接数将达到 2.5 亿。

个人智能设备

全球大约 50 亿人拥有手机,其中 10 亿人使用的是智能手机。按照目前的增长速度,到 2018 年,拥有智能手机的人数可能达到 45 亿。③ 智能设备有着相当强大的运算能力,生成的大量数据可用于智慧城市解决方案。例如,谷歌地图及其交通数据应用为用户提供城市地图以及交通流量信息。然而,若是使用群众外包模式,即人们的智能手机都成为传感器,谷歌就能够更好地捕获实时

① 工业和信息化部电信研究院:《物联网白皮书》,2011 年。

② 来源:GSMA,*From Concept to Delivery*:*The M2M Market Today*,2014.2。

③ 来源:爱立信战略营销及情报部门主管帕特里克·赛沃尔,2013 年 7 月,http://www.lafabriquedelacite.com/en/speech/which-could-be-impacts-ntic-urban-life。

交通状况。移动通信公司负责追踪智能手机所在位置并衡量交通状况。结果是,使用谷歌地图应用的人可能同时也在为谷歌地图提供交通数据,这样一来就提高了交通流量信息的准确性。

云计算

城市需要跨越公共和私人部门的界限进行协作和信息分享。基于云的城市服务可以帮助城市实现这一目标并带来巨大收益。城市利用基于云的服务并采用即付即用制,相比去拥有专门的基础设施,更为划算。云计算为数据挖掘提供计算能力,分析大型公共数据库以及联网的智能设备上的个人数据,从而有望推动智慧城市新型服务创新。

与城市拥有自己的数据中心相比,基于云的智慧城市服务除能够降低成本以外,效率也会更高。微软欧洲和全球电子可持续发展倡议组织(GeSI)发表的一份报告预测:如果11个国家和地区80%的公共和私人机构能够转为使用基于云的电子邮件和其他软件解决方案,那么可节约的能源费用将超过20亿美元。①

然而,就基于云的服务会给市民隐私和数据所有权带来的影响,一些地方政府表示了担心。各个城市需要与云服务提供商共同制定一项战略,来考虑数据隐私和安全等方面的法律问题和司法管辖权问题(见第二章第2节第6部分)。

大数据分析

开放式应用程序接口(API)等数据共享机制,在鼓励应用程序开发行业开发创新的智慧城市服务方面发挥了重要的作用。根据

---

① 来源:http://www.greenbiz.com/blog/2013/07/01/icymi-what-will-smart-city-look-2050。

《信息市场:新城市经济学》报告,2005 年以来,开放式 API 开发人员接口呈爆炸式增长。2005 年,公众可用的开放式 API 数量大约为 235 个,到 2011 年已经接近 6700 个。①

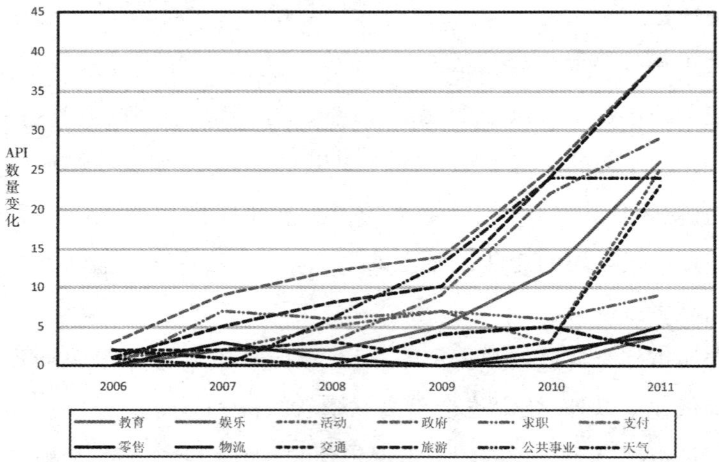

图 2-2:城市基础设施相关开放式 API 增长情况

来源:《信息市场:新城市经济学》,第 35 页。

将现有数据汇集在一起,政府就为企业和个人提供了开发新服务和新解决方案的平台。计算和分析领域的进步,使公共和私营部门的开发人员能够将这一“大数据”转化为新的应用,而之前由于数据分散存放在多个地点,这一转化是不可能实现的。最近纽约的数据分析师们研究下水道地理空间数据与卫生部门检验信息,发现了其中的关联,从而使得追踪违法倾倒油脂堵塞下水管线行为的成功率达到了 95%。② 圣克鲁兹和洛杉矶的警察部门一直

① 来源:《信息市场:新城市经济学》,第 35 页。

② 来源:http://www.nytimes.com/2013/03/24/nyregion/mayor-bloombergs-geek-quad.html? pagewanted=all&_r=1&。

在使用一种名为"PredPol"的应用，使用预测算法来预测未来的犯罪热点地区，从而能够预先部署人员到位。①

智慧城市技术解决方案提供商

全世界有许多技术公司提供智慧城市解决方案，各有长短，评价它们超出了本报告的范围。不过，Navigant Research 最近一份报告②对全球 15 个智慧城市解决方案提供商的战略和执行能力进行了评估，可以帮助我们了解主要的市场玩家都有哪些。

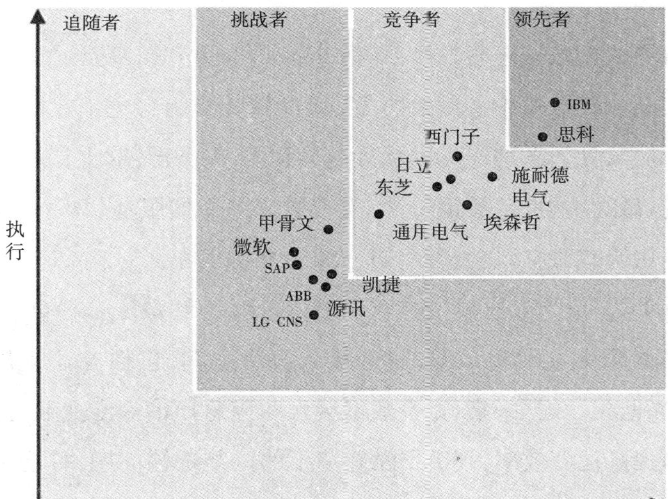

图 2-3：15 个智慧城市解决方案提供商战略与执行能力评估

来源：http://www.navigantresearch.com/research/navigant-research-leaderboard-report-smart-city-suppliers。

① 来源：http://datasmart.ash.harvard.edu/news/article/to-catch-a-sniper-132。

② 《Navigant Research 排行榜报告：智慧城市供应商》，2013 年 7 月。

除 Navigant Research 评估的技术市场大玩家以外,还有数千其他技术公司在开发和实施智慧城市解决方案。如中国移动、中国电信、大唐电信、华为①、中兴等中国公司也在提供一系列的智慧城市解决方案。然而迄今为止,还没有一个公司有技术能力提供全系列智慧城市解决方案。因而,技术公司们往往针对单个项目结成伙伴/合作关系。

华为公司的智慧城市关键技术包括:分布式云数据中心 DC^2、eLTE 和敏捷网络。

分布式云数据中心(DC^2:Distributed Cloud Data Center) 华为提出的新一代数据中心解决方案,通过整合华为自主研发的服务器、存储、云计算系列产品以及分散异构的 IT 资源,对上层应用呈现标准、敏捷、弹性等关键特性,实现数据中心即服务(DCaaS),让业务自由跨越时空,让城市的 IT 从此变得更简单。

eLTE 华为依托领先的 4G 无线技术,为智慧城市提供 eLTE 宽带集群解决方案和 eLTE 宽带接入解决方案,包括专业宽带集群、视频监控、数据采集、宽带数据接入和应急通信等专业业务,帮助城市提高运营效率,解决严酷环境下的网络部署问题,打造平安社会,丰富人们的生活。

敏捷网络 2013 年 8 月 8 日,华为面向全球发布了业界首款敏捷网络交换机 S12700 系统产品和解决方案,它基于 SDN(软件定义网络)技术理念,在业界首次将可编程芯片应用于交换机,让网络能

① 近年来,华为公司在智慧城市领域积极投入,并取得了丰硕的成果。已经参与了 20 多个国家与地区的 100 多个城市智慧城市规划与建设,并在智慧城市领域获得 F&S“数字城市解决方案创新奖”以及“中国城市信息化杰出供应商”奖。

够快速、灵活地为业务服务。华为敏捷网络以业务和用户体验为中心，使用户可以更便捷地接入网络，享受各种智慧业务——“无论身处何地，业务触手可及”，敏捷网络的建立，将满足智慧城市物与物、人与物等互通爆炸式增长和用户的快速部署的业务需求。

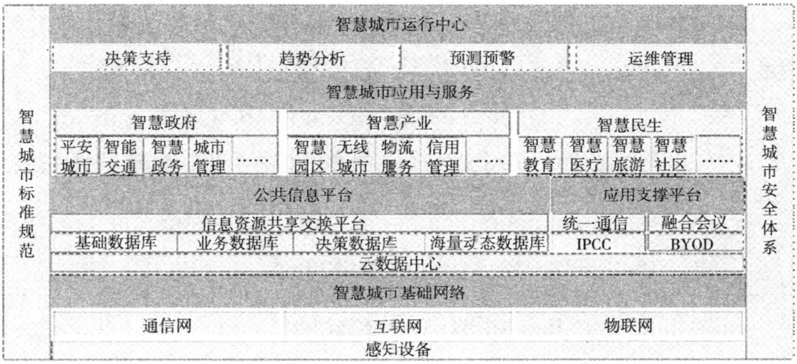

图 2-4：华为智慧城市解决方案

技术标准

技术标准制定机构正积极开发和推出新标准以解决这一问题。“表 2-6：新兴智慧城市技术标准”简要列出了智慧城市技术标准情况。

表 2-6：新兴智慧城市技术标准

机构名称	标准
ETSI	• ETSI(www.etsi.org/standards)的众多技术活动与智慧城市的概念直接相关，如汽车、交通、M2M、能源有效性、安全等。 • 2013 年，ETSI 组织了 2 次智慧城市相关活动，召集众多利益相关方参加。活动目的在于 ICT

(续表)

机构名称	标准
ETST	标准组织的立场了解各方对智慧城市的期待 ● 2013年10月,ETSI董事会发布智慧城市路标: ■ 从ICT视角为智慧城市定义一个高层架构 ■ 启动内部标准清单:适用于智慧城市的主要的技术领域和所有ETSI规范 ■ 界定ETSI之外的相关主体,制定对外联络计划 ■ 与合作方共同准备《智慧城市ICT标准》
IETF	● IPv6和6LoWPAN联网 ● 路由算法(例如RPL) ● 物联网(物联网REST架构、CoAP、资源目录等) ● 安全(DTLS、TLS、密码组)
ISO	● ISO技术委员会268工作组:社区可持续发展,聚焦管理体系标准的制定 ● ISO/TC 268/ SC 1,智慧社区基础设施服务业智慧城区基础设施 ● ISO 37101,社区的可持续发展和抗毁性-管理系统总原则和需求 ● ISO 37120,社区的可持续发展和抗毁性-全球城市服务和生活质量城市指数

（续表）

机构名称	标准
ISO	• ISO/TR 37150，全球智慧城区基础设施技术报告 • ISO 37151，基础设施智能性衡量的协调性衡量标准 • 联合工作组（JWG）帮助协调 ISO/TC 205、建筑环境设计、ISO/TC 163 建筑环境中使用的热力性能和能源的共同领域，开发了一种基于历史的方法解决建筑能源性能问题。联合工作组已经开始制定一个有关室内环境条件能源性能计算标准 • ISO/TC 204 智能交通系统，聚焦城市和乡村路面交通的信息、通信和控制系统的标准化，包括联运和多式联运的旅行者信息、交通管理、公共交通、商业交通、智慧交通领域的紧急服务和商业服务 • 其他工作组（WG）和分委员会（SC）正在开发的技术标准包括： ■ 传感网基础设施工作组，如 ISO/IEC DIS 29182-1 信息技术-传感器网络：传感器网络参考架构 ■ IT 治理工作组，包括机制、方法、模型等，确保 IT 的应用遵守基本的规则、政策法规、法律及技术规范 ■ 系统间电信和信息交换工作组

(续表)

机构名称	标准
ITU-T	• 一些城市打算在基础设施及其运营中集成ICT,从而促进社会、经济和环境可持续发展。针对这些城市,ITU-T 新成立了可持续智慧城市焦点小组,对相关标准化要求进行评估
OneM2M	• M2M 系统标准化工作(CoAP、HTTP 协议绑定)。OneM2M (www.onem2m.org)的目的是开发技术规范,通用的 M2M 服务层可以很容易地被嵌入不同的软件和硬件系统的需求,帮助 M2M 应用设备在全球范围内得到信任
物联网和 RFID 标准数据库	• 就 RFID 标准以及新兴的物联网提供最新信息。www.iotstandards.org
ZigBee & WiSun	• ZigBee IP 开放标准家庭网络 6LoWPAN 堆栈 • ZigBee IP NAN- Sub-GHz 大面积应用 6LoWPAN 堆栈 • WiSun-Sub-GHz 802.15.4g/e 和 6LoWPAN 联盟

除智慧城市的技术标准外,还有几个配套标准正在开发,例如:

• 2012 年 4 月,英国商业、创新和技能部委托英国标准协会(BSI)制定了智慧城市标准战略。该战略列出了知识基础,还包括准则、衡量标准、管理流程和技术规范。① 2014 年 2 月，BSI 发布《智慧城市框架》，该框架是供各层级、各行业领导参考的智慧城市项目指南。其中提供了关于如何实践智慧城市项目的建议，汇集了从事智慧城市相关项目的公共机构、私营领域以及志愿者组织评选的最佳实践案例。

- 交通与发展政策研究所（ITDP）于 2013 年 6 月发布了以公共交通为导向的发展（TOD）标准。该标准借鉴国际专业知识，就在促进城市交通可持续发展过程中城市发展最佳实践的内容达成了共识。这些共识包括尽可能减少个人机动车使用，从而减少温室气体（GHG）排放和其他相关外部负面因素。②

- 中国的几个国家标准化组织和联盟已经开展了智慧城市相关的工作，包括全国信息技术标准化技术委员会（NITS）、全国通信标准化技术委员会、全国智能运输系统标准化技术委员会、全国智能建筑及居住区数字化标准化技术委员会、中国智慧城市产业技术创新战略联盟等。③

针对智慧城市生态系统已开展了一些标准工作，但有些标准还在研制初期或聚焦比较窄的领域，缺乏全局考虑。因此，还存在一定的标准风险，即当前部署的智慧城市解决方案可能随着标准的确立需要替换，以确保与未来系统的协调。

标准机构、技术供应商和网络提供商之间需要加强合作和创

---

① 英国标准协会：《为智慧城市做准备》，http://www.bsigroup.com/Documents/standards/case-studies/BSI-supporting-innovation-smart-cities-case-studies-UK-EN.pdf。

② 来源：交通与发展政策研究所：《公共交通为导向的发展标准》，2013 年 6 月。

③ 来源："CESI Contribution on Possible Work on Smart Cities in JTC 1", 28 May 2013, http://isotc.iso.org/livelink/livelink/open/jtc_swg3。

新,以确保智慧城市中 ICT 的基础设施是基于开放、互操作和供应商中立的标准。

6. 政府政策红利进一步释放

政府政策有助于更好地推动智慧城市技术的发展。各国政府,特别是东亚各国,都在推行智慧城市试点并将本国的龙头企业纳入智慧城市项目,意在提升本国智慧基础设施建设的竞争力,帮助和促进企业走出去。

日本经济产业省正与松下、日立、东芝等公司合作开展项目,开发智慧城市服务并在国内四个试点城市进行检验,并希望出口到国外。日本企业目前正积极参与美国、法国、西班牙、印度和中国的一些项目。韩国也采取了类似的战略。

由于宽带网和云计算是智慧城市的关键组成部分,政府政策对这类基础设施发展相关法律和监管框架的态度,也可能会起到支持(或阻碍)智慧城市发展的作用。

国家宽带计划

根据最近发布的《以计划求进步:国家宽带计划为何重要》[①]报告,制订了国家宽带计划的国家,相比没有这一计划的国家,其固定宽带普及率平均高出 8.7%。

---

① 国际电信联盟、宽带数字发展委员会、思科:《以计划求进步:国家宽带计划为何重要》,2013 年 7 月。

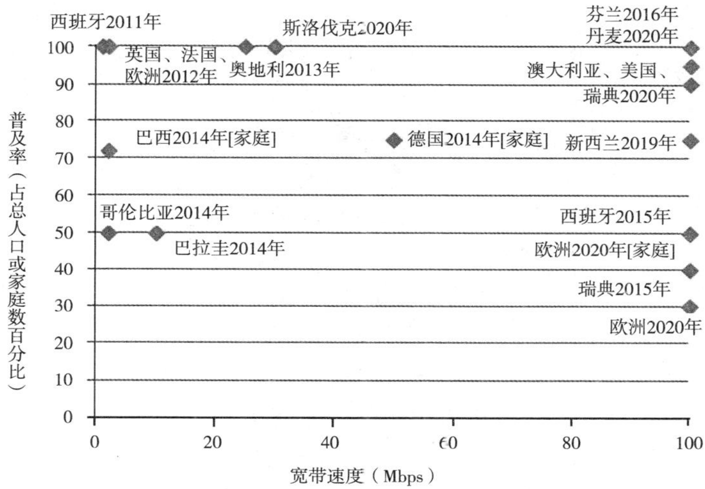

图 2-5：国家宽带计划目标

来源：国际电信联盟。

研究表明，若不考虑较高的人均收入、市场集中度和城镇化等因素的潜在影响，制订了国家宽带计划的国家，相比没有这一计划的国家，其固定宽带普及率要平均高出 2.5%。在移动宽带方面，有无国家宽带计划的影响可能更大，制订了国家宽带计划的国家，相比没有这一计划的国家，其移动宽带普及率要高出约 7.4%。

云计算

数据隐私和安全、网络犯罪和知识产权保护等政府公共政策问题，也影响着一个国家支持云计算发展的意愿。

商业软件联盟（BSA）的记分卡考察了 7 个政策类别中与云计算相关的主要法律和法规以及每个国家的 ICT 基础设施和宽带部署情况。2013 年的研究结果见下页“图 2-6：2013 BSA 云计算记分卡”。

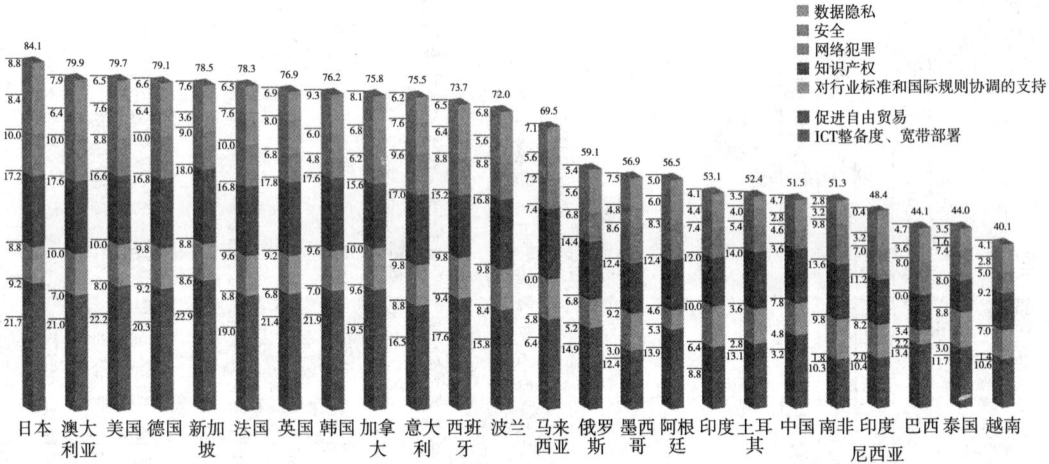

图 2-6:2013 BSA 云计算记分卡

来源:2013 BSA 全球云计算记分卡。

发达经济体，例如记分卡得分最高的日本，有完善的法律和法规承诺支持云计算的发展。在充分开发云计算的经济效益方面，越南等新兴经济体面临着一些挑战。

7. 逐步形成智慧城市联盟与组织

有共同利益的利益相关方已经建立起一些联盟，以使智慧城市发展中能更好地相互理解和合作。表 2-7 列出了一些全球性的倡议。

表 2-7：智慧城市联盟

机构	作用
城市协议 www. cityprotocol. org	• 这是一个由城市、商业和非营利组织、大学、研究机构组成的国际组织，其作用是发展城市协议，即以系统的方法来阐释和记录城市转型。该组织受互联网工程任务组（IETF）、互联网协会（ISOC）、万维网联盟（W3C）等互联网标准机构的部分影响，寻求在发展智慧城市进程中推广新的领导模式，促进市民参与和 ICT 的有效应用
Citymart. com（前全球生活实验室） www.citymart.com	• Citymart 连接世界各地的城市和解决方案提供商，旨在迅速改善人们的生活。该组织成员包括 50 个城市、商业或非营利组织

(续表)

机构	作用
气候组织 www. theclimate-group.org	• 气候集团是一个独立的非营利组织。它与各公司、国家、地区、城市和公众人物合作,激励并推动清洁革命,为所有人创造更智能、更美好和更繁荣的低碳未来
大都市协会 www. metropolis.org	• 大都市协会由世界各地 120 多名成员组成。它起到国际论坛的作用,探索各大城市和大都会区的共同问题和关切。大都市协会还管理着世界城市和地方政府联合组织(UCLG)大都会分会
新城市基金会(NCF) www. newcities-foundation.org	• NCF 是瑞士一个非营利机构,致力于改善 21 世纪全球城市生活和工作质量,尤其重视亚洲、中东、拉丁美洲和非洲一些新城市。它在发展公共、私人和学术机构之间的新合作模式方面发挥了特殊作用
智慧城市理事会(SMC) www. smartcities-council.com	• 智慧城市理事会是一个产业联盟,成立目的是加速向智慧、可持续的城市发展。成员包括领先的技术公司。顾问委员会包括知名大学、研究机构、国家实验室、发展银行和标准组织。SMC 发布了《准备指南》,为城市领导和规划者提供一份综合性、不偏向任何企业的指导手册,帮助他们评估现有的技术水平,提供发展智慧城市的路线图

（续表）

机构	作用
世界城市和区域电子政府协议组织（WeGO） www.we-gov.org	WeGO 是一个国际组织，致力于实现三个目标。WeGO 寻求在世界范围内分享和传播电子政府有关知识和实践经验；利用 ICT 实现“绿色增长”；向新兴经济体城市提供 ICT 支持以弥合数字鸿沟；通过提高管理效率和透明度改善市民的生活质量
中国智慧城市产业技术创新战略联盟 www. smartcityunion.cn	由智慧城市领域相关的企业、大专院校、科研单位等组成的非营利性社会组织，目前已有 40 余名成员，联盟的主要目标和任务包括：开展智慧城市共性关键技术合作；建立与政府沟通机制和国际合作平台；支撑中国智慧城市技术和标准体系建设
中国智慧城市产业联盟 www.ccit.org.cn	由 50 余家智慧城市领域相关的企事业单位、高校、科研机构等组成的团体。联盟通过搭建成员各方与城市之间的平台，增强产业的科技创新能力，鼓励智慧产业及现代服务业领域的研究与创新，开拓智慧城市应用市场，制定产业标准

（三）在中国的发展

近年来，中国的城镇化进程快速发展，尤其是最近 10 年，以每年平均 1.3%以上的速度递增,2012 年城镇化率达到 52.6%。城镇化已经成为中国现代化建设的历史任务和未来 30 年扩大内需的最大潜力所在。而智慧城市是信息化推动城镇化的一个具体体现,是未来很长时期内引领、支撑城镇化发展,拉动内需,促进信息消费的核心载体。

目前,中国从国家层面和地方层面同时发力,通过政策指引和试点部署,加快智慧城市发展探索。国务院于 2014 年 4 月出台的《国家新型城镇化规划(2014—2020)年》指出,推动新型城市建设的核心理念之一,是建设智慧城市,即统筹城市发展的物质资源、信息资源和智力资源利用,推动物联网、云计算、大数据等新一代信息技术创新应用,实现与城市经济社会发展深度融合。2013 年 8 月,国务院发布了《关于促进信息消费扩大内需的若干意见》(以下简称《若干意见》),明确提出在有条件的城市开展智慧城市试点示范建设。《若干意见》支持公用设备设施的智能化改造升级,加快实施智能电网、智能交通、智能水务、智慧国土、智慧物流等工程。同月,国务院发布了《"宽带中国"战略及实施方案》,为智慧城市提供网络基础设施支持。

在地方层面,截至 2013 年年底,中国 4 个副省级以上城市、89%的地级及以上城市,47%的县级及以上城市,总计 311 个城市提出或在建智慧城市,涵盖大中小城市规模和东中西部区域,"十二五"期间总投资或将超过 1.6 万亿元。其中,2013 年政府工作报告或地方"十二五"规划中提出重点建设智慧城市的地级以上城市 52 个。[①] 从当前中国智慧城市的发展来看,呈现以下特点:

① 工业和信息化部电信研究院:《我国智慧城市发展进展与问题的研究报告》,2013。

• **智慧城市向下延伸、向上集聚，成为中国新型城镇化建设的重要组成。**一方面，智慧城市从大中型城市，向中小城市甚至乡镇延伸发展，全国县级市提出建设智慧城市达到 51 个，其中，福建、广东、山东等东部沿海省份的县级市数量最多，分别达到为 9 个、6 个和 5 个。住建部公布的首批 90 个国家智慧城市试点中县、镇占 6 个；第二批 103 个智慧城市试点中，县、镇所占数量进一步扩大到 20 个。另一方面，智慧城市的研究范围和实践向省级城市群延伸，从全省统筹的角度开展智慧城市的整体设计和布局，如江苏、山东、福建等省已经提出智慧城市群的设想，浙江省选择省内 13 个地市依特点分别开展特色应用试点示范，发挥差异化优势，协同推动"智慧浙江"建设。

• **东部地区领跑智慧城市发展，中西部加快智慧城市建设步伐。**由于经济发展水平和信息化基础相对领先，智慧城市仍主要集中在东部和中部地区。东部九省市提出建设智慧城市的地级及以上城市 82 个，区、县和乡镇总数为 52 个，江苏、浙江、福建的所有地级市均提出或在建智慧城市，山东、辽宁地级市建设智慧城市的比例分别为 88% 和 57%。东部所提出智慧城市的地级城市中，人均 GDP 超过 8000 美元的地级市超过一半，人均 GDP 不足 4000 美元的的地级市仅 7 个。中部十省提出建设智慧城市的地级市 109 个，占中部全部地级市的 80.5%。西部十二省区市提出建设智慧城市的地级市 64 个，占西部全部地级市的 76%。

• **新城新区成为智慧城市建设突破点。**由于新建城区具有绿地开发的优势，与老旧城区相比，共享、协同难度大大降低，智慧化发展可以在新建城区起步伊始就予以明确，并且智慧城市建设与新城市政设施规划、土地规划以及基础设施建设可以同步开展、同步实施，这对于一个功能庞大、运作复杂的城市而言，是一个突破口和试验田。因此智慧新区成为全国智慧城市建设实践的新热点,据不完全统计,2012 年基于新城区提出智慧城市建设的城市数量超过 47 个。住建部公布的两批国家智慧城市试点中,新建城区试点多达 15 个。随着城镇化进程的加速,智慧城市未来或将成为新建城市的必备条件。

- **以产城融合为特征的智慧园区成为实践热点。**城市通过建立工业园区、科技园区,汇聚资源,集约发展,通过产业龙头的集聚和企业的协同运作,带动本地经济发展。而打造一个吸引力强、运作效率高、服务效能好的园区离不开信息技术的支撑和推动。因此,推动高端工业区、商务区、科技园区开展智慧化运营,实现产城融合是当前智慧城市建设的一个显著特征。住建部的两批智慧城市试点中,共有 12 个工业区或商务区,这些工业区、高科技园区、商务区等园区大多处于东部地区,智慧城市紧密结合产业功能区协同发展成为城市发展的新思路。

(四)在欧盟的发展

虽然欧盟城镇化的速度目前远不及中国或亚洲其他高速发展地区,但四分之三的欧洲人(约 3.5 亿人)居住在人口超过 5000 的城镇中。城镇人口正持续增长,消耗的能源已经占到欧盟总量的 70%。交通拥堵每年造成的损失,大约相当于欧盟 GDP 的 1%;而且交通拥堵大多发生在城镇地区。[①] 从结构上看,欧洲城市人口集

① 来源:http://europa.eu/rapid/press-release_IP-12-760_en.htm。

中度并不特别高：人口在 100 万以上的城市有 23 个，10 万以上的 345 个，只有 7%的人生活在人口超过 500 万的大城市中。56%（约占欧盟总人口的 38%）居住在人口在 5000 至 10 万的中小城镇中。这些中小城镇被视为：

> 构成了城镇地区的基础，使各地区具有独特的风貌。……中小城市的一般特征，特别是人文方面，即宜居性、邻里和睦、地理根植性和历史特色，在许多方面构成理想的和可持续的城市生活。①

欧洲的城市发展也对可持续发展构成重大问题。城市产生的垃圾最多，消耗了多数能源，还有隔离和失业等问题。但与此同时，欧洲的城市也提供了解决之道。例如，城市中往往生活着大量受过良好教育的市民，若能将他们的才能聚到一起，将会更具创新能力。高人口密度带来挑战，也给解决公共服务、医疗、教育服务的提供以及保持环境整洁等问题带来更大压力。

鉴于上述这些情况，出现了好多倡议和措施，寻求支持城市应对城镇化带来的挑战特别是解决环境和能源方面的问题。这些努力主要来自城市自身，地方和自治市大多自行决定如何管理其资源和服务。

出于中欧智慧城市合作之目的，有必要讨论一些大型和小型的智慧城市倡议。这些倡议涉及欧盟与非欧盟城市交流各自的经验、共同解决问题，可作为资源供世界其他地区有同样想法的城市使用。

---

① 来源：http://ec.europa.eu/regional_policy/sources/docgener/studies/pdf/cities-oftomorrow/citiesoftomorrow_final.pdf。链接内容以“未来城市”为题，对欧洲城市发展活动进行了概述。

三　中国-欧盟政策框架

（一）中国智慧城市发展政策框架

中国国务院于2013年8月发布《关于促进信息消费扩大内需的若干意见》，明确提出要在有条件的城市开展智慧城市试点示范建设①，并要求各试点城市出台鼓励市场化投融资、信息系统服务外包、信息资源社会化开发利用等政策；支持公用设备设施的智能化改造升级，加快实施智能电网、智能交通、智能水务、智慧国土、智慧物流等工程；鼓励各类市场主体共同参与智慧城市建设；在国务院批准发行的地方政府债券额度内，由各省、自治区、直辖市人民政府统筹安排部分资金用于智慧城市建设；鼓励符合条件的企业发行募集资金用于智慧城市建设的企业债。同月，国务院发布的《"宽带中国"战略及实施方案》为智慧城市提供网络基础设施支撑。② 工业和信息化部、国家发展和改革委员会、住房和城乡建设部等部门，也出台了相关规定，规范智慧城市建设。

---

① 《国务院关于促进信息消费扩大内需的若干意见》，http://www.miit.gov.cn/n11293472/n11293877/n15578381/n15578441/15578731.html。

② 《国务院关于印发"宽带中国"战略及实施方案的通知》，http://www.miit.gov.cn/n11293472/n11293877/n15432927/n15432975/15595937.html。

1. 工业和信息化部

2012年6月份，国务院发布了《关于大力推进信息化发展和切实保障信息安全的若干意见》，提出：提高社会管理和城市运行信息化水平；建立全面覆盖的社会管理综合信息系统；推动城市管理信息共享；推广网格化管理模式；加快实施智能电网、智能交通等试点示范，引导智慧城市建设健康发展。①

2011年至今，工业和信息化部制定了多项与智慧城市相关的规划，包括《信息安全产业"十二五"发展规划》、《物联网"十二五"发展规划》、《电子商务"十二五"发展规划》等。其中工业和信息化部牵头制定的《物联网"十二五"发展规划》将支持重点领域应用示范工程，具体包括智能工业、智能农业、智能物流、智能交通、智能电网、智能环保、智能安防、智能医疗与智能家居九大领域②。此外工业和信息化部在2013年印发《信息化和工业化深度融合专项行动计划（2013—2018年）》③，提出开展八项行动，包括重点领域智能化水平提升行动和智能制造生产模式培育行动。以上绝大多数都是智慧城市的组成部分，将为智慧城市建设提供坚实基础。

① 《国务院关于大力推进信息化发展和切实保障信息安全的若干意见》，http://www.gov.cn/zwgk/2012-07/17/content_2184979.htm。

② 《物联网"十二五"发展规划》，http://www.miit.gov.cn/n11293472/n11293832/n11294072/n11302450/14457095.html。

③ 《工信部印发两化融合专项行动计划》，http://lhrh.smelz.gov.cn/html/2013/0925/290269.shtml。

2. 国家发展和改革委员会

由国家发展和改革委员会和工业和信息化部联合牵头,会同科技部、公安部、财政部、国土资源部、住房和城乡建设部、交通运输部等八部委起草《关于促进智慧城市健康发展的指导意见》(以下简称《意见》),已由国务院发布。《意见》将明确提出中国智慧城市发展思路、建设原则、主要目标以及发展重点,以统一思想、凝聚共识、汇聚力量,加强对各地智慧城市建设实践的引导。

《意见》中明确,智慧城市是当今城市发展的新理念和新模式,是推动政府职能转变、推进社会管理创新的新手段和新方法,是新一代信息技术创新应用与城市转型发展深度融合的产物,是城市走向绿色、低碳、可持续发展的本质需求。智慧城市建设有利于促进城市基础设施更加智能、公共服务更加便捷、社会管理更加精细、生态环境更加宜居、产业体系更加优化、信息安全有效保障,有利于形成城市可持续发展的长效机制,有利于全面提升城市发展质量和水平,促进工业化、信息化、城镇化、农业现代化同步发展。

3. 住房和城乡建设部

住房和城乡建设部办公厅2012年正式发布了《关于开展国家智慧城市试点工作的通知》,并印发了《国家智慧城市试点暂行管理办法》和《国家智慧城市(区、镇)试点指标体系(试行)》两个文件,开始试点城市申报。申报国家智慧城市试点应具备以下条件:智慧城市建设工作已列入当地国民经济和社会发展"十二五"规划或相关专项规划;已完成智慧城市发展规划纲要编制;已有明确的智慧城市建设资金筹措方案和保障渠道,如已列入政府财政预算;责任主体的主要负责人负责创建国家智慧城市试点申报和组织管理。①

此外,中国城市科学研究会与国家开发银行签署《"十二五"智慧城市建设战略合作协议》,国开行将在"十二五"后三年内,提供不低于800亿元的投融资额度支持中国智慧城市建设。根据协议,住房和城乡建部与国家开发银行将以推进新型城镇化为引领,以智慧城市(镇)基础设施建设和运营服务为契机,加强在智慧城市试点示范城市(镇)基础设施、智慧城市综合运营平台、城镇水务、建筑节能与绿色建筑等领域的合作。②

4. 国家测绘地理信息局

国家测绘地理信息局于2012年颁布《测绘地理信息科技发展"十二五"规划》,提出建立智慧城市技术支撑体系。③ 2013年出台的《智慧城市时空信息云平台建设试点技术指南》,提出试点城市应在已建成的数字城市地理空间框架基础上,通过基础地理信息数据库和地理信息公共平台在内容、功能和效能上的新增或扩充,建成时空信息数据库和云平台。

① 《住房和城乡建设部办公厅关于开展国家智慧城市试点工作的通知》, http://www.gov.cn/zwgk/2012-12/05/content_2282674.htm。

② "国开行今后三年投融资800亿元支持智慧城市建设", http://finance.people.com.cn/bank/n/2013/0114/c202331-20194680.html。

③ 《测绘地理信息科技发展"十二五"规划》, http://www.sbsm.gov.cn/article/zcfg/zygfxwj/201202/20120200098291.shtml。

(二) 欧盟智慧城市发展政策框架

欧盟 2020 战略目标

温室气体排放和 1990 年的水平相比减少 20%;

欧盟 GDP 的 3%(公共和私营领域结合)将投资于研发/创新;

20-64 岁人口就业率达到 75%;

学校辍学率最高 10%;

将处于贫困和社会排斥中或者面临其危险的人口减少 2000 万。

智慧城市通过提高资源分配和使用效率,平衡各个创新技术领域中投入的公共投资,为各领域的企业创造信息技术持续增长点,从而创造新就业和服务。欧盟智慧城市政策措施的焦点是促进智慧城市项目建设,目的是:

- 通过研究、技术开发和创新,更充分地利用现有基础设施和资本的价值;
- 创造能够促进经济增长并且满足社会和环境挑战要求的新产品和新服务。①

① 参见迪肯教授的《用于智慧和可持续城市的 JESSICA 基金:定义智慧和可持续城市》。

在欧盟所有支持措施中，从环境保护角度提出的智慧解决方案占据主导地位。智慧城市项目的主要目的是限制能源使用并且减少碳排放。智慧城市建设是欧盟实现减少温室气体排放量20%、将可再生能源的比例增长到20%并且将能效提高20%目标的一条路径。为实现智慧、可持续和包容性增长的“欧洲2020”战略和“资源效率欧洲”计划，都包括了这些目标。①

尽管环境保护目标是欧盟工作的优先和重点，但是也包含对欧洲ICT、电子政务、电子医疗以及其他各个相关领域竞争力的全面目标。为了能够聚焦于特定的重点，“低碳城市节能建筑和街区信息通信基础设施顾问团”建议继续将“节能街区”概念作为主要的发展方向。顾问团还（在其2011年9月的第二次会议上）做了总结②：

- 智慧城市和社区计划应聚焦在目前先进产品和服务的实施开展上；
- 需要在促进整合和互操作性的通信相关方面、公共事业网络和网络安全问题、克服经济壁垒、开发公私风险分担的可持续框架以及关于行为转变等领域进行研究；
- 在城市和社区的定义方面需要更具灵活性；
- 公私合作关系是“智慧”计划中至关重要的成功因素；
- 在计划和项目中应当包括城镇和城市中现有的技术平台、贸易组织和网络。

---

① 来源：http://ec.europa.eu/energy/strategies/2010/2020_en.htm。

② 《智慧城市报告》，2011年9月16日顾问团研讨会，http://ec.europa.eu/information_society/activities/sustainable_growth//docs/smart-cities/smart-cities-adv-group_report.pdf。

1. 委员会优先工作

这些考虑因素表明无法形成孤立的“智慧城市解决方案”。智慧城市是区域发展和创新一揽子战略中的一个要素,对经济、社会和环境产生有意义的影响,需要互为补充的政策措施。为了建立一个有利于私营经济为智慧城市开发和实施创新解决方案的政策环境,各种政策和行业领域需要合作。欧盟委员会科洛斯委员对这些问题进行了总结,强调了通信网络、内容和技术总司的五项优先工作:①

- **连通性**:2013年9月在名为“连接洲”和“电信单一市场”的一揽子政策改革提案中提出,要通过加强针对高速宽带可用性的工作来提高泛欧连通性。智慧城市系统和解决方案以及企业家和开发人员依赖高质量的通信基础设施,所以对于任何将要实施的智慧解决方案而言,连通性都被视为主要的前提条件。②

- **开放数据**:最近达成一致的一项革新是建立一个“默认开放数据”系统,使公众可以获得公共部门的资源,从而有利于信息在企业、市民以及行政机构中共享。开放数据的规定使市民和企业可以创造性地利用公共部门的信息资源。如果强有力的企业家可以利用政府数据为市民、行政机构以及本地企业开发便利智能的产品,那么智慧城市将在交通和能源使用以及城市生活中的各

---

① 来源:http://europa.eu/rapid/press-release_SPEECH-13-680_en.htm? locale=en。

② 更详细信息请参见 http://ec.europa.eu/digital-agenda/en/connected-continent-legislative-package。

行各业[①]带来更多和更好的解决方案。

- **企业家和新兴公司**:旨在产生协同效应并且建立创新中心的"未来互联网实验室"这类项目[②]促进了充满活力的智慧城市企业文化的繁荣。对企业家和新兴公司的支持将包括建立起创业环境,在这个环境中,对于创新必不可少的基础条件将得到支持,将特定的应用更容易和更快速地开发并且投放市场。

- **5G**:智慧城市的发展以及随之而来的技术要求,将需要大幅度升级下一代网络。智慧城市的运营和管理以及企业和市民在普适计算和物联网时代对带宽、速度、可靠性和安全性的网络使用需求,要求网络运营商迅速进入5G阶段。在5G的发展中建立公私合作模式结构,欧盟委员会对此给予了特别的支持。[③]

- **创新**:欧盟委员会启动了"智慧城市和社区欧洲创新伙伴关系计划",这项计划非常明确地定位于支持智慧城市项目的开发和实施。伙伴关系旨在将来自所有相关行业的利益相关方聚集在一起,使他们可以分享经验和成功案例,并且共同努力战胜当前面临的挑战,从而促进能源、交通和ICT基础设施方面跨领域的创新。

"欧盟智慧城市和社区创新伙伴关系计划"一节中提供了关于创新这一优先领域以及"欧洲创新伙伴关系"和相关计划的详情。尽管仅有一个优先领域直接定位于促进智慧城市解决方案,但很重要的一点是,如果没有所有五个领域的同步推进,智慧城市工程

---

① 关于针对智慧城市开放数据的具体计划,请参见 http://ec.europa.eu/digital-agenda/en/blog/open-and-smart-cities-common-future。关于欧盟开放数据政策框架,请参见 http://ec.europa.eu/digital-agenda/en/open-data-0。

② 参见启动会议上的委员讲话:http://europa.eu/rapid/press-release_SPEECH-13-671_en.htm。

③ 更详细信息请参见 http://ec.europa.eu/digital-agenda/en/towards-5g。

很可能仅停留在孤立的技术项目层面,将不能实现其对生活质量和环境的影响。对其他政策措施的详尽讨论超出了本报告的范围,但是,强烈建议将它们全部作为一个统一框架的组成部分来考虑。

当在成员国层面以及单独的城市和地区层面来考察时,发现存在大量推行智慧城市计划的方法。这是由于欧盟不仅具有结构异质化的特点,各城市在治理方面的辅助性原则也不同。这使得影响城市层面的大部分决策都是单纯在城市层面制定的,对政治等级制度中的更高层面的影响非常有限。欧盟社区的高度独立性导致在城市现代化的各个方面都在实施着迥然不同的解决方案。这也使得为智慧城市开发制定国家或者欧盟层面的共同和统一的方法更为困难。

通过提供额外的支持,就可能激励城市执行欧盟或者国家层次上制定的目标,从而弥补自上而下的决策的欠缺。很多欧盟社区的财务状况是不稳定的,不仅需要新的方法来为服务和基础设施的改善寻找与私营部门的合作关系,而且需要不断地研究从国家或者欧洲支持的项目中获得支持的可能性。因为这些项目遵循了更为统一的道路,并且具有共同的主题,例如区域凝聚力、节约能源或者减少废物,在将城市的一系列政策目标与更高政策层面上达成一致的目标融为一体时,它们发挥着重要的作用。

除了确定智慧城市发展的一般目标之外,在智慧城市发展方面也存在更多的实际挑战,例如制定指导发展和实施过程的战略性规划。国家和地区当局需要:

> 设计正确的框架,并且使地方当局和市政部门共同工作,为基础设施以及构建未来的服务和人力资源,设计统

一的智慧经济。这需要地方积极参与并提出综合的规划方法。之前,很多地区性项目缺乏战略重点和综合的措施。①

智慧城市项目(综合或者单一的解决方案)的每一个阶段都将遇到财政以及管理方面的挑战,常常需要一整套新的技能来应对。通常在城市行政机构中也是第一次培养这些技能。在初步规划阶段,至关重要的是要非常明确地了解在创新/实施各个环节中项目应当处于什么位置,以及在每个阶段可以期望从哪里获得实际知识、国家或者欧盟层次上的支持和资金。如下面的"财政支持"一节所述,这方面有很多选项,将它们整合起来产生协同效应以支持一个城市项目或者实施计划,可能是具有挑战性的。

2. 欧盟智慧城市和社区创新伙伴关系计划

欧盟智慧城市和社区创新伙伴关系计划(EIP-SCC)②于2013年正式启动。由高级别工作组管理,智慧城市利益相关方平台共同支持其实施。该计划力图通过建立产业界与欧洲城市之间的战略合作关系来发展和建设未来的城市系统和基础设施,其目标是通过将来自能源、交通和ICT领域的研究资源汇聚起来并且将这

① 智慧城市利益相关方平台财经工作组指导文件《利用欧盟的智慧城市融资机制》。

② http://ec.europa.eu/eip/smartcities/。这是以下机构共同参与的计划:欧盟能源总司:http://ec.europa.eu/energy/technology/initiatives/smart_cities_en.htm;欧盟交通运输总司:http://ec.europa.eu/transport/urban/urban_mobility/urban_mobility_en.htm;欧盟通信网络、内容和技术总司:http://ec.europa.eu/information_society/activities/sustainable_growth/cities/index_en.htm。

些资源集中用于少数将在合作城市中实施的示范项目,来推动城市智慧技术的发展。创新伙伴关系计划将全部在“地平线2020”框架下实施,地平线2020框架是欧盟为研发和创新项目提供资金支持的融资框架,实施期限是2014—2020年。

高级别工作组

高级别工作组由来自ICT、能源、交通等领域的首席执行官、城市市长、监管机构和公共融资机构的主管组成。该工作组的建立是为了支持EIP-SCC的实施。它(与“Sherpa Group夏尔巴工作组”一起)对战略实施计划(SIP)负责,SIP帮助确定如何落实促进智慧城市的理念。它还研究欧盟委员会可以如何在“地平线2020”计划中支持这些措施。

欧盟智慧城市利益相关方平台

欧盟智慧城市利益相关方平台由欧盟委员会建立,该机构的目的有两个,即:

- 确定和宣传与技术解决方案和实践者需求相关的信息;
- 为高级别工作组和欧盟委员会提供政策支持信息。

它既是一个网络平台,也是一个物理平台,对所有注册人开放。该平台由利益相关方所有,利益相关方以自下而上的方式支持其运转。该平台将政府、产业界、非政府组织和民间团体汇聚在一起。它将伴随“灯塔项目”实施,并且监督“创新伙伴关系计划”的全面实施,将组织活动来分享从“灯塔项目”中获得的经验和知识。

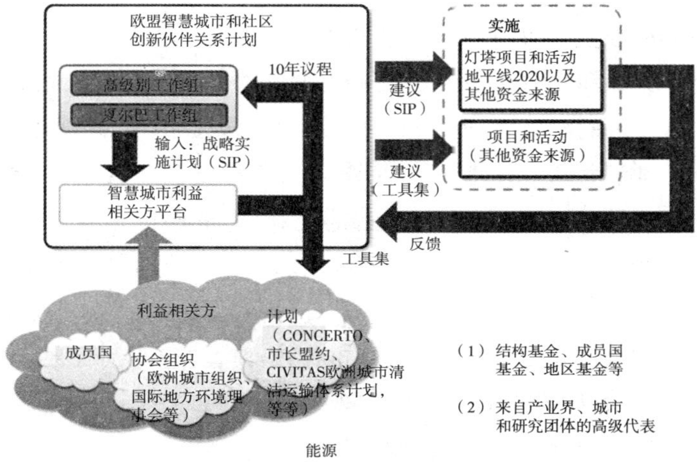

图 3-1:欧盟智慧城市和社区创新伙伴关系计划示意图

来源:在霍本举行的智慧城市和社区 ICT4E2B 论坛,2013 年 2 月 28 日。

在高级别工作组的第一次会议上,提出了三个优先领域:城市可持续交通、地区与建设环境以及涉及这三个领域的综合基础设施和进程。在这次会议上强调了 SCC-EIP 应当推进的多个优先问题和挑战:①

- **市民关注**　鼓励市民发挥积极作用,伙伴关系计划的目标和活动应当以此为中心;
- **开放数据**　将实施新机制和法规使相关数据更容易获取,同时也尊重隐私权;
- **基准、绩效指标和度量**　建立透明和量化的进程,所有行动都应当在明确的基准上度量绩效;

① 来源:http://ec.europa.eu/eip/smartcities/files/executive-report--1st-hlg-meeting_en.pdf。

- **标准** 提高可预测性和化解投资风险,需要更密切地协调现有的标准化活动,并且进行可能的扩展;
- **采购和融资** 更好地反映出拥有的总成本,支持城市合作以实现更大的购买力,也支持跨国采购,采购程序应当现代化;
- **知识共享** 促进知识共享,城市行政部门和其他利益相关方应当能够以系统方式学习过去的经验,附录 3:欧盟智慧城市知识交流和合作平台提供了对主要欧盟城市知识交流和合作平台的摘要介绍;
- **综合规划和管理** 打破城市行政部门和行业领域之间的界限,系统和整体的视角是关键,实现综合规划和管理;
- **商业模型** 为了推动市场增长、为城市节约资金、向消费者提供有竞争力的价格,需要新的跨领域的商业模型。

在 2013 年 10 月的第二次会议上,高级别工作组通过了伙伴关系的"战略实施计划"(SIP),将其作为加速部署欧洲智慧城市解决方案的基础。SIP 提出了多种措施来推动这些领域向前发展。这些措施包括一组共同的智慧城市标准、"默认开放数据"、设计和规划解决方案的新方法、建立"创新区"和新的商业模型以及专用于综合性城市规划和管理的不断改进的合作治理机制。

2014 年 2 月,EIP 发布项目邀标书(2014 年 6 月截止),旨在为智慧城市相关行动建立市场,促进这些行动在欧盟范围内的推广并为寻找有相同兴趣的合作伙伴提供平台。有兴趣的合作方加入 EIP,要承诺提供具体可评估的贡献,以支持一个或者多个在城镇化背景下的能源、交通和 ICT 相关的核心领域。①

① 来源:http://ec. europa. eu/eip/smartcities/about - partnership/how-do-i-get-involved/index_en.htm。

3. 绿色数字宪章

绿色数字宪章①是欧洲城市组织提出的一项计划，最初由曼彻斯特市和"Clicks and Links"（点击和链接）有限公司实施，是"绿色改变欧洲"项目的一部分，得到了欧盟委员会的支持。签署该宪章（目前有来自15个欧盟成员国的30个城市）的城市承诺减少其ICT的碳排放量，并且推广在建筑、交通和能源等领域实现更高能效的ICT解决方案。参与城市承诺：

- 在2015年之前部署五个大型试点项目；
- 到2020年将ICT的直接碳排放量降低30%；
- 2011年之前在ICT和能源效率方面建立伙伴关系。

尽管不是一个明确的智慧城市计划，但是"绿色数字宪章"的减少城市碳排放量的目标，使其成为智慧城市计划的一个重要参考点。对于履行其承诺的城市而言，智慧城市项目可以作为一个可行的选项。

智慧城市能源效率网络

智慧城市能源效率网络（NICE）②的建立是为了促进和支持"绿色数字宪章"承诺的实现。它是宪章的附属措施，为分类、评测、报告和支持活动确定了共同的实施框架、报告工具和信息资

① 更详细信息请参见 http://www.greendigitalcharter.eu/greendigitalcharter、http://eurocities.wordpress.com/eurocities%E2%80%99-green-digital-charter/和 http://ec.europa.eu/information_society/activities/sustainable_growth/green_digital_charter/index_en.htm。

② 请参见 http://www.greendigitalcharter.eu/niceproject，也可以参见：http://ec.europa.eu/energy/technology/initiatives/smart_cities_en.htm。

源。它由欧洲城市组织与 Clicks and Links 有限公司、曼彻斯特市和莱布尼茨生态城市和区域发展研究所共同领导。该计划开始于 2011 年 9 月,为期 30 个月,直至 2014 年 2 月。

它在三个主要方面支持签署城市:

(1)城市工具 为城市建立监控和报告手段以便能够测量其 ICT 的碳排放量,并且将其工作与其他计划关联起来。为活动制定框架,以便在城市致力于发展绿色 ICT 的所有阶段为城市提供帮助;①

(2)城市支持和活动 提供一系列有针对性的交流和学习活动来为城市提供实际支持;

(3)延伸和参与 组织一系列的交流和活动来增加宪章签署城市的数量,并且展现与相关利益相关方的合作机会。

就其支持的范围而言,NICE 不是专门用于智慧城市项目的,但是智慧城市计划可以在其与减少碳排放量的 ICT 相关工作方面获得支持。

该项目特别关注中国-欧盟伙伴关系的发展以及与"市长盟约"的密切合作。它还与各种国际智慧城市社区计划密切合作,例如智慧城市和社区平台。欧洲联盟根据欧盟研究资金计划"FP7"②,特别是根据信息和通信主题,为其提供资金。

---

① 在线工具集位于 http://www.greendigitalcharter.eu/nice_toolkit/mainfeed.php,但是只有已经注册的宪章签署方可以使用。

② FP7 指的是"第 7 科研和技术开发框架计划"。该计划从 2007 年至 2013 年持续 7 年的时间。该计划的总预算超过 500 亿欧元。

4. 其他计划

在表 3-1 中，对在欧盟范围内与智慧城市项目有某些直接联系和相互关系的其他计划做了简要说明。

表 3-1：与智慧城市项目有关的其他欧盟计划

计划	说明
欧洲城市知识网络	• 欧洲城市知识网络（EUKN）分享在处理城市问题方面的知识和经验，主要目标是加强整个欧洲在城市发展方面的知识和经验交流，沟通城市政策、研究和实践 http://www.eukn.org/
联合项目计划（JPI）城市欧洲	• “JPI 城市欧洲”是欧盟成员国和欧盟框架项目联系国的研究和创新计划，其目标是从与经济、社会、环境和交通相关的角度重新思考和管理不断发展的欧洲城市化方向和城市密度，从而形成和利用城市化欧洲的协调效应，来提升欧洲在全球的地位 http://www.jpi-urbaneurope.eu/
欧洲生活实验室网络（ENoLL）	• ENoLL 是欧洲和全世界基准生活实验室的国际联合会。生活实验室是一个真实生活的实验和体验环境，用户和生产者可以在其中共同创新。欧洲委员会将生活实验室的特点总结为用户驱动开放创新的政府-企业-公民伙伴关系（PPPP）。生活实验

(续表)

计划	说明
欧洲生活实验室网络(ENoLL)	室从事于四种主要的活动: • **共同创造**:用户和生产者共同设计; • **探索**:发现新出现的使用方法、行为和市场机遇; • **实验**:在用户社区范围内实现生活场景; • **评估**:根据社会人类环境改造学、社会认知和社会经济标准对概念、产品和服务进行评估 http://www.openlivinglabs.eu/
欧洲智慧城市计划	• "欧洲智慧城市计划"支持城市和地区采取雄心勃勃并且具有创造性的措施,通过能源的可持续生产和使用,在到2020年时将温室气体排放降低40%的目标方面取得进展。这需要系统的方法和组织上的创新,涉及能源效率、低碳技术以及供给与需求的智能管理。特别是,在建筑、地方能源网络与交通方面的措施将是该计划的主要部分。该计划建立在已有的欧盟和国家政策与项目基础之上,例如CIVITAS、CONCERTO和"智能能源欧洲"。它将利用其他"欧洲战略能源技术计划"(SET-Plan)中的产业计划,特别是太阳能和电网产业计划以及根据欧洲经济复苏计划建立的欧盟"建筑和绿色环保汽车"公私伙伴关系。[①]该计划将调

① 来源:http://ec.europa.eu/research/index.cfm? pg=newsalert&year=2009&na=ppp-310309。

（续表）

计划	说明
欧洲智慧城市计划	将调动参加了“市长盟约”的地方当局（超过 500 个城市）来扩大其影响 http://setis.ec.europa.eu/implementation/technology-roadmap/european-initiative-on-smart-cities

5. 欧盟对智慧城市项目融资的支持

本部分关注城市从欧盟层面获得财政资源的机会。但是应当从最初就要注意到可获得的资金通常仅占智能基础设施和服务总投资负担的一部分。为了获得资金，通常要求已经实施了一致和可靠的行动以及投资计划，拥有稳定的自有资金和第三方出资，例如通过公私伙伴关系协议获得的资金。

研究其他城市在实践中采用的融资模式，可以为将各种资源融入一个可行和现实的投资场景中的创新方式，提供相关的信息和灵感。在本报告的后面收集的最佳实践的例子，在介绍入选的“试点城市”时，概述了可行的投资和融资安排。

6. PPP 和金融工具

多个计划提供了支持决策程序的模板和指南。例如支持跨领域 PPP 投资的欧洲投资银行的“欧洲 PPP 专业技术中心”（简称“EPEC”）在一个升级德国街道照明系统的项目基础上，开发了一个标准化的 PPP 模型。① EPEC 还发布了一份旨在指导公共采购

① 参见冯·塔登在 2012 年 3 月 29 日发表的《城市公私合作伙伴融资》。

部门考虑采用公私合作伙伴关系(简称“PPP”)方法的“指南指导”,并且将“EPEC PPP 指南”作为一种网络工具来提供。①

欧盟通过促进创新、关键节能技术的产业部署、制度性和契约性的公私伙伴关系,促进更有力的产业参与。强调公私伙伴关系,是因为这可以使政府与产业界一起缓解城市问题,支持欧洲保持产业领导地位的目标以及根据“欧洲 2020”目标和产业需求确定研究和创新的优先顺序。公私伙伴关系可以有助于利用研究与创新要素,使产业界更有力地将产业与共同目标结合起来。②

“地平线 2020”第 19 条将公私伙伴关系作为实施具有战略性重要意义的研究和创新活动的工具予以特别强调。公私伙伴关系可以作为“第 187 条公私伙伴关系”(欧盟运行条约)来实施,或者作为“合约协议公私伙伴关系”实施。③

应当以基于以下全部标准的开放和透明的方法来确定公私伙伴关系:

- 在联盟层次上活动的增加值;
- 对竞争力、可持续增长和社会经济问题方面的影响程度;
- 所有合作方基于共同的愿景和明确定义的目标做出的长期承诺;
- 在研究和创新方面涉及的资源规模以及利用额外投资的能力;
- 在选定的期限中对合作各方角色的明确定义以及达成一致的主要绩效指标。

---

① 来源:http://www.eib.org/epec/g2g/。

② 参见瓦莱斯:《FP7 和地平线 2020 中的公私伙伴关系》。

③ 关于两者差异的更详细信息,请参见 http://ec.europa.eu/research/industrial_technologies/。

例：EPEC 的标准化 PPP 模型

基本参数：

合同期限（20 年）；

核心投资期（5 年），随年度预算的进一步投资；

设施的运营和维护；

能源供应；

现有设施的所有权属于市政当局；

新资产在可以运营后，其所有权转交给市政当局；

对现有设施、技术、年限及其状态的文件编制需求；

基于产出的技术规范。

组织街道照明 PPP：

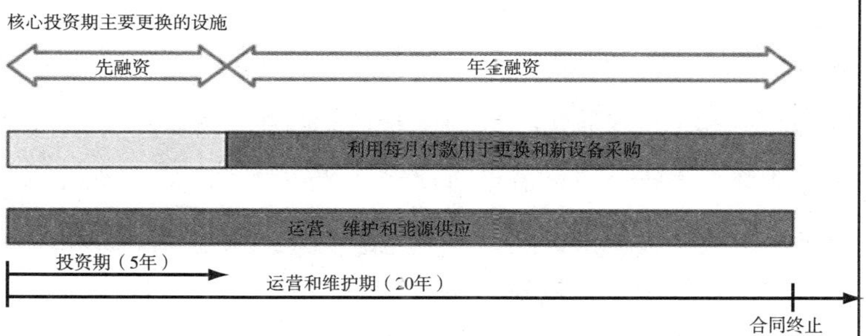

获得的经验：

PPP 和合作合同实现了老旧设施的快速更换以改善交通安全和安保条件；

在投标之前，当局必须准备一份现有设施的清单；

案例研究证明了主要的节能潜力、为城市实现的主要的成本节省以及传递给私营领域合作伙伴的可能风险；

进一步发展 LED 将提高节约能力；

在德国已经为 PPP 街道照明项目完成了大约 15 个欧盟投标；

在英国已经为 PPP 街道照明项目完成了超过 20 个欧盟投标；

在接下来的数年里将发布更多的投标（在德国有超过 300 个特许将终止）；

这种模型可以被标准化和复制，但是融资方式需要与采用的制度相适应。

来源：冯·塔登在 2012 年 3 月 29 日发表的《城市公私合作伙伴融资》。

对于智慧城市项目，有大量可能适用的欧盟资金。因为以欧盟观点定义的智慧城市关注环境和能源相关的领域，并且有很多以这些领域的发展为目标的资金调度工具。欧盟的这些资金来源并非使智慧城市项目完成设计和融资的一揽子解决方案。它们通常仅占总投资负担的一部分(例如通过补贴、拨款或者其他有助于降低投资风险的工具)。对于城市而言，将这些来源结合起来，也构成了一个相当大的规划和管理挑战，在"EPEC PPP 指南"中也提出了这个问题。

从欧盟资金获得的融资可以通过指定金融工具来利用。这意味着一笔欧盟拨款不能直接拨付给受益城市，而是由欧洲投资银行(简称"EIB")这种金融机构来接收，金融机构再将拨款转换为更好地适用于各个城市需求的贷款、担保、股权净值以及其他风险负担机制。尽管使用金融工具需要额外的资源和经验，但是提供工具的机构(例如 EIB)在帮助发展这种专门知识、提高城市资源分配的效率和效能方面，发挥着重要的作用。这些金融工具与欧盟拨款支出的大规模投资密切相关。

7. 用于智慧城市发展的欧盟资金

欧盟凝聚政策与欧盟的竞争与创新基金("地平线 2020"和 COSME)一起，实现了强有力的能源、交通和 ICT 综合投资的发展。下面简述"地平线 2020"和凝聚政策。

此外，还要考虑的是支持以中小型企业为重点的创新活动的"竞争与创新计划"(CIP)。企业与创新计划(EIP)、ICT 政策支持计划(ICT-PSP)以及智能能源欧洲(IEE)项目是支持智慧城市 ICT

解决方案的全部未来可能的来源。从 2014 年起,“2014—2020 年企业和中小型企业竞争力计划”(简称“COSME”)将代替 EIP。

智慧城市利益相关方平台的金融工作组已经编辑了一份详细的指导文件,该文件将用于智慧城市项目的各种可能的欧盟资金来源进行了分类。

地平线 2020

“地平线 2020”①是欧盟取代“框架计划”(FP)的一项新的研究资助计划(2014—2020 年),期望在带领欧洲实现智慧、可持续和包容性的“欧洲 2020”战略目标方面发挥至关重要的作用。“地平线 2020”关注科学卓越性、产业领导力和社会挑战。

这一计划是短期实施的(每 1—2 年)。资金没有预定的地理分配,项目具有跨国界视角。计划的总预算为 770 亿欧元。它为其他资助机制例如“凝聚”计划提供了补充。“地平线 2020”在提供融资支持的时候,要充分考虑 EIP-SCC。

“灯塔项目”

EIP-SCC 将为“灯塔项目”提供资金②,在该项目中,特定城市/社区中的产业实验技术将验证这种技术是否是有效的,即它能否以合理的成本实施,并且对市民和整个社区都是有利的。被选中的项目将把能够胜任的产业协会(由来自三个领域的研发密集型产业组成)与一个或两个城市结合起来以证明其优势,以便其他城市能够随后实施相同的技术。

从 2014 年开始,高级别工作组的任务是在准备解决的最重要

① 详情请参见 http://ec.europa.eu/research/horizon2020/index_en.cfm。

② 来源:http://europa.eu/rapid/press-release_MEMO-12-538_en.htm? locale=en。

领域/问题方面制定一个技术性议程。根据这一议程,欧盟委员会将发布征求建议书,产业协会可以依据征求建议书来提出其项目设想。每年(大约在 7 月份)委员会都将发布征求建议书。征求建议书将对能源、ICT 和交通三个领域的产业主导协会公开。主导协会需要包括来自三个至少有两个合作城市的成员国和/或者联系国的合作方。

有资格作为"灯塔项目"共同融资的项目有①:

智能建筑和邻近项目 例如,广泛采用高效的加热和制冷技术(采用生物质能、太阳热能、环境热能和地热存储、热电联产和区域供暖)的项目,支持几乎零传统能源消耗的建筑和正向能量建筑以及邻近建筑建设的项目。

智能供给与需求服务项目 例如,为市民和最终用户提供能源消耗或者生产以及多式联运和交通服务信息的项目,能源、供水和废物的智能计量和相关服务,电网的监控与平衡,能量储存(包括虚能存储)。

城市交通项目 例如,能够与能源系统交换剩余能量(制动和加速)的公共交通车辆项目,管理能量流或者利用氢作为能量储存载体以及在城市层面上平衡对能源和固定电站需求的项目。

智慧和可持续数字化基础设施 降低包括宽带在内的互联网特别是数据中心和电信设备的碳排放量的项目,智能加热、制冷和照明解决方案。

欧盟凝聚政策

欧盟凝聚政策②的目的是促进欧洲区域性社会经济发展,是在

① 如第/12/538 和 10/07/2012 号备忘录所述。

② 详情请参见 http://ec.europa.eu/regional_policy/what/future/index_en.cfm。

与国家/区域当局的共同管理中，以长期视角(3—7年)对凝聚创新计划进行设计的。这些项目主要设计来自成员国或者地区的行为主体。

2011年10月，欧盟委员会通过了一项将设计2014—2020年凝聚政策期的一揽子法律草案。用于2014—2020年凝聚政策期的计划拥有3760亿欧元资金，这些资金将分配用于经济、社会和区域凝聚政策。2012年3月，欧盟委员会提出了“共同战略框架”来帮助各成员国和各区域为下一个规划期制定战略方向，下一个规划期的重点是智慧、可持续和包容性增长的“欧洲2020”战略。委员会提出了额外的鼓励措施以促进区域基础设施金融工具的利用，例如通过欧洲投资银行的“欧洲联合支持可持续投资城市区域基金”(简称“JESSICA”)计划。这些鼓励措施包括降低共同融资的利率、扩展工具，从而也可以涵盖凝聚基金、专用于提高能源效率和可再生能源的资源占有较高比例的项目以及引入强制性的城市优先主题(最低为欧洲区域发展基金“ERDF”的5%)。

凝聚政策对不同投资提供不同优先级的支持。其中与智慧城市发展最相关的如下：

- **在所有领域向低碳经济转变** 促进城市地区的低碳战略(目标4)；
- **保护环境** 改善城市环境(目标6)；
- **促进可持续交通** 促进可持续性城市机动性(目标7)；
- **促进社会融入** 支持贫困城市社区的物质和经济重建(目标9)。

“欧洲2020”战略下凝聚政策的建议中与城市发展相关的方面，力图通过加强城市发展支持的综合方法、提高城市的参与度以及为城市支持再次引入"实验部分",来强化区域凝聚。① 新的结构性资金加强了城市在凝聚政策中的作用。通过应对功能性城市地区经济、环境、气候和社会挑战的整体战略,ERDF 支持了可持续的城市发展。分配给每个成员国最低 5%的 ERDF 资源,应当投资于可能通过综合区域投资(ITI)工具实现的可持续城市发展整体行动计划。②

在凝聚政策框架中与智慧城市发展有关的主要工具有:综合区域投资(ITI)、城市创新行动、城市发展平台。

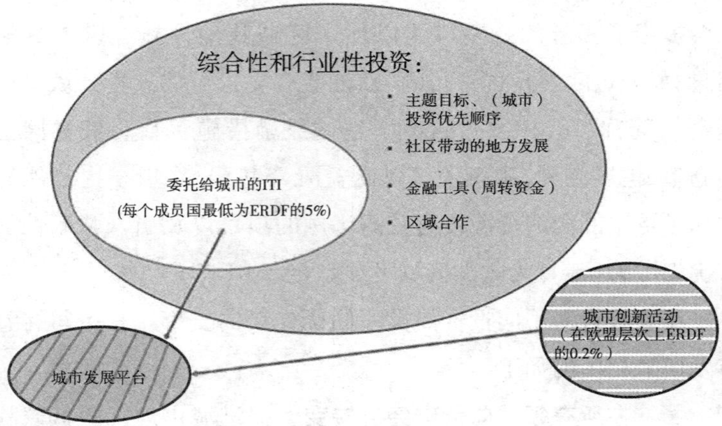

综合区域投资(ITI) ITI③ 的目标是支持有利于城市地区发

① 参见 Haapakka:《2014—2020 年凝聚政策立法建议中的城市层面》。

② 共同融资的最大比例为:欠发达和最偏远地区为 75%—85%,过渡地区为 60%,较发达地区为 50%。参见智慧城市利益相关方平台财经工作组指导文件:《利用欧盟的智慧城市融资机制》。

③ ERDF 法规第 7 条(第 7 部分);CPR(欧盟建筑产品法规)第 99 条(第 21、65 部分)。

展的综合行动计划，因为它使得将与不同主题目标相关联的资金整合成为可能，包括整合来自 ERDF、ESF 和凝聚政策（CF）的资金，其目的是更好地支持区域或者城市发展战略以及在适当的区域规模中具有特定的目标地区（例如在临近区域、城市、城市区域、大都市区、农村地区、功能区层次上）的发展。

城市创新活动　“城市创新活动”①工具可以在支持智慧城市计划方面发挥重要作用，已经为促进可持续城市发展领域的创新和实验方法以及解决方案分配了大约 3.7 亿欧元，例如与智慧城市相关的项目。通过这一工具可以为具体的活动提供支持，例如前瞻性和尖端研究、具有创新性和可转化的欧盟重要试点项目和示范项目。它由欧洲委员会直接管理，并且通过征求建议书分配资金。

城市发展平台　城市发展平台（UDP）②用于促进城市层面的实际实现。它通过会议、特定问题工作组、最佳实践文档等促进经验和能力建设的交流。目标群体是管理和实施 ITI 的城市和实施城市创新行动的城市。

“凝聚政策”和“地平线”计划具有相同的 7 年（2014—2020 年）规划期，可以同步进行以实现更大的协同效应和提供更宽阔的资金渠道。它们服务于以智慧、可持续和包容性增长为目标的“欧洲 2020 战略”。与“地平线 2020”和“凝聚政策”实现协同效应最大化的主要手段是发展**智能专业化的研究与创新战略**。所有城市和地区都需要准备“智能专业化战略”，以此作为在“凝聚政策

① CPR 第 7 段第 84 条；ERDF 法规第 9 条（第 9 和 12 部分）。

② CPR 第 14（b）条；ERDF 法规第 8 条（第 8 和 13 部分）。

2014—2020 年国家伙伴关系合约和实施计划”的研究与创新方面获得批准的条件。

8. 欧洲投资银行的作用

如上所述,欧洲委员会提出了额外的鼓励措施以促进在区域基础设施建设中利用金融工具。欧洲投资银行(简称“EIB”)①在促进城市争取利用这种金融工具方面发挥着十分重要的作用,因为它开发了专用于为城市获得的欧盟预算资金和私人投资提供补充的工具,在利用现有金融资源方面提供了更大的范围和灵活性。②

一般而言,EIB 在各个领域挑选项目并且排列这些项目优先排序,根据欧洲在增长、就业、凝聚力和经济可持续发展方面的优先顺序,充分发挥其对实体经济的影响。EIB 支持欧盟“凝聚政策”目标,致力于与公共当局建立伙伴关系以加速实施并且提高实施的质量,加强吸收能力以及充分利用欧盟资金。通过直接放贷,并且通过在与欧洲委员会(和其他国际金融机构)实施的联合计划中提供技术和金融援助,EIB 为包括“欧洲 2020”在内的欧盟战略提供支持。

EIB 正推出将欧盟资金和 EIB 放贷结合起来的新产品以便更充分地利用资金,即利用定量的欧盟预算和 EIB 的资金以支持更

① http://www.eib.org/infocentre/events/all/jessica-delivering-smart-city-projects.htm 和巴雷特:《欧盟金融工具对智慧和可持续城市的贡献》。

② 参见智慧城市利益相关方平台财经工作组指导文件《利用欧盟的智慧城市融资机制》。

多的投资。这些创新手段依赖于风险分担以及担保、拨款和融资工具的协调运用。在智慧城市发展方面,最相关的工具有:①

ELENA(欧洲地方能源援助)②　ELENA是一种为发展智慧城市计划的早期阶段提供特别支持的工具。它帮助地方当局发展提高能源效率和可再生能源的计划,通过承担为准备、实施和资助一个投资计划所需的技术支持(例如可行性和市场研究、计划设计、商业计划、能源审计、准备招标程序)的部分成本,试图提高地方当局发展可靠投资计划的能力。

JESSICA(欧洲联合支持可持续投资城市区域基金)③　它的建立是为了提供"金融工程工具"来支持成员国配置欧盟结构基金。它是EC、EIB和CEB的联合计划。目前,18个EIB的JESSICA支持基金已经获得了17.7亿欧元的承诺,已经建立了29个城市发展基金(简称"UDF")。这些UDF是"支持城市地区可持续转型的政策驱动、地理集中和规划引领的投资工具"。④ 它们可以提供额外的资金来源,从而降低优先债务要求,实现资本结构和优先债务质量的改善。通过JESSICA,可以降低智慧城市项目的融资成本。通过帮助降低违约概率并且有可能降低总的融资成本,JESSICA可

① 相对具有风险的RDI项目也可以从风险分担融资机制(RSFF)中受益,RSFF是一种联合金融工具,它利用自己的资金来为风险高于正常风险预测的项目提供贷款、担保和资本性的投资。具有创新性的城市项目特别有资格获得RSFF的融资。参见http://www.eib.org/products/rsff/index.htm。

② 参见www.eib.org/elena和http://ec.europa.eu/energy/intelligent/index_en.html。

③ 来源:http://ec.europa.eu/regional_policy/thefunds/instruments/jessica_en.cfm。

④ 参见波哈娜:《JESSICA的实施机制和进展情况》。

以提高城市 PPP(Public-Private-Partnership)融资能力。①

JESSICA 针对的是商业基本上可行的项目,但是实现目标要求的支持如下表所示:

表 3-2:资金来源

逐步提高的商业可行性 →

拨款	JESSICA	商业
• 高风险,市场需求或者资金安全性不足 • 回报是"非金融性的" • 对经济发展政策必不可少 • 缺少可供选择的出资者	• 流动性风险预测和很少或者不充分的市场需求 • 对长期债务和产权的要求,或者要求额外的资金安全性或者担保 • 回报是长期的,或者与商业需求不符	• 明确和可理解的风险预测 • 可获得商业出资的有力证据 • 与项目风险相当的正常水平的商业回报

① 关于 JESSICA 的更多信息以及可以如何利用它来支持智慧城市和其他城市发展项目,请参见位于以下链接的概述:http://ec.europa.eu/regional_policy/thefunds/instruments/jessica_en.cfm#1。

9. 组合资源

下图说明了一个城市计划如何同来自各种资金来源的支持联系起来。ERDF 城市资金可以为用于发展基础设施的 JESSICA 类工具提供支持，也可以与 ERFD 和凝聚基金支持的能源和交通网络以及 ESF 的人力资本开发联系起来；COSME 可以为创新型中小型企业提供支持；“地平线 2020”可以用于示范项目和新技术部署。其中有一些由区域当局管理，有一些（如后两种）则不是。

此外，还有与规划过程整合起来的特殊工具，例如欧洲能源效率基金（EEEF）、ELENA 以及 EIB 为提高能源效率规划的“深绿平台”等。

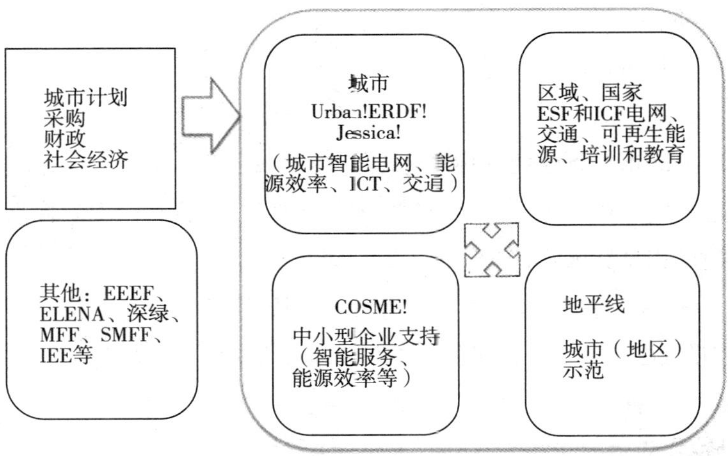

图 3-2：利用欧盟的智慧城市融资机制

来源：智慧城市利益相关方平台财经工作组指导文件：《利用欧盟的智慧城市融资机制》。

四　试点城市评估框架

（一）试点城市

欧盟和中国各选择15个城市作为试点参与研究。中欧双方根据下文的标准选择试点城市。

（二）中国试点城市选择

中国根据下述选择标准选出了15个城市参与研究：

- 秉承绿色、低碳和可持续发展的理念，将利用ICT提高城市建设和管理水平作为长期重点。
- 具有初步完善的“智慧城市”战略规划或者相关行动计划，并且已经制定了明确的智慧城市发展目标。
- 拥有良好的信息基础设施和良好的宽带和无线通信网络环境；在先进信息技术和信息系统实现方面具有很强的能力，并且有能力进一步演进。
- 在信息化发展政策、资金和人才以及良性发展与合作基础方面拥有良好的环境；具有开展国际合作的愿景、人才、资源和能力。

- 在组织和管理方面，应当建立一个智慧城市建设领导小组。城市高层领导应当担任领导小组组长，各部门主管担任组员。应当建立起负责智慧城市建设的专门工作单位。

- 在基本信息方面，应当建立起信息资源共建共享机制和信息资源平台以实现人口、地理和宏观经济信息资源的共享。共享信息能够应用于主要部门之间交通、气象和医药等方面的管理和服务。

- 在城市交通管理方面，应当能够利用物联网、移动互联网、云计算、视频监控、地理信息技术及其他技术，在全市建立一个统一的管理系统以提高城市交通运营效率，使公共交通更为便捷并降低碳排放。

- 在城市能源管理方面，应当在建筑结构和设计中充分利用节能和环保材料，并且利用物联网、移动互联网、云计算及其他信息技术对能源消耗进行监控和管理，促进节能减排，提高使用效率。

- 在教育方面，应当充分利用宽带网络、无线网络、云计算及其他技术建立教育信息资源管理和应用系统，例如统一的教育资源共享平台和教师培训平台，实现高质量的资源共建共享，促进教育公平，为民众的终身学习建立起信息服务平台，以促进城乡教育的平衡发展。

- 在医疗和卫生服务方面，应当充分利用物联网、互联网、云计算和大数据技术，逐渐为居民建立起电子健康档案，为全市建立一个统一的医疗服务平台以促进医院系统的资源共享，提高医疗服务和卫生保健水平。

中国最终入选的 15 个试点城市是:

1. 北京市海淀区
2. 天津市滨海新区
3. 上海市浦东新区
4. 江苏省扬州市
5. 江苏省南通市
6. 江苏省淮安市
7. 浙江省宁波市
8. 浙江省嘉兴市
9. 福建省漳州市
10. 山东省烟台市
11. 广东省广州市南沙区
12. 广东省深圳市前海深港合作区
13. 广东省珠海市横琴新区
14. 四川省成都市
15. 新疆维吾尔自治区库尔勒市

(三) 欧盟试点城市选择

欧盟智慧城市试点城市的选择侧重城市在智慧城市发展方面拥有可推广的一系列最佳实践。

作为一项基本要求,欧盟城市也必须秉承“绿色、低碳和可持续发展”的理念,将利用信息和通信技术提高城市建设和管理水平作为长期重点。除了这一基本能力要求之外,为最佳实践的推广制定了指导方针的“提供最佳实践项目可移植性”（P＊P＊P）这类欧盟资助计划认识到，在目前愿景和战略基础上分享和积极合作的意愿是至关重要的。P＊P＊P的实施获得了各种各样的工具，但是非常重要的结果是“共同利益”的形成。

这些“共同利益”将推动形成一种以合作方式分享最佳实践的机制，在这种机制中将实现各方共赢，而没有谁是最佳实践的提供者谁是接受者的区分。

因此，选择的主要标准是城市应当通过参与一系列的计划和项目来证明其有能力和有意愿合作，例如：

- 积极参与欧洲城市组织、市长盟约、欧盟电子论坛、全球城市对话、NICE项目绿色城市宪章等欧盟组织；
- 积极参与涉及智慧城市的主要的欧盟活动；
- 与现有的中国-欧盟活动联动，例如用于智慧城市治理、城市化项目和开放中国的中欧公共管理二期项目（CEPAII）；
- 在智慧城市技术和项目参与方面的领导能力；
- 在这一领域承担主导作用的意愿；
- 成熟的智慧城市计划；
- 在促进项目和具有倍数效果方面能够提供附加值。

欧盟最终入选的15个试点城市是：

1. 荷兰阿姆斯特丹
2. 西班牙巴塞罗那
3. 英国布里斯托
4. 丹麦哥本哈根

5. 意大利佛罗伦萨/普拉托
6. 德国法兰克福
7. 法国(巴黎)伊西莱穆利诺
8. 法国里昂
9. 瑞典马尔默
10. 英国曼彻斯特
11. 拉脱维亚里加
12. 爱沙尼亚塔林
13. 意大利威尼斯
14. 立陶宛维尔纽斯
15. 克罗地亚萨格勒布

(四) 评估框架

我们设立了包含智慧城市项目共同特点的评估框架,作为从试点城市获取信息的模板。评估框架为试点城市提供了对智慧城市概念的共同语言和相互理解,从而确保以一致的方式对数据进行分析。评估框架的目的不是对试点城市项目进行排名,而是比较每个试点城市的各种特点,从而

- 从智慧城市的各种项目中寻求最佳实践;
- 以共同的标准对城市进行评估;
- 评估智慧城市项目的效益;
- 找出智慧城市项目中新出现的挑战。

评估框架综合了智慧城市相关的12篇论文的提法。[①] 评估框架包括9个特性：(1)智慧城市战略，(2)利益相关方，(3)治理，(4)融资，(5)价值评估，(6)商业模式，(7)ICT基础设施，(8)智慧城市服务以及(9)法律和监管政策。

表4-1提供了试点城市项目完成的智慧城市评估模板。

表4-1："智慧城市"评估框架

特性	说明
智慧城市战略	• 智慧城市的愿景和目标是什么？ ■ 如果适当，请包括以下方面的城市愿景和目标 ○ 环境 ○ 能源 ○ 交通 ○ 废物管理 ○ 城市-农村凝聚力 ○ 生活质量 • 提供用于度量城市在满足智慧城市目标

① 文献综述：

ⅰ Hafedh Chourabi、Taewoo Nam等人："理解智慧城市：一个整合性框架"，IEEE计算机学会，2012年；

ⅱ 戈登·福克纳、肖恩·米切尔："智慧城市框架，支持智慧+互联社区的系统过程"，思科公司，2012年9月；

ⅲ 维也纳技术大学区域科学中心，代尔夫特理工大学住房、城市和交通研究所和卢布尔雅那大学地理系："智慧城市——欧洲中等城市排名"2007年，http://www.smart-cities.eu/model.html；

ⅳ "智能社区指标"，www.intelligentcommunity.org。

(续表)

特性	说明
智慧城市战略	方面绩效的关键绩效指标(简称"KPI")的详情 ■ KPI 是否是以国际标准为基准,例如"全球城市竞争力指数"(www.gucp.org/en/)、全球城市指数机构(GCIF, www.cityindicators.org/)、绿色城市指数(www.siemens.com/entry/cc/en/greencityindex.htm)或者其他标准? 如果是,请提供详情 ● 城市是否拥有正在实施的 ICT 战略计划以确保在其城市规划中包括主要的技术趋势? 如果是,请提供证明
利益相关方	● 谁是参与智慧城市发展决策制定的主要利益相关方? 例如,利益相关方可能包括政府(联邦、城市、地方,等等)、监管机构、土地和房地产开发商、ICT 服务提供商、集成商、公共服务提供商、交通运输运营商、市民,等等 ● 介绍市民如何参与智慧城市的发展? ■ 例如,在设计、开发和改进智慧城市服务方面,市民可以发挥什么样的作用?

（续表）

特性	说明
利益相关方	■ 城市是否采用群众外包或者游戏化等其他技术作为与市民互动的机制？如果是，请提供例子 • 城市如何向利益相关方推广和宣传智慧城市的发展？ ■ 提供何种形式的培训来帮助市民采用新的服务？
治理	• 说明智慧城市发展的组织/管理以及治理结构，例如： ■ 项目领导者和支持者的角色是什么？ ■ 主要利益相关方的角色、责任和相互关系是怎样的？ ■ 在实施何种层次的跨部门治理结构来确保跨城市规划发展程序的合作？ ■ 允许利益相关方参与决策的程序是怎样的？ ■ 治理程序如何确保各种利益相关方的透明度和责任？ • 城市利用了 ICT 改善其治理，即采用新的和更好的决策程序和/或者激励制度吗？如果是，请提供例子
资金	• 为智慧城市发展提供经费的资金来源有哪些？例如，市政府、土地销售、欧盟拨

(续表)

特性	说明
资金	款、社会效益债券、私人投资者,等等 ■ 来自私营和公共部门来源的资金有多少? ■ 已经建立了哪些企业结构?例如PPP、合资企业 • 为智慧城市发展提供经费需要多少资金? • 使用什么程序募集资金以及这种程序需要多长时间来获取资金? • 说明可能出现的所有资金问题,例如预算费用超支、资金不足以完成项目目标
价值评估	• 智慧城市发展的经济、环境、社会和文化成果/影响有哪些?例如: ■ 如果有的话,可以创造多少交易额和/或者就业? ■ 如果有的话,GDP可以增长多少? ■ 如果有的话,二氧化碳排放和交通拥堵等可以降低多少,融资前提金额可以降低多少? ■ 如何改善卫生服务,例如减少约定等候时间以及融资前提金额? • 城市采用工具或者框架来度量"投资的社会回报率"吗?如果是,请说明

（续表）

特性	说明
商业模式	• 提供正在用于将智慧城市投资货币化的商业模式的简要概述。例如： ■ 风险分担计划，例如作为回报，提供IT基础设施的技术厂商/电信企业获得未来收入流的一定份额 ■ 利用收取的道路拥堵费为公共交通系统提供资金
ICT基础设施	• 说明目前对ICT基础设施，即硬件和软件资产的投资，包括： ■ 宽带（固定和无线）网络普及 ■ 数据中心产基础设施 ■ 地理信息系统技术 ■ 公共、私有、混合云平台 ■ 无源/智能传感器 ■ 视频监控等 • 参与提供智慧城市基础设施的主要供应商、厂商、系统集成商、合作伙伴有哪些？ • 跨智慧城市项目管理/共享ICT基础设施吗？如果是，说明如何实现这一点 • 城市采取何种措施来使其对ICT基础设施的投资具有前瞻性？ • 城市有推广ICT基础设施来满足未来需求的计划吗？如果有，谁来负责制定计划？是否有足够的资金来为推广提供经费？

(续表)

特性	说明
智慧城市服务 • 教育 • 经济刺激 • 环境 • 能源和公共事业 • 食品安全 • 卫生 • 智能建筑 • 物流 • 社区发展 • 开放数据 • 预防犯罪、灾害等 • 公共服务/管理 • 交通 • 废物管理 • 水 • 其他	• 说明智慧城市发展提供的服务(根据左侧列表中的分类)。说明应当包括下列信息: ■ 推出服务的日期 ■ 服务的高层次的系统/技术概述,包括详细说明服务是否: ○ 是可扩展的,即应用是否可以在试点该市和/或者其他城市扩展吗? ○ 在云上交付吗? ○ 是一个单一服务还是更广泛的集成产品的一部分? ○ 是利用开放应用程序接口(API)设计的吗? ○ 利用物联网吗? ■ 服务的目标群体是谁,例如企业、卫生服务提供商、老人(60岁以上)、失业者,等等 ■ 服务产生的效益(金融性和非金融性) ■ 为开发/扩展/加强服务,城市拥有哪些计划,例如:

（续表）

特性	说明
智慧教育服务	○ 利用先进的数据分析/大数据技术来更好地利用城市数据和信息 ○ 更好地利用/共享 ICT 基础设施 ■ 已经采取了哪些措施/行动来确保不具有数字素养或者数字素养较差的少数群体和人口可以使用服务？ • 在您看来，智慧城市服务是否代表了“最佳实践”？如果是，请解释为什么
法律和监管政策	• 说明对智慧城市发展具有实质性影响（正面/负面）的主要法律和监管政策，例如： ■ 电信 ■ 建筑法规 ■ 安全和隐私 ■ 知识产权等 • 说明已经实施了哪些政策来确保实体智慧城市基础设施是安全的，例如： ■ ICT 和供电、供气、供水等城市基础设施的灾难恢复管理 ■ 业务连续性计划 • 说明城市为了提高智慧城市发展的成果，已经制定的新政策的所有其他领域

五 中欧试点城市基本情况介绍

中欧试点城市根据第四章的评估框架提供了各自的智慧城市评估报告，本章根据评估报告提炼了各城市的主要内容，将在第六章对各城市智慧城市建设的成熟程度进行评价。

（一）中国试点城市

1. 北京市海淀区

城市经济和社会发展的总体情况
北京市是中华人民共和国的首都，是全国的政治中心、文化中心，是世界著名古都和现代化国际城市。海淀区作为首都的重要区域，位于北京市西北部，是全国著名的科技文化教育旅游胜地。海淀区下辖22个街道，11个乡，总面积426平方公里，常住人口328万。2012年海淀区的地区生产总值达到3497.9亿元，人均GDP达到10.039万元。特殊的地理区位和资源优势造就了海淀多层次、全方位、宽领域的科技、教育、文化氛围。

（续表）

城市拥有智慧城市发展的战略、计划或者行动吗？如果有，请提供文件的简要概述，例如创新概念、目标和主要措施
海淀区出台了《智慧海淀顶层设计》、《智慧海淀发展纲要》、《智慧海淀建设工作方案》等一系列文件，明确了智慧海淀的发展目标、重点任务、实施步骤等主要内容。智慧海淀的建设目标是打造具有区域特色的“四智一高”，即智慧政务、智慧园区、智慧城区、智慧家园和信息产业高地，这充分体现海淀区在全国信息产业的龙头地位。 **智慧政务**　体现政府服务创新，创建资源深度整合与共享、业务高效协同、智能辅助决策的智慧政务。 **智慧园区**　追求企业高效运营，打造信息化基础设施完善、企业与政府高效互动、产业服务主动推送、专业园区管理智能、绿色环保的智慧园区。 **智慧城区**　实现城市精细化管理，建设城市部件和事件全面感知、运行管理精细有序的智慧城区。 **智慧家园**　提升市民品质生活，建设社区生活综合信息服务系统和社区政务综合服务系统，营造社会保障等政务服务下沉社区、公共服务惠及民生的智慧家园。 **信息产业高地**　加强园区企业产品和技术的示范应用，积极培育新一代信息技术产业，打造具有国际影响力的信息产业集群。
请说明智慧城市中跨智慧城市项目 ICT 基础设施共享、信息共享和服务平台共享的政策、措施和成果/影响

(续表)

<table>
<tr><td colspan="2">智慧海淀中的无线及光纤等基础网络和数据中心由不同的智慧海淀项目共享,通过云计算技术搭建的云平台、海淀区政务专网、数据中心、公共网络等通信技术实现不同项目对ICT基础设施的共用。海淀区空间数据共享平台的建设满足了海淀区地理信息系统技术等业务应用的需求。
海淀区通过建设智慧政务,实现政府部门资源深度整合与共享、业务高效协同、智能辅助决策。深入挖掘跨部门跨层级的共享资源,更准确地掌握经济运行、社会舆论等经济社会的发展动态和趋势。按照市民的需求,加强门户网站和服务热线的联动整合,实现对企业和市民的一科制、一站式服务。</td></tr>
<tr><td colspan="2">城市典型的智慧城市服务或者应用,请说明每种服务的进展和评估情况</td></tr>
<tr><td>服务1</td><td>智慧政务　启动综合行政服务中心信息化系统建设。建成后将形成一个大厅、一个网站、24小时自助政务服务站全覆盖的区、街、居“三级联动”服务模式,提升办事服务水平和政务公开透明度。实现政务数据互联互通、业务协同和资源共享。</td></tr>
<tr><td>服务2</td><td>智慧城管　建成网格化社会管理服务系统,实现网格化区域管理,使社情民意得到及时响应,大幅提升城市精准管理水平和快速处理能力。</td></tr>
<tr><td>服务3</td><td>智慧园区　积极推动中关村核心区企业综合服务平台建设,进一步完善海淀区中小微企业融资服务平台、信息化服务平台、创新营销服务平台、企业</td></tr>
</table>

（续表）

<table>
<tr><td>服务3</td><td>运行监控平台，加强各系统和各平台间的整合力度，为园区企业提供信用融资、创新营销、企业管理、知识产权等专业化服务，促进中小企业发展。</td></tr>
<tr><td>服务4</td><td>**智慧教育**　通过提升海淀区教育网络、建设教育云资源中心、搭建区校两级一体化数字教育管理体系，实现信息技术与教育教学深度融合，使海淀教育信息化继续保持国内领先水平。</td></tr>
<tr><td>服务5</td><td>**智慧卫生**　基于统一的区域卫生信息数据中心，搭建区域卫生信息资源共享交换平台，实现了社区卫生系统健康档案信息、各区属医院信息系统电子病历信息、卫生统计信息的共享交换。</td></tr>
<tr><td colspan="2">**请说明在智慧城市发展的组织、政策、资金和商业模式等方面的措施**</td></tr>
<tr><td colspan="2">**在组织建设方面**，智慧海淀建设由海淀区政府全面负责，海淀智慧城市产业联盟（中介组织）、项目管理单位、咨询设计单位、人大代表参与决策过程。为保证智慧海淀建设实施，海淀成立由区长和副区长指挥、区各委办局领导及行业专家参与的工作领导小组，负责对智慧海淀重大项目进行审议决策。其他利益相关方依据政府管理办法的相关流程参与决策。
在政策支撑方面，陆续发布《智慧海淀顶层设计》、《智慧海淀项目管理办法》、《智慧海淀发展纲要》、《智慧海淀建设工作方案》，从整体设计和具体实施方面保障智慧海淀建设。
在资金投入方面，2011年和2012年智慧海淀每年约投入</td></tr>
</table>

(续表)

3 亿元资金,2013 年投入 5 亿元资金。其中区政府财政拨款目前是主要的建设资金来源,资金落实符合一般性财政拨款周期,由于财政拨款通过招标开展项目建设,因此资金安全可控。此外海淀区采用服务租赁、BOT 等方式调动社会资金参与建设。 **在推进模式方面**,海淀区采用多样的建设运营模式,目前在基础网络、数据中心建设中主要采用 BT 和 BO 模式。

2. 天津市滨海新区

城市经济和社会发展的总体情况
天津市滨海新区地处京津城市带和环渤海城市带交会点,总面积 2270 平方公里,常住人口 253 万,功能定位是"中国北方对外开放的门户、高水平现代制造业和研发转化基地、北方国际航运中心、国际物流中心和宜居生态型新城区"。滨海新区已形成航空航天、电子信息、石油化工、汽车及装备制造、生物医药、新能源新材料、粮油食品、轻工纺织等八大优势产业,聚集了开发区、保税港区、高新区、中新生态城等多形态功能区。2012 年滨海新区实现地区生产总值 7205.17 亿元,电子信息产业产值达到 2400 亿元,被誉为"中国最具潜力、最有活力、最为开放的现代化新区",这里已成为全国对外开放度和投资回报率最高的地区之一。
城市拥有智慧城市发展的战略、计划或者行动吗?如果有,请提供文件的简要概述,例如创新概念、目标和主要措施

（续表）

滨海新区出台了《智慧滨海建设中期实施方案》，正在推进智慧滨海顶层设计，编制顶层重点项目规划。滨海新区智慧城市建设的总体目标是：充分发挥信息化引领、支撑经济社会发展的重要作用，建设智慧滨海，打造美丽滨海。重点是推进“4211”架构体系建设，即：开展智慧政府、智慧城管、智慧经济、智慧民生四项智慧工程，建设信息基础设施高地、新兴信息产业高地，建立一套保障体系，打造一张“智慧滨海”名片。到2015年年底，初步形成以“物联化、互联化、智能化”为特征的“智慧滨海”。 滨海新区在智慧城市建设中特别注重“生态、绿色”的发展理念，提出到2020年实现PM2.5年均浓度控制在50微克/立方米以内，城镇污水集中处理率力争达到98%，再生水利用率达到70%，城镇生活垃圾无害化处理率达到100%等主要目标。
请说明智慧城市中跨智慧城市项目ICT基础设施共享、信息共享和服务平台共享的政策、措施和成果/影响
滨海新区在全市率先启动并完成“一张网、一个云中心和一个信息资源平台”的“三个一”统筹建设。统筹建设一张网，即统一建设覆盖新区的电子政务专网，各部门不再独立建设业务专网，在区政府全系统使用协同办公系统，实现电子化公文流转，提高公文流转速度；统筹建设一个中心，即统一建设滨海新区电子政务云中心与云计算服务平台，各部门不再单独建设机房和数据中心，安全监督生产应急管理系统、重点工程建设领域信息公开和诚信系统，公共地理信息服务系统等9个系统已部署在云中心运行；统筹建设一个平台，即统一建设基于GIS的人口、法

(续表)

<table>
<tr><td colspan="2">人、地理和经济等基础信息库公共共享平台,服务各部门信息应用系统建设,开始为新区15个部门的地理信息应用与业务系统提供开发服务。</td></tr>
<tr><td colspan="2">城市典型的智慧城市服务或者应用,请说明每种服务的进展和评估情况</td></tr>
<tr><td>服务1</td><td>电子政务云中心与云计算服务平台 依托国家超级计算天津中心等区内云计算资源、本地化IDC资源进行建设,承载电子政务项目,实现高效集约发展。</td></tr>
<tr><td>服务2</td><td>GIS平台承载基础地图数据 承载各有关单位相关基础数据,支撑各有关单位与地理信息相关应用系统建设,实现一套基础地图支撑多业务应用。</td></tr>
<tr><td>服务3</td><td>安全生产应急管理系统 为各级安全监管机构提供日常监管、事故预测预警与应急救援处置等服务,提高安全生产监管监察效能;对重大危险源、重点企业(部位)等进行动态监控,实现对安全事故的源头控制;提供应急救援指挥调度等功能,提高政府应对安全生产突发事件的应急处置和决策指挥能力。</td></tr>
<tr><td>服务4</td><td>公安应急指挥调度系统 实现对上与市局指挥中心、指挥部、视频会议室互联,对下与所辖各分局进行视频对话、指挥、调度。</td></tr>
</table>

（续表）

<table>
<tr><td>服务 5</td><td>公用事业运行维护中心　集供水、供电、供气、供热、公共交通、环境质量、通信等各类公用事业的监测、运行、维护、应急调度于一体，打破了传统的条块分割与业务垄断，实现了数据共享、业务共享、知识共享、信息共享。</td></tr>
<tr><td colspan="2">请说明在智慧城市发展的组织、政策、资金和商业模式等方面的措施</td></tr>
<tr><td colspan="2">在组织建设方面，滨海新区智慧城市建设组织架构包括智慧城市建设领导小组、智慧城市建设领导小组办公室以及各个具体业务部门等。领导小组是智慧城市建设的决策和综合协调机构；领导小组办公室负责具体落实；信息化职能部门负责智慧城市信息基础设施统筹建设；各业务部门承担具体建设任务；专家咨询委员会负责提供业务指导。

在政策支持方面，制定《滨海新区信息化"十二五"规划》和《智慧滨海中期实施方案》，从整体上规划智慧滨海设计；启动编制《滨海新区宽带战略推进计划》，保障滨海新区基础设施建设。

在资金投入方面，"十二五"期间滨海新区财政直接投资将达 20 亿元，资金来源包括政府投资和企业投资。政府投资包括滨海新区政府直接投资、国家及天津市资金支持，其中区政府采用信息化建设专项资金和针对具体项目财政直接安排的资金，一般半年左右即可落实。企业投资包括政府采用 BT 模式吸引企业投资，企业自行投资。

在推进模式方面，滨海新区采用多样的建设运营模式，目前政府采用购买社会化服务、租用设施及云服务的模式来推进基础设施布局建设。</td></tr>
</table>

3. 上海市浦东新区

城市经济和社会发展的总体情况
上海市地处长江入海口,东向东海,隔海与日本九州岛相望,南濒杭州湾,西与江苏、浙江两省相接,共同构成以上海为龙头的中国最大经济区“长三角经济圈”。上海市是中国最著名的工商业城市和国际都会,是全国最大的综合性工业城市,亦为中国的经济、交通、科技、工业、金融、贸易、会展和航运中心。浦东新区位于上海市东部,长江三角洲东缘,总面积1210.41平方公里,常住人口515.4万。2012年浦东新区实现地区生产总值5929.91亿元,电子信息制造业、软件和信息服务业规模分别达到2689亿元和1754亿元。
城市拥有智慧城市发展的战略、计划或者行动吗?如果有,请提供文件的简要概述,例如创新概念、目标和主要措施
浦东新区制定了《智慧浦东建设纲要(iPudong 2015)》,提出智慧城市的愿景目标是:以“智慧引领模式变革”为主线,把握“更无线、更高速、更融合”的信息化时代特征,以提升民众幸福感和城市运行效率为目标,在社会发展、国民经济、城市管理、公共服务各个领域全面推进“数字化、网络化、智能化、互动化、融合化、开放化”的信息技术深度应用。到“十二五”期末或更长的时间,争取基本建成智慧浦东框架体系,达到“基础设施高度覆盖、产业发展高度生态、应用体系高度发达、民众生活高度和谐”的智慧城市发展新阶段,把浦东打造成为国内智慧城市建设的

（续表）

先导区域和示范区域。 浦东新区智慧城市建设的重点任务可归纳为："3935 战役"，即建设适度超前的基础设施体系（三大计划）、提升高效惠民的应用示范体系（九大工程）、形成健康坚实的智慧产业体系（三大任务）、发展环境与保障体系（五大措施）。
请说明智慧城市中跨智慧城市项目 ICT 基础设施共享、信息共享和服务平台共享的政策、措施和成果/影响
目前，浦东新区部分 ICT 资源可实现不同项目的共享：在基础设施方面，浦东建成了可供不同政务系统共享的数据中心，已有多个系统依托其运行，实现了公安和城管摄像头资源的大部分共享；在信息资源方面，以人口、法人、地理信息为代表的三大核心基础信息资源库已实现全区各层面的协同共享；在业务联动方面，浦东新区政务办公网连接起所有委办局，实现行政办公网上一体化，电子监察系统实现对不同部门行政审批事项的网上监督和检查。 在共享机制上，主要是两个方面：一是项目立项的科学性论证，要求尽量实现区内信息资源的共享，避免重复投入；二是针对特定资源的沟通协调，如摄像头资源、基础数据库等。通过基础设施、信息资源的共享，浦东新区提高了政务服务的效率、优化了城市服务功能。
城市典型的智慧城市服务或者应用，请说明每种服务的进展和评估情况

(续表)

<table>
<tr><td>服务 1</td><td>绿色低碳　物联网支撑作用更加凸显,将在 500 幢主要公共楼宇中利用工业物联网技术开展建筑能源审计及分项计量监测。</td></tr>
<tr><td>服务 2</td><td>智慧公交　通过实时的公交信息传递,为市民公交出行提供精准参考,同时智慧公交也对节约城市交通成本有较大作用。</td></tr>
<tr><td>服务 3</td><td>智慧医疗　开展智慧医疗试点,推动全民电子健康档案体系建立,已完成 238 万份新型电子健康档案建设,逐步实现区级医疗资源的互联共享,在东方医院、南汇中心医院等试点推进自助挂号、自助收费、自助检验检查报告打印等自助医疗服务,并逐步向全区二三级医院和社区卫生服务中心推广。</td></tr>
<tr><td>服务 4</td><td>电子政务　电子政务框架体系基本构建,政府服务更加协同高效。行政审批综合信息系统实现了 123 项社会类行政审批事项的网上审批,承诺审批时限从法定 22 个工作日提前到平均 8.4 个工作日;人口、法人、地理信息三大基础数据库基本建成,并实现各委办局、街镇的协同共享。</td></tr>
<tr><td colspan="2">请说明在智慧城市发展的组织、政策、资金和商业模式等方面的措施</td></tr>
<tr><td colspan="2">在组织建设方面,浦东新区形成了智慧浦东建设组织领导架构,以浦东新区智慧城市建设领导小组、浦东新区推进电子政府建设联席会议为基础,设立智慧浦东推进工作组,充分发挥</td></tr>
</table>

（续表）

在智慧浦东建设推进过程中的领导、决策和协调职能。同时根据智慧浦东具体推进实施情况以及各行业各领域的基础条件，形成区级层面及各委办局、街镇、开发区推进建设智慧浦东的行动计划，并将相关工作纳入部门年度目标考核体系。 **在政策支持方面**，发布三年行动计划，实现智慧浦东整体规划；积极研究信息资源集约共享规定，推动智慧城市高级化进程；编制政府采购目录，扶持成熟技术和产品；研究公益性应用领域门槛准入规则，鼓励社会资本进入；出台智慧城市评价体系，提供阶段性评价依据，保障建设成效。 **在资金投入方面**，依据《智慧浦东三年行动计划（2009—2013）》规定，三年项目资金约计300亿元，其中90%以上为社会化投入，目前正在以探索以PPP建设运营模式吸引社会资金投入。 **在商业模式方面**，以政府引导，以社会为主。对城市管理项目通过政府购买服务、补贴等多种手段鼓励社会资本投入；对具有较强市场化特性以及可预见性收益的项目，鼓励企业通过自身的经营和服务，形成可持续发展的模式。

4. 江苏省扬州市

城市经济和社会发展的总体情况
扬州市地处江苏省中南部，长江下游北岸，江淮平原南端，是南京都市圈和上海经济圈的节点城市，国家重点工程南水北调东线水源地。向南接纳苏南、上海等地区经济辐射，向北作为

(续表)

开发苏北的前沿阵地和传导区域,素有“淮左名都,竹西佳处”之称。扬州市环境宜人,景色秀丽,是联合国人居奖城市、中国人居环境奖城市、国家环境保护模范城市、全国文明城市、国家森林城市、中国温泉名城。扬州市总面积6634平方公里,常住人口约460万。2012年扬州市实现地区生产总值2933.2亿元,人均地区生产总值首次突破1万美元。扬州市在信息化建设方面已经实现宽带接入100%覆盖,3G网络城市100%覆盖,4G网络已启动建设,并已在部分公交车上开通体验。
城市拥有智慧城市发展的战略、计划或者行动吗?如果有,请提供文件的简要概述,例如创新概念、目标和主要措施
扬州市制定了《智慧城市建设行动计划》,提出以建设“精致扬州、幸福扬州、创新扬州”为目标,实施七大专项行动计划、28个重点项目。通过全社会的共同努力,将扬州建设成为经济发展创新持续,城市运行精准高效,公共服务文明便捷,城市生活安全舒适,具有现代化国际旅游城市特色,古代文化与现代文明交相辉映的智慧名城,成为国内中小城市智慧化建设的典范。 到2015年,将实现城市新建社区智能电表、智能水表入户率达100%,交通路网信息采集覆盖100%的市区道路,政府行政办事项目90%实现网上办理,统一的城市呼叫中心覆盖100%的社会非紧急类呼叫,面向公众的政府跨部门协同工作90%实现电子数据交换,城区和县(市)医院的区域卫生信息平台覆盖率分别达到100%和50%等目标。
请说明智慧城市中跨智慧城市项目ICT基础设施共享、信息共享和服务平台共享的政策、措施和成果/影响

（续表）

<table>
<tr><td>扬州市政府云计算中心于2012年4月建成运行。通过完善市政府云计算中心软硬件建设，推进资源整合，完成了市直单位机房整合，拓展行政权力网上公开透明运行，同时力争在全省率先建成政务信息资源目录和交换体系，建设人口、地理、法人、金融税收统计和信用五大基础数据库。扬州市打造了智慧城市四大应用平台，启动建设政务协同办公、城市运行监管和产业发展平台，整合完善便民服务平台，推进市民卡应用。突出民生服务项目和城市运行管理项目的融合应用，着力推进一批智慧项目建设。
作为扬州市智慧城市建设的基石性工程，市政府云计算中心围绕经济发展、城市管理、民生幸福和政务效能四个方面，大力推进基础设施、数据资源和应用平台三个方面的整合，实现信息化建设的集约投资、信息共享和业务协同。
扬州市社会综合治税共享平台整合各政府机关事业单位的企业相关涉税数据，建立完善的社会综合治税网络，夯实税收管理基础；同时也为扬州市各部门提供电子政务项目建设数据交换与共享渠道的关键平台。
未来几年，扬州将加快推进基础设施整合和数据资源整合，完善基础设施。以市政府云计算中心为依托，统一支撑协同办公、便民服务、城市运行监管、产业发展四大应用平台。通过四大平台，分类承载并整合所有的信息化应用系统，推进项目集约化建设，促进信息资源的整合和综合开发利用，减少重复投资和“信息孤岛”的重现。</td></tr>
<tr><td>城市典型的智慧城市服务或者应用，请说明每种服务的进展和评估情况</td></tr>
</table>

(续表)

服务1	**政府云计算中心** 围绕经济发展、城市管理、民生幸福和政务效能四个方面,大力推进基础设施、数据资源和应用平台三个方面整合,实现信息化建设的集约投资、信息共享和业务协同。
服务2	**社会综合治税共享平台** 整合各政府机关事业单位的企业相关涉税数据,建立完善的社会综合治税网络,依靠征管方式、征管手段的创新,夯实税收管理基础,为城市各部门提供电子政务项目建设数据交换与共享渠道的关键平台,目前已实现了市直49个部门的数据交换。
服务3	**数字化城市管理试点** 在建设模式、运行规则、管理机制、应用技术、应急处置、表达方式六个方面进行创新,独创了"一级监督、两级指挥、三级管理、四级网络"的城市管理模式。
服务4	**城市公共交通智能化** 开发建设公交监控指挥系统、公交行业综合分析系统、公交信息发布管理系统、公交信息服务系统四个业务应用系统,为提升行业服务与监管水平提供有效手段。
请说明在智慧城市发展的组织、政策、资金和商业模式等方面的措施	
在组织建设方面,成立由市委、市政府主要领导担任组长,市有关领导、秘书长、市各委办局主要领导、各县(市)区政府主要领导组成的信息化领导小组,负责牵头推进"智慧扬州"建设。	

（续表）

建立由知名企业、科研院所及国内外产业界、学术界的权威专家学者组成的专家咨询论证机制，保障智慧扬州的高标准建设。组建江苏智慧城市研究院，研究制定适合国内中小城市“智慧城市”建设的标准与应用解决方案，推动“智慧扬州”的标准化、制度化建设。 　　**在政策支持方面**，先后出台《扬州市信息化管理办法》、《全市政务信息资源共享管理办法》等规范，加强智慧政务体系统筹管理，确保整体推进。出台智慧城市评价体系，提供阶段性评价依据，保障建设成效。 　　**在资金保障方面**，市政府每年设立信息化专项资金，用于政府公共性、公益性信息化项目建设和绩效考评。鼓励创新投融资模式，以市场换投资，政府以参股形式参与项目建设或予以适当补助，以带动更多的社会资金投入信息化建设，促进信息消费。 　　**在推进模式方面**，市政府与通信运营商、专业 IT 服务提供商签订战略合作协议，引进微软创新中心等国内外多家著名 IT 厂商入驻扬州。积极采取 BOT/BT 等市场化运作手段，推动各方在基础设施及公共服务应用等领域上的广泛合作。

5. 江苏省南通市

城市经济和社会发展的总体情况
江苏省南通市是中国历史文化名城，中国首批对外开放的 14 个沿海城市之一，位于江苏省东南部，东抵黄海，南望长江，

(续表)

“据江海之会、扼南北之喉”,地处长江三角洲北部,与上海隔江相望,素有“江海门户”、“扬子第一窗口”的美誉。南通市下辖二县三市四区,总面积 8001 平方公里,常住人口 763 万。2012 年南通市实现地区生产总值 4550 亿元。南通市近年来大力实施宽带南通、无线南通工程,市区全面完成宽带提速工程,无线宽带网络覆盖城市热点区域,3G 移动通信网实现市内全覆盖。在服务领域不断拓展,南通市积极推进苏通产业园云计算中心建设,立足南通,辐射苏中苏北,打造全国一流的智能绿色大型云计算数据中心。此外,南通市加强重点软件园区信息网络配套设施建设和信息通信服务,以信息基础设施建设带动软件、信息服务业发展。依托智慧城市的试点建设,南通将致力于建成江海交汇的现代化国际港口城市、长三角北翼经济中心和国内一流的宜居创业城市。
城市拥有智慧城市发展的战略、计划或者行动吗?如果有,请提供文件的简要概述,例如创新概念、目标和主要措施
南通市制定了《智慧城市建设实施方案》、《南通市信息化“十二五”发展规划》、《南通市信息基础设施建设三年行动计划(2013—2015)》等一系列文件。南通将建设以绿色、低碳、和谐、可持续发展为主要特征的生态型城市,主要目标包括:推进智慧城市的资源管理建设,减少能源资源消耗,实现城市的可持续发展;运用智能交通技术,建成高效、安全、智能、绿色的区域综合交通运输体系,提高交通运输系统的管理水平和运行效率;完成社区日常垃圾分类、统一集中监测处理,提高可利用垃圾的回收

（续表）

<table>
<tr><td colspan="2">率，降低垃圾污染；拉近农村和城市的距离，实现公共服务均等化，提升广大市民的幸福感和生活质量。</td></tr>
<tr><td colspan="2">请说明智慧城市中跨智慧城市项目 ICT 基础设施共享、信息共享和服务平台共享的政策、措施和成果/影响</td></tr>
<tr><td colspan="2">南通准备设立智慧城市建设领导小组办公室统一协调各单位系统资源，进行 ICT 基础设施及各单位基础数据的共享与业务间的联动。
2014 年 6 月 28 日，南通市政府与华为、软通动力签署战略合作协议，旨在通过强强联合，加快信息技术集成运用，同时加强信息资源整合共享和综合利用，将南通打造成为国家级智慧城市。南通智慧城市建设包括智慧社区、交通、卫生、旅游、教育等 17 个智慧城市应用项目，涵盖经济、社会、民生多个方面。</td></tr>
<tr><td colspan="2">城市典型的智慧城市服务或者应用。请说明每种服务的进展和评估情况</td></tr>
<tr><td>服务 1</td><td>智慧教育　围绕教育信息化基础设施、内容建设、能力发展、机制保障等智慧教育发展框架，以“三通两平台”（宽带网络校校通、数字资源班班通、学习空间人人通和教学资源公共服务平台、教育管理公共服务平台）建设为抓手，充分利用信息技术手段改革教学模式、创新学习方式、提升管理水平，建成符合南通特色、涵盖各级各类教育的智慧教育体系。</td></tr>
</table>

(续表)

<table>
<tr><td>服务 2</td><td>智慧交通　交通信息化基础设施基本建成，交通业务管理系统规范程度达 80%，建设了内外网及交通专网，实现了系统内的互联互通，开发应用了交通门户网站、办公自动化系统、交通行政权力网上公开透明运行系统等一批信息化系统，南通市公共交通信息服务平台建设项目正在抓紧推进。</td></tr>
<tr><td colspan="2">请说明在智慧城市发展的组织、政策、资金和商业模式等方面的措施</td></tr>
<tr><td colspan="2">在建设组织方面，成立市长主管、各政府委办局参与的南通市智慧城市建设领导小组，负责智慧南通的统筹规划、高位协调。
在政策扶持方面，对涉及“智慧城市”建设的项目，在准入领域、税费征缴、用水用电用气等方面给予优惠待遇；选择一批技术先进、带动和支撑作用强的重大项目，纳入市重点项目规划和年度实施计划，并大力推进实施；通过投资、信贷、税收、土地等政策杠杆，发挥政府引导作用，激励企业加大研发投入，扩大智慧产业规模。
在资金保障方面，加大对“智慧城市”建设的统筹投入，创新政府扶持资金的有效动态支持机制；争取设立专项资金；建立健全政府与企业等多方参与的投融资机制，引导银行加大对开展“智慧城市”建设的企业及其建设项目贷款支持力度。
在推进模式方面，积极探索政府引导与市场化运作相结合的方式，通过与城市运营商深度合作，将项目建设和运维管理落到实处。</td></tr>
</table>

6. 江苏省淮安市

城市经济和社会发展的总体情况

江苏省淮安市位于江苏省中部偏北，江淮平原东部，地处长江三角洲地区，为南京都市圈紧密圈层城市。淮安市是古淮河与京杭大运河交点，邻江近海，是南下北上的交通要道，区位优势独特。淮安市也是江苏省的重要交通枢纽，长三角北部地区的区域交通枢纽。淮安市是中国优秀旅游城市、全国卫生城市、国家园林城市、国家环境保护模范城市、国家级低碳试点城市。淮安市总面积10072平方公里，常住人口480.34万。2012年淮安市实现地区生产总值1920.91亿元。淮安市电子政务平台按照“四统一”、“大集中”建管模式，实现了系统共建、平台共用、资源共享。淮安市以智慧淮安为工作目标，加快推进智慧基础设施、智慧应用体系、智慧产业和智慧城市发展环境建设。

城市拥有智慧城市发展的战略、计划或者行动吗？如果有，请提供文件的简要概述，例如创新概念、目标和主要措施

淮安市建设智慧城市的主要目标包括：

环境和能源　空气质量指数优、地表水质量优良，噪声白天控制在70dB以下，夜晚不超过55dB，污染源得到有效监控等。实现智能水、电、燃气等表具的使用，路灯的智能化管理等。

交通　建成实时、准确、高效的交通信息服务系统、交通管理系统、公共交通系统、车辆控制系统、货运管理系统、电子收费系统和紧急救援系统等。

(续表)

<table>
<tr><td colspan="2">垃圾管理　垃圾的收集、运输智能化管理,对垃圾进行分类减量化、无害化、资源化处理。
城乡结合　转变农业发展方式,城乡产业经济协调发展,加快产城融合等。
生活质量　市民可以随时使用移动终端接收和发送城市生活的一切信息,工作、学习、休闲、医疗等活动更加方便轻松。</td></tr>
<tr><td colspan="2">请说明智慧城市中跨智慧城市项目 ICT 基础设施共享、信息共享和服务平台共享的政策、措施和成果/影响</td></tr>
<tr><td colspan="2">淮安目前正在建设政府云计算中心,统筹全市各部门计算中心和数据中心建设需求,建设统一、高效、节能、安全、稳定的新一代云平台;正在规划建设无线政务网,提供更可靠、高效的专用网络;国土部门正在建设空间地理基础信息系统,规范整合城市空间、地籍、自然资源等数据。智慧城市的专业项目将在统一的规划框架下建设,“智慧淮安”建设工作领导小组办公室负责统筹协调,强化项目建设的共建共享。</td></tr>
<tr><td colspan="2">城市典型的智慧城市服务或者应用。请说明每种服务的进展和评估情况</td></tr>
<tr><td>服务 1</td><td>城市公共信息共享交换平台　开放非保密信息,方便市民生活,活跃信息服务产业。</td></tr>
<tr><td>服务 2</td><td>城市运营指挥平台　健全城市应急安全管理,市民安全和公共服务。</td></tr>
<tr><td colspan="2">请说明在智慧城市发展的组织、政策、资金和商业模式等方面的措施</td></tr>
</table>

（续表）

在组织建设方面，“智慧淮安”建设工作领导小组负责智慧城市的建设推进协调工作，下设办公室，负责智慧城市建设日常工作，统一指导智慧城市重点项目建设，重点规划建设全市公共性基础性信息化服务平台。 **在资金投入方面**，到2015年，计划投资80亿元，公共基础类项目由市政府财政资金投资建设，各专业应用系统根据不同运营模式，由政府、企业按不同比例投资。 **在推进模式方面**，对于“一网四库四平台”等公共基础类项目，由政府投入并主导建设，将设计、建设和运营外包给专业公司，企业根据政府的决策来建设与维护；各专业应用系统由政府各部门根据情况选择合适的建管模式，在系统服务商投资建设运营的模式下，由政府进行指导和提供政策支持，规划、建设和运营由企业实现。

7. 浙江省宁波市

城市经济和社会发展的总体情况
宁波市地处中国大陆海岸线中段，长江三角洲南翼，是长三角五大区域中心之一，长三角南翼经济中心，浙江省经济中心，亚太地区重要的国际门户，现代化国际港口城市，也是中国历史文化名城、国家园林城市、国家优秀旅游城市和全国文明城市。宁波市下辖11个县市区，全市海域面积9758平方公里，陆地面积9816平方公里，人口约700万。2012年宁波市实现地区生产

(续表)

总值超过 6500 亿元,人均生产总值超过 85000 元。宁波市积极推进"光网城市"和"无线城市"建设,加强政务云计算中心和基础数据库建设,强化信息资源共建共享机制,正在逐步形成"大网络、大数据、大平台、大共享"的格局,并按照"试点先行、示范带动、稳步推进"的思路,优先建设一批智慧性强、经济和社会效益明显的应用体系。
城市拥有智慧城市发展的战略、计划或者行动吗?如果有,请提供文件的简要概述,例如创新概念、目标和主要措施
宁波市对智慧城市的发展目标是:政府行政效率和公共服务能力大幅度提升,企业和居民享受到更加公平公正、高效便捷的服务,城市建设和管理的科学化水平明显提高。城乡资源得到更加优化的配置,生态市建设和节能减排取得明显成效。智慧物流、智慧健康保障和智慧社会管理三大应用体系建设是宁波市智慧城市发展的特色领域。
请说明智慧城市中跨智慧城市项目 ICT 基础设施共享、信息共享和服务平台共享的政策、措施和成果/影响
宁波的 ICT 基础设施主要在以下三个方面实现了数据共享和跨部门的应用:一是人口基础数据库方面,成立宁波市人口数据管理中心,目前人口基础数据库已实现了公安、人社、教育、卫生、计生、民政六个部门人口数据应用系统的有效整合。二是法人单位基础数据库方面,市纪委、市统计局、市规划局、市安监局等部门已经共享了法人单位数据。三是自然资源和空间地理基础数据库方面,为发改委、财政局、质监局、海关等部门的应用系统提供了数据共享。

（续表）

<table>
<tr><td colspan="2">在智慧应用方面，宁波市使用 ICT 手段提升管理水平，实现业务联动协同。以智慧健康为例，宁波着力构建了“五个统一、六项任务”的智慧健康体系，初步实现了优质医疗资源的有效整合。作为宁波智慧物流体系建设的重要环节，宁波港的智慧港口建设通过信息资源的整合共享、优化业务流程，实现精细化的生产管理，极大地提高生产效率。</td></tr>
<tr><td colspan="2">城市典型的智慧城市服务或者应月。请说明每种服务的进展和评估情况</td></tr>
<tr><td>服务 1</td><td>智慧健康　智慧健康保障体系作为民生领域先行建设的智慧城市项目，通过两年多的建设，初步解决了广大群众“就医难、看病贵”以及医疗资源配置失衡等问题，随着建设的深入，其产生的经济和社会效益会更加显著。</td></tr>
<tr><td>服务 2</td><td>智慧交通　利用大数据技术对城市交通数据进行挖掘分析，提高城市建设规划水平，改善城市交通管理，降低交通污染排放。</td></tr>
<tr><td colspan="2">请说明在智慧城市发展的组织、政策、资金和商业模式等方面的措施</td></tr>
<tr><td colspan="2">在组织建设方面，形成了专门的组织领导机制和决策咨询机制，成立了以市长任组长的宁波市智慧城市建设试点工作领导小组，协调解决智慧城市建设中的重大问题，督促落实智慧城市建设的各项工作任务。成立智慧城市建设推进工作专家咨询委员会、智慧城市规划标准发展研究院，为宁波智慧城市规划</td></tr>
</table>

(续表)

和项目等方面提供决策咨询支撑。 **在政策支持方面**,出台人口、法人、地理信息基础数据库多项管理办法及实施意见,保障基础数据库的数据共享;制定实施光网城市及三网融合实施方案,保障ICT基础设施建设;出台智慧城市评价体系,提供阶段性评价依据,保障建设成效。 **在资金保障方面**,建立市和县(市)区两级政府智慧城市建设分级投入机制,市及各县(市)区政府应统筹安排各类扶持资金用于智慧城市建设;组建专业化投资运营公司,引导更多的社会资金投向智慧城市建设。 **在推进模式方面**,目前通过租用电信运营商线路,实施"市民免费上网项目",以激发应用需求,引导电信运营商投资建设,加快构建智慧城市步伐。

8. 浙江省嘉兴市

城市经济和社会发展的总体情况
嘉兴市地处东南沿海,长江三角洲平原,位于浙江省东北部、长江三角洲杭嘉湖平原腹心地带。嘉兴市地处于江、海、湖、河交会之位,扼太湖南走廊之咽喉,与沪、杭、苏、湖等城市相距均不到百公里,区位优势明显。嘉兴市下辖南湖、秀洲两个区,平湖、海宁、桐乡三个市和嘉善、海盐两个县,总面积3915平方公里,常住人口450.17万。2012年嘉兴市实现地区生产总值达2885亿元,常住人口人均产值突破一万美元。嘉兴市在智慧城

（续表）

市研究院和智慧城市产业基地的支撑下，在智慧工业、智慧服务业、智慧农业、信息产业和智慧能源五大产业开展智慧城市建设，打造智慧城市公共服务平台，并已经在智慧交通和智慧电网两个应用领域，成为2012浙江省试点项目。
城市拥有智慧城市发展的战略、计划或者行动吗？如果有，请提供文件的简要概述，例如创新概念、目标和主要措施
嘉兴市制定了《“智慧城市”发展规划（2011—2015年）》，智慧城市的发展目标是：力争到2015年，基本建成宽带、融合、安全的信息化基础设施，实现行政、商企、民生各领域比较广泛的智慧应用，打造一批重点示范工程和一定规模的智慧产业基地，形成智慧城市发展的基本框架。提出要建立城市生产生活主要方面的智慧应用体系，包括智慧政务、智慧民生、智慧交通、智慧电网、智慧健康、智慧城管、智慧文教、智慧环保、智慧物流、智慧旅游等十个领域。 现已完成围绕政务、商务、事务三大领域，智慧城市运行管理中心（公共数据交互平台）、云计算中心（数据处理）、集约式数据中心（数据存储）三大中心和十大应用体现智慧城市的顶层设计。现正在制定《2014年—2016年智慧城市建设三年行动计划》。
请说明智慧城市中跨智慧城市项目ICT基础设施共享、信息共享和服务平台共享的政策、措施和成果/影响
嘉兴市尽力实现智慧城市的基础设施由不同的智慧城市项目管理共享。逐步推进公共云计算数据中心建设，集成创建面向各行业的云计算基础设施和服务平台，建设“无线城市”应用

(续表)

<table>
<tr><td colspan="2">数据中心和应用平台、数字嘉兴地理信息共享平台、政府公共云计算服务平台。
在智慧城市应用方面,嘉兴市在信息资源共享开放、业务联动协同方面做出了努力,尤其在城市管理工作中,通过资源整合、手段创新、功能拓展,深化数字城管建设,建立健全智慧城管应用体系。构建以基础服务、数据交换、GIS共享服务、统一GPS监管、统一视频监控为应用支撑,以数字城管、应急指挥、队伍管理、网上办案、决策辅助、行业监管为主要功能的城市管理公共服务平台,进一步提高城市建设管理的精细化、智能化水平。</td></tr>
<tr><td colspan="2">城市典型的智慧城市服务或者应用。请说明每种服务的进展和评估情况</td></tr>
<tr><td>服务1</td><td>智慧电网　浙江省第一个太阳能光伏民用发电示范基地已落户嘉兴,国家电网公司电力光纤到户试点项目中1万户指标已直接分配给嘉兴。</td></tr>
<tr><td>服务2</td><td>智慧交通　覆盖全市的出租车电召系统和省、市、县交通主管部门的三级联网的交通门户网站"嘉兴交通信息网"都已建成。</td></tr>
<tr><td colspan="2">请说明在智慧城市发展的组织、政策、资金和商业模式等方面的措施</td></tr>
<tr><td colspan="2">在组织建设方面,由市主要领导主管、各相关部门主要领导参加,成立嘉兴市智慧城市建设工作领导小组及其办公室。领导小组负责智慧城市建设的发展战略、规划政策,统筹协调发展中的重大问题,督促落实智慧城市建设的各项工作任务。</td></tr>
</table>

（续表）

在政策支持方面，制定实施了《嘉兴市智慧城市发展规划》，编制了《嘉兴智能电网规划（总观划）》、《浙江嘉兴“智慧城市-智能电网”建设方案》、《嘉兴市智慧交通建设实施方案》等规划，指导智慧嘉兴总体布局及部分应用实施。 在资金投入方面，根据具体项目需求，从政府投资及商业模式投入两方面争取项目资金投入。

9. 福建省漳州市

城市经济和社会发展的总体情况
漳州市位于福建省最南端，介于厦门和汕头两个特区之间，是福建南部重要交通枢纽，漳州市区距离厦门机场仅 50 公里，漳州港至台湾高雄港 140 海里，至香港 287 海里。漳州山江海兼备，雨水丰沛，四季如春，是福建乃至全国有名的水果之乡、花卉之都、水产基地，也是一座具有 1300 多年历史的全国历史文化名城，并与台湾一衣带水，一脉相承，语言相通，习俗相同，文化相连。漳州市设有一市二区八县，陆地总面积 1.29 万平方公里，海域面积 1.86 万平方公里，常住人口 480 万。漳州海岸线 715 公里，天然深水港湾 20 多个，可开发建设万吨级以上码头 133 个。2012 年，漳州实现地区生产总值 2017.80 亿元。在推进智慧城市建设方面，漳州市积极发挥漳州市企业自身产品和业务的优势，推动智慧城市公共服务项目，并形成了一定的产业集群。
城市拥有智慧城市发展的战略、计划或者行动吗？如果有，请提供文件的简要概述，例如创新概念、目标和主要措施

(续表)

<table>
<tr><td>漳州市提出了智慧城市公共基础设施规划和智慧城市行业应用建设规划,目标是建设先进的信息网络设施,形成较为完善的信息资源共享机制,并重点发展智能交通体系、电子政务平台、数字城市管理平台、城市安全视频监控系统、食品及药品安全监管系统、便民服务信息平台。</td></tr>
<tr><td>请说明智慧城市中跨智慧城市项目 ICT 基础设施共享、信息共享和服务平台共享的政策、措施和成果/影响</td></tr>
<tr><td>漳州市在基础设施共享方面取得较大进展,建成比较完备的人口、法人、自然资源与空间地理、宏观经济等基础数据库,经济社会重点领域的信息资源综合数据库和专业数据库建设取得明显成效,建成市和各(市)区政务信息资源共享交换平台,形成较为完善的信息资源共享机制。
在智慧城市应用方面,漳州市逐步整合资源,实现信息共享和业务联动。在电子政务方面,以城市级数据中心为载体,通过整合政府 IT 资源,向社会提供公共云服务,打造政府跨部门的“政务服务平台”。在数字城市管理方面,整合现有的数字化、信息化基础资源,建立城市管理各环节全面感知、智能分析、信息共享、协同作业的统一平台,全面提升和完善城市管理功能。在城市安全视频监控方面,建设覆盖漳州市区的监控平台,充分整合公安局机关内外部视频图像资源,统一视频图像联网共享技术和公安图像信息数据库标准规范,提高视频图像信息存储、处理、综合利用的能力和效率。最后,通过建设便民服务信息平台,协调、整合多个部门、社会单位的相关信息,为漳州居民提供一站式的家庭日常费用的支付与查询服务。</td></tr>
</table>

（续表）

城市典型的智慧城市服务或者应月。请说明每种服务的进展和评估情况	
服务 1	**漳州移动便民信息平台**　建设智能 GPS 调度及出租车电召系统，应用于公交、客运、出租等车辆，便利市民出行。无线旅游服务为旅游者提供随时随地的无线网络接入和综合服务。打造求职通、物价通、税务通等一体化利民信息平台。
服务 2	**便民缴费平台**　为城市居民提供一站式的家庭日常费用的支付与查询服务。实现为市民提供通过互联网应用、手机客户端、有线电视查询家庭水费、电费、燃气费、手机话费、有线电视费、交通违章扣款、个人社保、公积金、个人所得税等费用扣用状态，同时提供直接在网上支付此类欠费功能。
服务 3	**数字城市管理**　构建包括多比例尺地形图、影像图、综合地下管线、地籍调查、地名图、电子地图等多源数据在内的空间数据框架，建成城市地理基础信息综合平台。
服务 4	**智慧开发区建设**　已完成开发区综合管网信息系统、给排水专业子网及规划信息系统的建设，同时积极推进数字遥感及 3D 建模、水安全监控、智慧社区、智慧应急等项目的建设，此外建设国内首个人工智慧岛，运用高新技术设计城市运行系统，

(续表)

<table>
<tr><td>服务 4</td><td>打造智慧交通、智慧零售、智慧能源、智慧办公、智慧居住于一体的智慧城市展示厅。</td></tr>
<tr><td colspan="2">请说明在智慧城市发展的组织、政策、资金和商业模式等方面的措施</td></tr>
<tr><td colspan="2">在组织建设方面,成立漳州市智慧城市建设领导小组及专家组,领导小组由副市长担任组长,由科技、发改、经贸、财政、公安、城管、建设、国土、规划等各有关部门组成。
在资金投入方面,“十二五”后三年全市信息提升工程计划总投资超过 27.85 亿元,其中:信息网络工程计划投资 16.06 亿元,公共服务平台计划投资 2.25 亿元,重点应用工程计划投资 5.16亿元,消费服务工程计划投资 3.77 亿元,信息安全工程计划投资 0.43 亿元。
在商业模式方面,除由政府投资运营的项目外,积极探索多种商业模式。对于带有公益性质的项目,根据政府实际使用情况,采用政府购买服务的模式,给予一定的扶持;对于项目运营过程中使用方要较频繁使用电信增值业务的项目,由具体建设单位与运营商合作,双方共同投资或由运营商直接投资建设,通过收取后期项目运营期间的电信增值业务费用来进行收益和维护。</td></tr>
</table>

10. 山东省烟台市

城市经济和社会发展的总体情况
烟台市地处山东半岛东部,位于中国经济发达的山东省,是

（续表）

中国经济实力前20强城市，中国首批沿海开放城市，环渤海经济圈及东北亚地区的国际性港城、商城、旅游城，国家历史文化名城，全国文明城市，中国最佳休闲城市，中国十大最美丽城市之一，被誉为“山海仙市”。同时也是中国最具投资潜力和发展活力的新兴经济强市。烟台市有6个一类开放口岸，烟台港是中国十大港口之一，与70多个国家和地区的100多个港口通航。烟台市下辖6个区、7个县级市和1个县，总面积13745平方公里，常住人口650.30万。2012年烟台市地区生产总值达到5281.38亿元。烟台市围绕“转方式、调结构”这一主线，坚持制造业强市战略，做大做强现有龙头骨干企业，提升发展先进制造业，拉长产业链，向微笑曲线两端延伸发展，加快建设国家创新型城市。
城市拥有智慧城市发展的战略、计划或者行动吗？如果有，请提供文件的简要概述，例如创新概念、目标和主要措施
力争用3—5年的时间，坚持以人为本、开放平台、购买服务、发展产业的原则，打造“智慧烟台”智慧城市品牌和“云海·烟台”智慧产业品牌，实现提高政府行政效能、增强公共服务能力、提升城市管理水平、提速产业转型、改善生态环境、提高人民幸福指数六大目标。
请说明智慧城市中跨智慧城市项目ICT基础设施共享、信息共享和服务平台共享的政策、措施和成果/影响
采取“政府主导、企业投资、专业服务、市场运作”方式，搭建烟台市云计算中心，为各个智慧领域统一提供机房、网络、硬件

(续表)

<table>
<tr><td colspan="2">设施、安全设施、灾备中心等基础设施,统筹考虑计算资源、存储资源、网络资源、信息资源、应用支撑、信息安全等要素,实现全市非涉密信息资源的集约化应用,做到建设集约化、服务标准化、信息共享化、效益最大化,提升公共管理和服务水平。
以城市数据共享系统为支撑,搭建集服务门户、集成平台和运营中心三者为一体的城市公共服务平台。通过标准规范和开放接口,为各类企业、部门开发的管理和服务应用系统提供接入服务,使这些接入进来的应用系统能够共享平台的数据,并和其他相关应用协同工作,以实现特定的服务。应用接入后,运营商可利用公共服务平台提供的运营环境,如身份认证、市民卡支付、费用结算、运营管理等开展运营,如电子商务、燃气、用电、用水、取暖等费用的网上缴纳查询等。</td></tr>
<tr><td colspan="2">城市典型的智慧城市服务或者应用。请说明每种服务的进展和评估情况</td></tr>
<tr><td>服务1</td><td>城市公共服务平台　打造集服务门户、集成平台和运营中心三者为一体的城市公共服务平台。让企业、个人像在网站购物一样,方便快捷地获取政务的、公共的、社会的在线服务,全面提升城市的信息服务水平。</td></tr>
<tr><td>服务2</td><td>政务云中心　以资源共享、政务协同为目标,集约化构建市电子政务云平台。借助新一代信息技术,统一建设基于云模式的软硬件基础设施,逐步推进全市电子政务“基础设施云、应用服务云、信息资源云和技术服务云”等功能的实现,打破目前</td></tr>
</table>

（续表）

服务 2	以部门自主、独立建设为主的方式，减少重复投资，提高电子政务建设的投入效率和效益。
服务 3	**市民卡**　秉承“一卡多用、便民利民”的服务理念，深化为民办实事工程。继续完善市民卡资金清算平台的建设，开发多种模式的支付功能，实现多种载体自助服务、WAP 及短信应用等的无缝链接。加快拓展市民卡应用功能，推进市民卡在旅游、教育、娱乐、数字社区建设等领域的应用，实现门禁、药店、超市、影院、餐饮等多领域、跨行业的“一卡多用”。继续深化市民卡服务体系建设，进一步扩大市民卡服务范围，推动市民卡服务范围从五区扩大到县市，持卡人群从常驻人口扩大到临时居住人员。
服务 4	**卫生**　以居民电子健康档案和电子病历为核心，建立市、县两级区域卫生信息平台，统筹推进公共卫生、医疗服务、新农合、基本药物制度和卫生综合管理等信息系统的建设，逐步实现各级各类医疗卫生机构之间的互联互通和信息共享，形成健全的医药卫生信息资源共享和业务协作机制。
服务 5	**个人档案**　为每个市民建立“幸福人生”个人专页，记录自己整个生命周期的各种信息，同时提供在线办事、智能推荐、垂直搜索和社交协同等方面的个性化服务，为市民办理各类政务、民生、商务等业务提供全方位信息。

(续表)

请说明在智慧城市发展的组织、政策、资金和商业模式等方面的措施
在组织建设方面,成立烟台市智慧城市领导小组,负责有序推进智慧城市建设、智慧产业发展、信息消费市场培育,总结推广创新建设成果。完善统筹协调机制,强化市智慧城市领导小组在"智慧城市"建设中统筹协调、行动计划编制、标准规范制定、建设过程宏观管控、评价考核指标设计与建设成效评估等环节的组织作用。 **在政策支持方面**,研究出台智慧城市投融资、人才引进培养、企业培育等多项优惠扶持政策,出台智慧城市项目管理办法,整合部门信息平台建设项目,统筹安排智慧城市建设资金。 **在推进模式方面**,鼓励发动社会力量,引进各种社会资源的积极参与,在开放平台上自由开发智慧服务,共同建设智慧烟台,缓解大量基础性的政府资金投入,杜绝各自为政建设带来的信息孤岛。研究购买服务政策措施,调动各方投资者参与的积极性,吸引更多企业积极参与烟台智慧城市建设。

11. 广东省广州市南沙区

城市经济和社会发展的总体情况
广州市南沙新区,地处珠三角几何中心,方圆100公里范围内涵盖着珠三角最发达城市群和两个特别行政区,循水路距香港38海里、距澳门41海里,周边拥有五大国际机场。南沙新区

（续表）

已建成拥有10个5万—10万吨级泊位的南沙港区，形成高速路、铁路、地铁、港口航运为骨架的综合交通体系，并将新建一个商务机场。南沙新区总面积803平方公里，常住人口约72万；其中保税港区规划总面积7.06平方公里，包括港口区、物流区、加工区等三个功能区，是实现封关管理的海关特殊监管区域。2012年南沙区实现地区生产总值605.98亿元。南沙新区将以建设成为深化粤港澳全面合作的国家级新区为目标，打造新型城市化典范、粤港澳优质生活圈、以生产性服务业为主导的现代产业新高地、具有世界先进水平的综合服务枢纽、社会管理服务创新试验区。目前，南沙智慧岛建设已被定为“智慧广州”重点示范工程项目。
城市拥有智慧城市发展的战略、计划或者行动吗？如果有，请提供文件的简要概述，例如创新概念、目标和主要措施
南沙区编制了《南沙区智慧城市顶层设计方案》，用于指导智慧南沙的建设。南沙区以“建设高标准、国际化的智慧城市运行体系，打造新型城市化典范”为目标，依托物联网、云计算、智能识别等前沿信息技术，借鉴国内外先进经验，构建资源共享、流转顺畅、高效有序的城市治理结构和安全便捷、细致贴心的居住环境，推动社会管理科学化、精细化、人性化，走出一条政府主导、社会参与、多方共赢的新型城市化发展道路。目前，南沙区智慧城市顶层设计覆盖了城市管理、民生和产业三大领域的15项智慧应用。
请说明智慧城市中跨智慧城市项目ICT基础设施共享、信息共享和服务平台共享的政策、措施和成果/影响

(续表)

<table>
<tr><td colspan="2">南沙区智慧城市基础设施由不同的智慧城市项目管理或共享,例如政务专网、政务云、区政务视频接入共享平台、政务公共资源共享服务平台等。基于南沙区智慧城市运行指挥中心,区内的城市常态管理和应急管理做到无缝衔接,构建起以信息化业务协同为支撑的全国领先的跨部门协作平台,区内大小事件像流水线般得到快速规范的处理,井然有序。各部门通过政务云共享计算和存储资源,通过数据资源共享服务平台共享数据,完全消除信息孤岛、避免重复建设。通过政务公共资源共享服务平台项目,对分布在各部门的信息资源进行有效采集、交换、共享和应用。</td></tr>
<tr><td colspan="2">城市典型的智慧城市服务或者应用。请说明每种服务的进展和评估情况</td></tr>
<tr><td>服务 1</td><td>智慧公共照明管理平台　荣获国际大奖 1 项(2012 巴塞罗那智慧城市国际博览会创新类决赛奖)、获得国内奖项 6 项(如广东省高新科技产品认证、工信部智慧城市创新应用奖、第十四届中国国际高新技术成果交易会优秀产品奖等)。</td></tr>
<tr><td>服务 2</td><td>智慧家庭服务平台项目　目前已成功完成了一期建设,该项目在南沙区建立高端用户试点区 3 个,中端用户惠及 500 户,低端用户普及 10000 户,取得了良好的示范建设效果,目前项目二期建设正在筹备之中。</td></tr>
</table>

（续表）

服务3	**无线城市项目**　目前已在区内公共服务区域建立了630个无线Wi-Fi，提供给居民免费使用。
服务4	**智慧交通项目**　已完成示范道路绿色滤波通行控制，提高道路通行能力，并大幅减少车辆停车次数、通行延误、燃料消耗和污染物排放，正在推进“连续流智能交通管控平台”的建设。
服务5	**空调节能项目**　利用物联传感技术，改造楼宇的空调系统，现已完成区行政中心大楼空调系统的改造，降低能耗约30%，效果明显。

请说明在智慧城市发展的组织、政策、资金和商业模式等方面的措施
在组织建设方面，成立区长主管、各相关管理部门参与的“智慧城市”工作小组，负责智慧城市管理工作的组织领导和统筹协调工作。 **在政策支持方面**，统筹编制了《南沙区智慧城市顶层设计方案》，用于指导智慧南沙的建设，分三期实施。 **在资金投入方面**，前期以政府投入为主，后期积极引导社会资本参与，建立可运营的模式。

12. 广东省深圳市前海深港合作区

城市经济和社会发展的总体情况
深圳市前海合作区位于深圳西部蛇口半岛的西侧，珠江口

(续表)

东岸,地处珠三角区域经济发展主轴和沿海功能拓展带的十字交会处,毗邻香港、澳门,由双界河、月亮湾大道、妈湾大道、宝安大道和西部岸线合围而成,占地面积 14.92 平方公里,规划居住人口 30 万。前海区产业基础好、政策环境好,成为改革开放的试验田。前海的功能定位为现代服务业体制机制创新区、现代服务业发展集聚区、香港与内地紧密合作的先导区、珠三角产业升级的引领区。重点发展金融、现代物流、信息服务、科技服务及其他专业服务四大产业。智慧前海将坚持“一核心五横两纵”的总体架构,打造智慧前海运营管理中心,完善汇聚民智、互动友好的服务界面,功能强大、扩展性强的业务系统,共性基础、高效核心的支撑平台,集中存储、综合利用的数据资源和公平开放、国际畅达的信息基础环境。
城市拥有智慧城市发展的战略、计划或者行动吗?如果有,请提供文件的简要概述,例如创新概念、目标和主要措施
前海合作区正在制定《智慧前海总体实施方案》。 智慧前海的生态愿景:营造绿色低碳、人本宜居的优美城市环境,打造智慧能源、智慧水资源、智能环保的综合体,促进经济社会与生态环境的协同发展。 智慧前海的交通愿景:整合深圳、香港两地 ITS 资源,为交通管理者实现前海与深港惠莞大交通的“道路融合管理,信息融合共享,调度融合协同”。 智慧前海的民生愿景:建设智慧医疗、智慧教育、智能社区、智能家居和智能文化生活服务平台,营造智能、便捷、国际化的

（续表）

生活环境。 智慧前海的产业愿景：以深港合作与绿色经济为发展主题，建设国际一流的现代服务业合作区与循环经济的绿色产业发展平台，构建辐射泛珠三角的生产性服务业中心及世界服务贸易重要基地。
请说明智慧城市中跨智慧城市项目ICT基础设施共享、信息共享和服务平台共享的政策、措施和成果/影响
基础设施共建共享是智慧前海建设的核心理念之一，经公开招标，江苏邮电设计院和工信部电信规划研究院联合咨询单位作为项目承建单位，共同制定了智慧前海信息通信基础设施共建共享可行性研究报告及实施方案。同时，前海管理局计划筹备成立公司统筹负责智慧前海的基础设施建设，如数据中心、功能复用的多功能传感器和摄像头、物联大局域网等底层基础设施可以由不同智慧城市应用项目共享，并保障共享资源的第三方公平接入。 智慧水城可作为智慧前海的代表性业务，通过通信和计算机网络将整个水利系统完全连接和融合，充分整合共享市防办、市气象局与省环境保护厅、交通厅、国土资源厅、地震局的相关信息。通过统一的智慧水城综合管理平台，实现各个关键系统之间的协同运作，达成科学的运行状态，最终实现智慧水城的自反馈、自适应、自完善和自运作。
城市典型的智慧城市服务或者应用。请说明每种服务的进展和评估情况

(续表)

服务1	**智慧水城** 围绕前海"水城交融"的鲜明特征，以水文化为主导，水安全、水资源、水环境作为支撑，运用信息化技术手段，对前海管理者涉水事务管理提供科学分析和决策支撑；对前海公众涉水生活提供智能响应和服务体验。
服务2	**智慧安全** 采用下一代防火墙、SOC安全管理、云虚拟化、智能图像处理等技术，建立信息安全保障体系，建立深港粤互通认证体系；建立城市公共安全信息平台和城市公共应急管理平台。
服务3	**智慧交通** 采用物联网、移动互联网、大数据分析、先进的导航和定位技术，建设国内首个城市CBD区域停车资源统筹共享诱导服务平台。
服务4	**智慧社区** 通过物联网等技术提供整合的社区门户、智慧家居、虚拟社区、移动互联网等服务，打造邻家社区服务平台，将社区服务与智慧医疗、智慧建筑、城市应急等服务结合起来。
服务5	**智慧医疗** 使用图像压缩技术和数据分析技术，提供远程医疗、个人健康等服务，建立健康计划管理系统、公共卫生服务增加疾病预防信息系统、疫情发布监控系统和应急指挥系统。
请说明在智慧城市发展的组织、政策、资金和商业模式等方面的措施	

（续表）

在组织建设方面，全面依托政策开发和支撑平台——前海部际联席会议，深圳市前海管理局成立智慧前海办公室，总体负责智慧前海建设发展战略、规划和政策，统筹推进智慧前海建设，协调解决建设中遇到的重大问题；设立由智慧前海所涉及领域相关专家组成的智慧前海专家小组，对智慧前海设计规划、工程项目和政策制定进行指导和论证，从宏观上把握方向，保障智慧前海建设的科学性、可行性。 **在资金投入方面**，积极寻求多方的资金来源，包括政府财政扶持资金配套，设立相关专项资金；通过资本金注入、贷款贴息、融资担保、服务外包补贴等形式，以政府配套资金，吸引集聚民资、港澳台资和外资等社会资本参与；土地出售和政府债券，在香港地区开展跨境贷款、跨境融资等资金筹集方式。

13. 广东省珠海市横琴新区

城市经济和社会发展的总体情况
横琴新区位于珠海市横琴岛所在区域，地处广东省珠海市南部，与澳门三岛山水相连，与香港隔江守望，是内地唯一与港澳路桥相连的地方，是东南亚和中国这个经济活跃地区的中心。横琴新区以合作、创新和服务为主题，充分发挥横琴地处粤港澳结合部的优势，推进与港澳紧密合作、融合发展，逐步把横琴建设成为带动珠三角、服务港澳、率先发展的粤港澳紧密合作示范区。横琴新区总面积106.46平方公里，常住人口7585人，规划到2020年，横琴新区总人口为28万，人均生产总值为20万元。

(续表)

横琴新区已经规划在旅游休闲、商务服务、金融服务、科教研发、文化创意、高新技术、中医保健等产业领域落实智慧城市建设。
城市拥有智慧城市发展的战略、计划或者行动吗?如果有,请提供文件的简要概述,例如创新概念、目标和主要措施
珠海市制定了《珠海智慧城市总体规划》,计划经过10—15年的努力,将横琴建设成为连通港澳、区域共建的"开放岛",经济繁荣、宜居宜业的"活力岛",知识密集、信息发达的"智能岛",资源节约、环境友好的"生态岛"。 在环境方面,打造绿色城市生态,保护横琴岛健康可持续发展;在水务方面,实现水务系统的动态管理,优化水资源调度和水环境治理;在能源方面,实现横琴岛"智能、高效、可靠"的智能电网建设目标;在交通方面,打造粤港澳一体化交通模式,实现城市内各类交通工具综合化智能管理及综合交通信息服务一站式获取;在生活质量方面,实现吃、住、行、游、购、娱一体化服务。
请说明智慧城市中跨智慧城市项目ICT基础设施共享、信息共享和服务平台共享的政策、措施和成果/影响
横琴ICT基础设施是由不同的智慧城市项目管理,整体上希望实现统一管理和信息共享。如横琴通信管网建设是由横琴新区组建专门的通信管网公司统一进行新建通信管网的建设和经营;无线基站建设是由政府委派非营利性部门(城市建设、管理的相关单位或其派出机构,如通信协会)担任协调机构,协调各运营商开展基站的共建,首期已共建共享20个无线基

（续表）

<table>
<tr><td colspan="2">站；视频监控、智能传感器等基础设施会按照横琴将要制定的产品目录进行分建共享，每个智慧城市项目基础设施建设根据需求依据产品目录选择产品进行建设，并将感知信息开放给城市公共支撑平台，实现信息的共享和统一管理。
同时，横琴也在积极开展与港澳间通信运营企业合资合作、信息基础设施的互联互通、优质信息资源的交流共享。</td></tr>
<tr><td colspan="2">城市典型的智慧城市服务或者应用。请说明每种服务的进展和评估情况</td></tr>
<tr><td>服务 1</td><td>电子围网　采用智能化视频监控、精确定位感应电缆等多种新技术组合，建设沿环岛岸线的闭合的非物理的电子监控监测网络系统，为海关环岛巡查提供基本的设施保障，实现对横琴新区环岛岸线的有效监管，防范和打击走私偷运等违法行为。满足横琴新区“分线管理、封关运作”的要求。</td></tr>
<tr><td>服务 2</td><td>3C 绿色智能变电站　通过分布式能源利用、微电网建设、智能输电、变电、配电网构建、智能用电和智能化支持平台建设等新技术应用试点。实现横琴岛“智能、高效、可靠”的智能电网建设目标。</td></tr>
<tr><td>服务 3</td><td>电子联网项目　通过利用物联网监控、智能卡口控制等信息化技术手段，建设与横琴新区业务特点相适应，智能化、集约化程度高，安全、稳定、高效的电子联网系统，满足企业快速通关和海关有效监管的需要。</td></tr>
</table>

(续表)

<table>
<tr><td>服务4</td><td>数字横琴地理空间框架建设工程　为横琴新区区直各部门提供一个公用的地理信息数据平台和地理信息生产、管理、更新的数据标准和保障体系。可实现地理空间信息的共享与交换。</td></tr>
<tr><td>服务5</td><td>网上办事大厅　实现市、区两级分厅与省网上办事大厅的连通。全市的1540项行政审批事项、406项社会服务事项已进驻并发布至网上办事大厅,实现了省、市、区三级事项目录系统的数据同步。</td></tr>
<tr><td colspan="2">请说明在智慧城市发展的组织、政策、资金和商业模式等方面的措施</td></tr>
<tr><td colspan="2">在组织建设方面,采用发展领导小组和专家委员会模式。智慧城市发展领导小组负责横琴智能岛发展中重大事项的决策。聘请国内外智慧城市领域的知名院士、专家,成立横琴智能岛咨询专家组,为政府决策提供重要支撑。
在政策支持方面,发布《数字横琴专项规划》等相关文件,规划横琴基础设施建设。拟制定《横琴智能岛整体设计及行动计划》,规划实施一系列应用专项行动及近期规划;推动出台横琴产业发展优惠目录、海关监管、税收征管等政策;制定实施创建全国人才管理改革试验区具体政策,推动诚信体系建章立制工作,引进国内著名仲裁机构。
在资金投入方面,建立稳定的财政投入保障机制和资金管理制度,积极争取国家、省相关资金扶持,同时通过BT、社会(私人)投资等融资模式筹集资金。
在推进模式方面,积极探索多种商业模式,在信息系统建设</td></tr>
</table>

（续表）

中，引入 BT/BOT、PPP 等商业模式，引入私有资金投入，企业负责建设、运营和维护信息系统，并拥有投资部分所形成的资产所有权，企业通过广告、增值服务等营收。

14. 四川省成都市

城市经济和社会发展的总体情况
成都市位于中国大陆西南部最大平原——川西平原腹地，地势平坦、河网纵横、物产丰富，历史悠久。成都市是中国西南地区的政治、经济、文化、金融、商业、科教、物流中心，长江上游地区特大城市，内陆地区居民幸福感最强城市及最大航空集散中心，西南地区综合交通枢纽。成都市下辖 9 区 4 市 6 县和高新区，总面积 1.23 万平方公里，中心城区面积 283.86 平方公里，常住人口 1400 万。2012 年成都市的地区生产总值达 8138.9 亿元。成都市大力推动智慧城市发展建设，在智慧城市技术体系方面，提出构建统一的网络传输体系、统一的数据资源与容灾体系、统一的信息安全保障体系和统一的智能化应用支撑体系。在智慧城市应用体系方面，开展智能交通等六大领域智慧城市应用，努力打造智能的城市运行体系。2012 年，成都市电子信息产业主营业务收入 3350 亿元，其中，软件和信息技术服务业主营业务收入 1701 亿元，连续 5 年保持年均 40%的高速增长，全球软件 20 强有 13 家落户成都，软件产业业务收入占全国的份额超过 5%。

(续表)

城市拥有智慧城市发展的战略、计划或者行动吗?如果有,请提供文件的简要概述,例如创新概念、目标和主要措施
成都市注重将智慧城市建设纳入经济社会发展重要内容统筹推进,制定出台了国民经济和社会信息化发展、通信枢纽建设、物联网、云计算应用、软件信息服务业发展等一系列规划和配套政策。成都市的智慧城市发展愿景是:信息化与工业化、城镇化、农业现代化实现融合发展,智慧城市建设在保障和改善民生、创新社会管理、改善城市生态环境、产业结构调整、健全政策机制等方面取得成效,公共服务更加完备,城市管理更加高效,产业体系更加优化,生态环境更加美好,发展机制更加健全。主要目标包括:面向水资源等领域的城市环境智能监控体系基本形成,生态城市建设日臻完善;重点行业生产安全水平和节能减排取得明显成效;改善出行条件减少交通拥堵;生活垃圾清运车辆和各垃圾站实现有效监管;实现城乡居民就业服务、医疗保险、养老保险一体化,公共服务往基层延伸和全域覆盖;城乡居民在出行、医疗、教育、文化和社会保障等方面获取服务便捷,生活品质明显提升。
请说明智慧城市中跨智慧城市项目ICT基础设施共享、信息共享和服务平台共享的政策、措施和成果/影响
成都市实施全市信息基础设施的统规、统建和统维,各项目充分利用已有的机房、网络、存储和计算资源等信息基础设施。构建全市统一的电子政务外网,为各行业应用提供了基础支撑。使用成都云计算中心资源,提高各行业应用系统的可靠性和抗毁能力。搭建政务信息资源交换共享平台,为不同部门提供数

（续表）

<table>
<tr><td colspan="2">据交换服务，增强各部门之间的业务联动性。依托城市应急联动与社会综合服务系统信息平台，实现应急事件的快速调动和协同执法。通过电子政务地理空间信息公共平台，为全市政、企、事业单位提供统一的空间数据服务和应用开发接口服务。
互联网和移动互联网基础设施由电信运营商建设管理，天网视频网络由市公安局建设管理，智能交通视频网络由市交通委员会建设管理，食品安全监管物联网由市食安办建设管理，各部门共享使用。</td></tr>
<tr><td colspan="2">城市典型的智慧城市服务或者应用。请说明每种服务的进展和评估情况</td></tr>
<tr><td>服务 1</td><td>公共安全　实施重大危险源（危险化学品）安全监管系统、CNG 车辆改装及气瓶生命周期的动态监管、烟花爆竹动态监管，提高生产安全事故预警、预防能力。</td></tr>
<tr><td>服务 2</td><td>智能交通　实施干线路网交通视频采集、交通视频监控、交通事件检测、交通诱导、三环路交通管控、信号控制系统升级改造、二环路快速公交运营系统和交通管控系统建设。</td></tr>
<tr><td>服务 3</td><td>食品安全　建立肉类蔬菜溯源体系，率先将物联网技术大规模、多层次、全方位应用于食品安全溯源管理。</td></tr>
<tr><td>服务 4</td><td>水资源监测管理系统　在水资源监测点设置传感器，对重点河道、水库及重点区域地下水的水</td></tr>
</table>

(续表)

	位、水压、水质等信息进行自动采集和传送,实现水资源、水环境、水安全的自动监测,科学调度和管理。
服务5	**促进节能减排** 充分利用信息化技术改造提升传统行业特别是重点用能行业,促进生产过程自动化,推动能源系统优化和合理利用。
请说明在智慧城市发展的组织、政策、资金和商业模式等方面的措施	
在组织建设方面,在市信息化领导小组领导的领导下,市信息化行政主管部门负责统筹协调,各部门分工实施,加强协调配合,形成合力,共同推进智慧城市发展,形成"一个领导小组,相关部门各司其职,社会和企业积极参与"的工作格局和建设管理体系。 **在政策支持方面**,出台多项实施意见及政策,指导信息基础设施、应用的规划及实施。 **在资金投入方面**,政府投资和财政补助重点对基础性、公共性、示范性、创新型、民生类项目进行支持,同时通过资本金注入、贷款贴息、服务外包补贴、融资担保等形式,吸引集聚民资、外资等社会资本参与智慧城市建设。信息基础设施工程以电信运营商投入为主,公共服务平台以政府投资为主。 **在推进模式方面**,按照"政府引导、企业主体"的原则,发挥市场配置资源的决定性作用,能市场化的项目完全由社会投入。创新发展模式,全面开放政务服务市场,对涉及民生服务和公共服务的项目,由企业建设,政府购买服务。	

15. 新疆维吾尔自治区库尔勒市

城市经济和社会发展的总体情况
库尔勒市位于新疆维吾尔自治区腹心地带，天山南麓，塔里木盆地东北边缘，孔雀河冲积洪积平原上，是新疆巴音郭楞蒙古自治州的首府，是全州政治、经济、科技、文化、教育的中心。库尔勒市下辖 9 乡、3 镇、5 个国营农牧园艺场、5 个街道办事处，行政区域面积 7268 平方公里，城市建成区面积 110 平方公里。常住人口 55.15 万、流动人口 40 余万。库尔勒市拥有石油天然气化工产业、油田装备制造和技术服务产业、棉纺化纤加工产业、特色农副产品加工产业、现代能源产业、矿产品及建材产业六大工业产业基地。在城镇化、信息化促进作用下，库尔勒市加快服务业发展，建成多层次、开放型、高效便捷的南疆物流中心和全疆重要的物流集散地。2012 年，全市实现生产总值 581 亿元，城镇居民人均可支配收入和农牧民人均纯收入分别为 18100 元、13373 元。在智慧库尔勒的倡导下，库尔勒市充分利用数字化及相关计算机技术和手段，对城市基础设施与生活发展相关的各方面内容进行全方面的信息化处理和利用，具有对城市地理、资源、生态、环境、人口、经济、社会等复杂系统的数字网络化管理、服务与决策功能的信息体系。
城市拥有智慧城市发展的战略、计划或者行动吗？如果有，请提供文件的简要概述，例如创新概念、目标和主要措施
库尔勒市编制了《智慧库尔勒发展总体规划》、《智慧库尔勒

(续表)

实施方案》。库尔勒市以“光纤化、移动化、融合化、智慧化、绿色化”等作为智慧城市发展理念,到2015年,智慧库尔勒的发展目标是:智慧城市框架基本形成,建成宽带、融合、安全、泛在的信息基础设施;信息资源成为重要的生产要素,实现对信息资源的跨部门、行业的全面整合和共享利用;信息化应用更加广泛深入,实现在交通、社区等城市管理和社会发展重点领域的创新和突破,政府运行和城市管理更加智能高效,民生服务更加便捷高效;全市信息化发展水平进入西部领先行列,城市综合服务能力和城市品质得到全面提升,成为西部新型城镇化建设先行示范城市。
请说明智慧城市中跨智慧城市项目ICT基础设施共享、信息共享和服务平台共享的政策、措施和成果/影响
库尔勒市ICT基础设施由不同的智慧城市项目管理,并在一定范围内实现共享。其中:数据中心基础设施,根据建设用途,由不同部门负责,在一定范围内实现多个应用系统的共享承载;全市统一建设基础地理信息系统和公共服务平台,为全市基于GIS的应用提供统一承载。目前已经建成库尔勒市基础地理信息公共服务平台,整合现有数据资源,集成各局委办现有信息系统,实现基础地理信息数据的高度共享,为各局委办信息化建设提供基础地理信息数据保障并将该平台和已经建成的业务信息子系统进行集成,实现基础数据的共享与发布。
城市典型的智慧城市服务或者应用。请说明每种服务的进展和评估情况

（续表）

服务 1	**基础地理信息公共服务平台**　整合现有数据资源，集成各局委办现有信息系统，实现基础地理信息数据的高度共享，为各局委办信息化建设提供基础地理信息数据保障。将该平台和已经建成的业务信息子系统进行集成，实现基础数据的共享与发布。
服务 2	**食品药品监督管理平台**　实现了米、面、油、蔬菜、肉、乳品、蛋、水产品以及药品、医疗器械等重点食品药品安全的生产和流通全过程监管，保证食品药品质量安全状况持续稳定良好。
服务 3	**社区发展**　借助现代信息技术手段，全面提升全市社区管理和社区服务水平，建立基层管理服务中心，实现了“便民咨询、家政服务、居家养老”等社区基层服务。
服务 4	**三维数字城市及数字沙盘和三维辅助规划决策系统**　基于3S技术建立一个城市空间形态与规划审批高效集成的三维整体平台，通过数字沙盘辅助规划审批，以提高城市品质、提升规划管理水平。
服务 5	**库尔勒数据中心**　采用云计算理念架构，具备良好的伸缩能力，数据中心目前采用的是统一管理，具有多个智慧城市项目共享资源服务能力。
请说明在智慧城市发展的组织、政策、资金和商业模式等方面的措施	
在组织建设方面，成立库尔勒市信息化暨“智慧库尔勒”建	

(续表)

设领导小组,组织推进"智慧库尔勒"总体规划的实施;督促各成员单位落实信息化建设职责。成立专家委员会,对重大建设与发展问题提出对策意见,对具体信息化建设项目重大技术问题、技术改造方案进行论证、咨询和技术裁定。

在政策支持方面,制定了《智慧库尔勒发展总体规划》、《智慧库尔勒实施方案》,与国家住建部签订了《库尔勒市国家智慧城市创建任务书》,从整体上指导库尔勒智慧城市具体建设。

在资金投入方面,依据与住建部签订的国家智慧城市建设任务书,将投入1.11亿元用于智慧城市建设。资金主要有以下三个来源:计划设立库尔勒智慧城市专项资金,保障资金有效投入;积极争取国家、自治区以及援疆等相关扶持资金和项目资金的支持;坚持利益共享、全力推动的原则,借助市场机制,充分调动、鼓励社会各方面积极参与智慧城市建设。

在推进模式方面,根据具体项目不同,采用了自建自营、企业建设政府租用、BOT、PPP等多样化的商业模式。

(二)欧盟试点城市

1. 荷兰阿姆斯特丹

城市经济和社会发展的总体情况

阿姆斯特丹是荷兰的首都和人口最多的城市。阿姆斯特丹的市区人口为81.0909万,城市区域人口

（续表）

为 110.8297 万，大都市区人口为 157.1234 万。荷兰众多大型机构的总部位于阿姆斯特丹，世界 500 强企业中有 7 家的总部位于该市。2012 年，在英国经济学人智库（EIU）的“宜居性”排名中，阿姆斯特丹名列第 2 位；在美世咨询公司进行的全球性生活质量排名中，阿姆斯特丹名列第 12 位；澳大利亚“2ThinkNow”创新研究机构之前曾经在“2009 年创新城市指数”中将该市评为创新第 3 位的城市。阿姆斯特丹是荷兰的金融和商业中心，该市是最适宜跨国企业经营的欧洲城市之一，在此类别中名列第 5。 阿姆斯特丹分为 7 个“stadsdelen”（区），这是在 20 世纪 80 年代实施的旨在加强地方治理的体制。地方决策在区的层次上制定，与整个城市有关的事务则由中央市政厅处理，例如大型基础设施项目。
城市拥有智慧城市发展的战略、计划或者行动吗？如果有，请提供文件的简要概述，例如创新概念、目标和主要措施
阿姆斯特丹在智慧城市发展方面处于国际领先地位。2009 年制定的阿姆斯特丹智慧城市计划（ASC）旨在激励能源和互联领域的创新。ASC 的重点是主题生活、工作、交通、公共设施和开放数据，包括测试创新产品和服务的全部活动、理解阿姆斯特丹大都市区居民和用户的行为，以及可持续性的经济投资。所有活动的最终目标是为实现二氧化碳减排目标做出切实贡献，并且帮助阿姆斯特丹大都市区的经济发展。
请说明智慧城市中跨智慧城市项目 ICT 基础设施共享、信息共享和服务平台共享的政策、措施和成果/影响

(续表)

<table>
<tr><td colspan="2">互联是智慧城市的一个重要方面。市政当局通常会关注对光纤网络和其他基本ICT基础设施的投资。基础设施也可以由一个项目中的合作方来提供。
荷兰的互联网使用率位居世界前三名之列。阿姆斯特丹互联网交换中心(AMS-IX)是世界上第二大的、为万维网数据共享基础设施提供服务的线路节点。它的平均吞吐量为每秒593千兆比特。这是吸引需要利用高速通信网络的企业的重要资产。阿姆斯特丹中89%的人口拥有直接互联网接入。Wi-Fi信号已经覆盖了全市的大部分地区,尤其是咖啡店中。</td></tr>
<tr><td colspan="2">城市典型的智慧城市服务或者应用。请说明每种服务的进展和评估情况</td></tr>
<tr><td>服务1</td><td>阿尔梅勒　为了在城市管理和建设中更加智慧地部署ICT、人力和资源,与阿尔梅勒经济发展局建立一个“智慧社会”。阿尔梅勒经济发展局的愿景包括利用ICT设施促进城市管理更加高效、创新和经济增长、强有力的社会凝聚力以及实现可持续发展。</td></tr>
<tr><td>服务2</td><td>Smart Work@ IJburg(艾瑟尔堡智慧工作)
智慧工作中心通常会位于易发生交通拥堵的雇员家庭附近,该中心拥有网真系统。</td></tr>
<tr><td>服务3</td><td>TrafficLink 的 SCM 系统　该系统连入政府交通系统中,控制中心可以自动管理该地区内的交通。系统也可以很容易地与车载和导航设备连接。可以预见,未来的现代数字化道路管理系统将帮助优化整个地区中的交通流量。</td></tr>
</table>

（续表）

<table>
<tr><td>服务 4</td><td>新西区智能电网　Alliander（荷兰最大的国有电力配网公司）新的智能电网正在为 40000 户家庭中的 10000 户提供服务。新西区的智能仪表普及率很高，并且拥有阿姆斯特丹数量最大的太阳能电池板。参与的企业对电动汽车领域的创新、消费者参与的大规模太阳能发电以及向电网供电的小规模平衡需求、车辆接入电网等引起普遍关注。</td></tr>
<tr><td>服务 5</td><td>开放数据　“阿姆斯特丹应用程序 2”是阿姆斯特丹市政当局的第二次开放数据竞赛，在这次竞赛中要求开发人员以安全、交通、空地、能源、旅游业和文化以及民主领域的市政数据为基础，构建应用程序。</td></tr>
<tr><td colspan="2">请说明在智慧城市发展的组织、政策、资金和商业模式等方面的措施</td></tr>
<tr><td colspan="2">“阿姆斯特丹智慧城市”（ASC）是企业、当局、研究机构以及阿姆斯特丹市民之间的一种伙伴关系。这个计划是由阿姆斯特丹经济局、阿姆斯特丹市、电网运营商 Liander 和荷兰皇家电信（KPN）共同发起的，该计划的资金由这些合作方提供，他们为每年 40 万欧元的总预算出资。总预算包括了该计划包括薪资在内的所有成本。每个项目都有各自的商业模式，因为项目没有受到资助，需要自我维持。
ASC已经发展成为一个广阔的平台，超过100家合作方参与</td></tr>
</table>

(续表)

了各种项目,这些项目的重点是生活、工作、交通、开放数据以及医疗保健和教育这类公共设施领域的能源转化和开放互联。

ASC包括了测试创新产品和服务的全部活动、理解阿姆斯特丹大都市区的居民和用户的行为以及可持续性的经济投资。通过将合作方聚集在一起,采用共同的方法以及建立局部地区项目,ASC使对新计划的试验成为可能,并可以在更大规模上实施最有效的计划。所有获得的知识和经验可以通过ASC平台进行共享。所有活动的最终目标是提高居民的生活水平以及推动阿姆斯特丹大都市区的经济发展。

"阿姆斯特丹智慧城市"已经指定了三个城区的生活实验室来验证各种产品和服务,并且将各种活动结合起来。这三个城区是:新西区、艾瑟尔堡和祖杜斯特。

阿姆斯特丹市试验了通过在www.AmsterdamOpent.nl平台上的众包来了解与民众交互如何为地方政策提供支持。除了该网站,拥有Facebook个人档案的用户还可以使用一个Facebook应用程序提出他们的想法。

2. 西班牙巴塞罗那

城市经济和社会发展的总体情况

巴塞罗那①是加泰罗尼亚自治区的首府,西班牙第二大城市,人口超过600万,其中约有500万人居住

① 来源:http://en.wikipedia.org/wiki/Barcelona。

（续表）

在大都市区。巴塞罗那是世界上主要的旅游、经济、贸易展销/展览和文化体育中心之一。巴塞罗那的地区生产总值为 1770 亿欧元，在欧盟城市中排名第 4 位（高出欧盟平均水平 44%），在世界上排名第 35 位。巴塞罗那大都市区拥有加泰罗尼亚地区超过 66%的人口，而加泰罗尼亚是欧洲最富裕的地区之一，人均地区生产总值达到了 28400 欧元（高出欧盟平均水平 16%）。巴塞罗那在创新城市全球指数排名中位居全球第 13 位。巴塞罗那在 2001 年与上海签署了友好城市协议。
城市拥有智慧城市发展的战略、计划或者行动吗？如果有，请提供文件的简要概述，例如创新概念、目标和主要措施
巴塞罗那长期发展的愿景是建立一个零排放、高速度、富有创造性和人文化的城市。 MESSI 战略涵盖了该市在交通、电子政务、智慧城市、信息系统、创新等方面的 ICT 战略计划。2011 年，该市市长将智慧城市发展作为其任期内的重要战略。智慧城市工作的主要领域包括环境和能源、交通、水资源管理、城乡结合以及生活质量等方面。此外，制定了交通总体规划以推动城市交通的发展。
请说明智慧城市中跨智慧城市项目 ICT 基础设施共享、信息共享和服务平台共享的政策、措施和成果/影响
巴塞罗那的主要目标之一是建设一个 500 公里范围的光纤网络，使该市光纤到户的覆盖率达到 90%，网速达到 1Gbps。市政府的投资主要用于网络集成。该市正在开发一个统一的网络管理模型，对各类业务开放。该市的电信基础设施可以为其他基础设施和各行业的业务提供支撑。

(续表)

<table>
<tr><td colspan="2">巴塞罗那向市民提供免费的 Wi-Fi 接入服务,部署了 443 个 Wi-Fi 接入点。
巴塞罗那在提供城市级 ICT 服务中充分利用了云计算等新技术,例如,巴塞罗那与微软合作伙伴 Bismart 公司合作建立了一种在混合云上运行的存储解决方案。该解决方案以 Windows Azure、Windows Azure HDInsight Service 和 SQL Server 2012 为基础,用于采集和检验城市大数据。</td></tr>
<tr><td colspan="2">城市典型的智慧城市服务或者应用。请说明每种服务的进展和评估情况</td></tr>
<tr><td>服务 1</td><td>智能交通数据管理　通过集中的路况信息中心控制全市交通(2013 年建成)。</td></tr>
<tr><td>服务 2</td><td>以促进市民参与、合作和公开为基础,重点针对公共数据和基础设施开放的政府项目(开放数据、最优目标控制、电子政务)(2012 年)。</td></tr>
<tr><td>服务 3</td><td>在能源自给自足的计划框架下,综合利用太阳能电池板、混合利用、联合供热和水循环等,提升建筑物的能源利用率。</td></tr>
<tr><td>服务 4</td><td>智能创新项目　包括创新区 22@ 、智慧校园、智慧旅游、智慧城市集群、城市实验室以及能力中心"mSmart 城市"。2008 年建立的城市实验室允许企业利用公共空间在真实的城市环境中检验解决方案和服务。</td></tr>
</table>

（续表）

<table>
<tr><td>服务 5</td><td>用于城市管理的“城市平台”建设，该平台可将不同来源的数据进行整合（此项目计划在 2014 年完成），该平台包括以下项目：CityOS、巴塞罗那传感器平台、i-City。</td></tr>
<tr><td colspan="2">请说明在智慧城市发展的组织、政策、资金和商业模式等方面的措施</td></tr>
<tr><td colspan="2">巴塞罗那市政厅在 2011 年建立了名为“城市栖息地”的新部门，在此部门中对城市的多个领域进行了分组，包括城市规划、信息通信技术（ICT）、能源、环境、城市服务、基础设施等。由智慧城市主管领导的一个协调工作组专门负责智慧城市项目中的协调问题，并且确保这些项目与城市规划的长期愿景保持一致。
巴塞罗那已经与思科系统公司、法国燃气苏伊士集团、西班牙电信公司、惠普公司、阿伯蒂斯基建公司以及施耐德电气等企业签署了战略合作协议。其他合作伙伴还包括欧盟委员会、世界银行和联合国等。
巴塞罗那在制定城市发展相关政策时，市民可以充分地参与。例如在巴塞罗那为期 4 年的“城市行动计划”中，收到了超过 7 万份建议，签署了超过 800 个市民团体赞成的“可持续发展市民共识”。
巴塞罗那正在实施一个名为“bigov 更佳城市指标”的世界银行指标项目，旨在定义构建城市形象所需的主要指标，由包括大型跨国企业和地方中小型企业在内的私营机构合作开发。巴塞罗那也有自己的关键绩效指标（KPIs），通过这些指标来检测各</td></tr>
</table>

(续表)

领域取得的月度绩效。巴塞罗那正在与布宜诺斯艾利斯在"智慧城市指标"项目中开展合作。

智慧城市项目通常由市政厅负责,外部合作伙伴则需通过公开的招标程序。此外,开发方采用自由软件标准,而 I+D 协议合作伙伴要遵守已经制定的与各方合作伙伴的投资和任务责任相关的条款。

巴塞罗那重视与全球其他城市、学术机构和产业界分享智慧城市项目中的经验,他们将对话作为经验交流的有效手段,建立了一个跨领域的城市讨论空间"城市协议"http://cityprotocol.org/index.html。

巴塞罗那已经与众多企业以及其他合作伙伴签署了协议,例如思科、施耐德电气、法国燃气苏伊士集团、bdigital 公司、巴塞罗那设计创新中心、洲际可再生能源理事会、i2cat、都柏林市政厅、布宜诺斯艾利斯市政府、圣库加特市政府、横滨市、都市基金会、首尔市政府、毕尔巴鄂市政厅。私营公司通常通过提供资源来为项目融资,有时也会进行资本投资。项目可以是完全由市政厅出资,或者通过公私伙伴关系(PPP)进行融资。市政厅可能对完全自行融资的项目进行全额出资,也可能在涉及合作伙伴时根据项目情况按比例出资(通常大于 50%)。此外,还包括公开招标,以得到企业的支持;也有可能通过创新项目从欧盟获得资金。这通常是共同融资方式,即结合了 PPP 和公开招标。

3. 英国布里斯托

城市经济和社会发展的总体情况

布里斯托[①]是英格兰西南部的一座城市和单一管理区，2009 年时单一管理区的人口大约有 43.31 万，城市区（LUZ）的人口在 2007 年时大约有 107 万。它是英格兰第六大、英国第八大城市，也是英格兰西南部人口最多的城市，是英格兰的核心城市之一。近年来其经济依赖于创新媒体、电子工业以及航空航天工业，城市中心的港区已经升级为传统和文化中心。

布里斯托在 2004 年的地区生产总值为 94.39 亿英镑，格洛斯特郡、威尔特郡和北萨默塞特郡的地区生产总值合计为440.98 亿英镑。人均地区生产总值为 2.3962 万英镑，高出全国平均水平 40%，在所有英国城市中位居第三名，属于英国比较富裕的城市。2007 年 3 月时布里斯托的失业率为 4.8%，而西南部地区为 4.0%，整个英格兰为 5.5%。

布里斯托 2001 年与广州市结为友好城市。

城市拥有智慧城市发展的战略、计划或者行动吗？如果有，请提供文件的简要概述，例如创新概念、目标和主要措施

布里斯托智慧城市是公共部门、企业和社区共同推进的一个合作项目。该项目的目的是利用智能技术实现该市2020

① 来源：http://en.wikipedia.org/wiki/Bristol。

(续表)

年的二氧化碳排放量比 2005 年降低 40%以及其他更广泛的社会和经济目标。该项目在 2011 年启动,以布里斯托市政厅委托编制的《布里斯托智慧城市报告》为基础,得到了英国能源和气候变化部的资助。该项目目前的重点是智能能源(智能计量、智能电网、智能公共建筑和智能能源总体规划)、智能交通(交通控制中心、电动车辆、货运整合中心)、智能数据(城市开放数据平台、与中小型企业共同进行创新、社区、艺术项目等)。
请说明智慧城市中跨智慧城市项目 ICT 基础设施共享、信息共享和服务平台共享的政策、措施和成果/影响
布里斯托市拥有并管理着一个投入 900 万英镑建设的城市光纤网络(B-Net),是英国"超连接城市"之一。英国政府还为"千兆布里斯托"项目投资 1100 万英镑,该项目将提供一个高速宽带研究网络、覆盖全市范围的 Wi-Fi 和 RF mesh 网络。市政厅还拥有自己的数据中心,包括闭路电视和远程监护的紧急控制中心、交通控制中心,并且拥有一个 GIS(地理信息系统)团队。 2013 年 12 月,布里斯托获得了 480 万英镑来帮助中小型企业升级到高速宽带。只要布里斯托的企业满足拥有 250 名以下雇员、4000 万英镑以下的营业额及欧盟的最低减让标准等条件,就有资格申请宽带优惠凭证。①
城市典型的智慧城市服务或者应用。请说明每种服务的进展和评估情况

① 来源:http://www.bristolmedia.co.uk/news/1674/bristol-receives-48-million-of-funding-to-help-smes-gain-access-to-high-grade-high-speed-broadband#.UtOxFc-Dpjo。

（续表）

服务 1	**数字化环境房屋能源管理系统（DEHEMS）**　该项目研究的是如何利用科技提高家庭的能源效率。项目合作伙伴包括欧洲地方机构、私营企业和大学。项目的目标是开发和验证一种家庭能源管理系统，该系统旨在通过改善目前的监控方法，降低二氧化碳排放。布里斯托在诺勒威斯特的 50 个社区家庭中应用了智能计量技术。
服务 2	**3e 住宅**　该项目将最常见的 ICT 技术与住宅进行集成，从而降低住宅能源消耗、降低二氧化碳排放。该项目提供了对能源消耗的实时监控和管理，集成了可再生能源，为设计和评估节能计划开发了工具。“3e 住宅”在 2010 年已经在德国和西班牙进行部署，2012 年时在布里斯托推广。布里斯托的 100 家社区家庭参与了这个项目。
服务 3	**增强用户体验的电动车辆 ICT 服务（ICT 4 EVEU）** 该项目的目标是在整个欧洲的试点城市中为电动车辆部署一系列的创新 ICT 服务，在试点城市中对电动车辆基础设施上运行的各管理系统进行整合，部署相关的服务，并且利用这些互联的基础设施（收费点、控制中心和车辆）。从地理上讲，试点范围将不断扩大。为用户提供的主要服务包括提前预留收费点、建立交互地图或者驾驶员收费点、审查收费报告、中小型企业通告和与能源供应商的通信等。可以通过网站、智能手机使用相关服务。

(续表)

<table>
<tr><td>服务 4</td><td>城市交通控制中心(UTCC)　该中心通过超过 200 个摄像头对遍布全市的车辆运动进行监控,这些摄像头通过市政厅自己拥有的光纤网络(B-Net)与监控中心进行连接和通信,在大面积投影视频墙上为操作人员显示图像。根据车流量信息,系统可以调整信号以便使交通通行更为顺畅。布里斯托正在探索如何开放采集的数据以便使社区和机构能够进行应用创新。</td></tr>
<tr><td>服务 5</td><td>布里斯托开放数据存储　这个开放数据门户网站的目标是提高透明度并且促进公众参与,与市民更便利地分享信息,鼓励市民利用信息和数据开发应用程序、网站、移动产品或者设备。2010 年,布里斯托市政厅与 Watershed 公司合作,为一项媒体沙盒竞赛提供支持,这项竞赛关注通过开放数据或者移动、无线和传感器技术进行业务创新。</td></tr>
<tr><td colspan="2">请说明在智慧城市发展的组织、政策、资金和商业模式等方面的措施</td></tr>
<tr><td colspan="2">智慧城市项目由市政厅领导,具体由市政厅的环境、数字化、经济和国际工作部门联合起来的“布里斯托未来办公室”负责。由公共机构、私营公司和社区部门共同参与的联合机构负责项目融资工作。最近已经启动了一些智慧城市商业开发工作,开展了智慧城市服务商业模式的评估。为了确定布里斯托的最佳商业模式,包括如何利用该市现有的智慧城市资产(例如</td></tr>
</table>

（续表）

数字化基础设施）、技能和伙伴关系，需要确定融资机制和商业计划。为此，该市将研究最佳的治理结构，并且确定市政厅的角色以及可以充分发挥作用的其他合作方。

布里斯托开展智慧城市工作拥有强有力的公共、私营和公众伙伴关系，得到了来自该市大学、企业、公共部门、社区合作方以及市民的支持。有一个超过100人的利益相关团体已经开始参与布里斯托的智慧城市工作，这个团体包括来自布里斯托市政厅、布里斯托大学、西英格兰大学、东芝公司、IBM、英国奥雅纳工程顾问公司、惠普公司、清洁能源探勘者公司、开放知识基金会、国民健康保险制度、技术战略委员会、国家政府（例如英国贸易投资总署）、欧盟委员会、欧洲城市组织、其他欧洲/国际城市、布里斯托市民等的代表。

智慧城市项目的融资来源包括市政厅预算和来自欧盟委员会的资金，以及英国政府、技术战略委员会、英国研究委员会和私营公司的资金等。大约有500万英镑用于近期完成的智慧城市项目，用于数字化基础设施的有1100万英镑（数字布里斯托）。“未来城市示范者”计划在2013年从英国技术战略委员会获得了300万英镑资金，通过数据融合项目开展环境和社会可持续发展的工作。

作为“未来城市示范者”工作的一部分，布里斯托正在开发一套指标对智慧城市项目的进展进行评测。一些独立的项目，例如智能计量等，拥有其自己的衡量指标。对于更广泛的环境、能源、交通、生活质量等方面，也有相应的关键业绩指标。

4. 丹麦哥本哈根

城市经济和社会发展的总体情况

哥本哈根[1]是丹麦的首都,也是丹麦人口最多的城市。到 2013 年 10 月,其城市人口为 123.0728 万,大都市区人口为 196.7727 万。哥本哈根是丹麦的经济和金融中心,以及整个斯堪的纳维亚-波罗的海地区的主要商业中心。2010 年,哥本哈根 35 万就业人口中,大部分从事于服务行业,尤其是在交通和通信、贸易和金融领域,而在制造行业工作的不到 1 万人。公共领域中的劳动者约为 11 万人,包括教育和医疗保健。

从 2006 年到 2011 年,哥本哈根和哥本哈根自治市的经济增长率为 2.5%,而丹麦其他地区却下降了大约 4%。2012 年,哥本哈根的总收入在全球最富裕城市排名中位列第 3 名(2009 年为第 1 名)。该市在多个创新领域拥有成功的产业集群,包括信息技术、生物技术、制药业和清洁技术。

哥本哈根已经成为全球最绿色的城市之一,在西门子欧洲绿色城市指数(Siemens Green City Index)排名中位列第一。哥本哈根也被评选为 2014 年欧洲绿色之都(The European Green Capital for 2014)。

① 来源:http://en.wikipedia.org/wiki/Copenhagen。

（续表）

城市拥有智慧城市发展的战略、计划或者行动吗？如果有，请提供文件的简要概述，例如创新概念、目标和主要措施
哥本哈根在2013年决定制定智慧城市战略并实施一系列的举措，包括建立七个相关管理部门的协调机制。重点工作包括数据开放以及在城市一半范围内部署LED城市路灯系统。市行政机构在过去几年里一直从事智慧城市和智慧数据解决方案，涉及金融、技术和环境、医疗和保健管理等城市管理的多个方面，成立了由大型公司、中小企业、研究机构等联合组成的哥本哈根解决方案实验室（CSL），其目标是针对实际问题提出可行的解决方案。 哥本哈根在力争到2025年成为第一个碳中性首都。这个目标得到了“城市战略气候行动计划”的支持，这项计划包括50项措施以实现二氧化碳减排20%的2015年中期目标。来自哥本哈根的研究表明，五年内首都地区在绿色领域的发展已经提高了55%。该市已经成为全球人均碳足迹最低的国家之一（人均少于2吨）。
请说明智慧城市中跨智慧城市项目ICT基础设施共享、信息共享和服务平台共享的政策、措施和成果/影响
哥本哈根目前正在参与大量的行动计划，致力于ICT基础设施的建设。这一系列计划包括哥本哈根连接、哥本哈根清洁技术集群、Øresund智慧城市中心等。更多的工作包括建设GIS平台和数据开放分发平台，以及仅仅是在政治上决定实施的用于“交通智能管理的”智能交通系统（ITS）平台，这个平台计划在未来3年完成部署，预算为6000万丹麦克朗。

(续表)

<table>
<tr><td colspan="2">城市典型的智慧城市服务或者应用。请说明每种服务的进展和评估情况</td></tr>
<tr><td>服务1</td><td>GIS 平台(http://kbhkort.kk.dk/)。</td></tr>
<tr><td>服务2</td><td>在2014年建立哥本哈根解决方案实验室。</td></tr>
<tr><td>服务3</td><td>哥本哈根连接、智能路灯等智慧城市数字基础设施应用(http://copenhagenconnecting.com)。</td></tr>
<tr><td>服务3</td><td>将在未来3年完成部署的ITS 平台,用于交通智能管理,预算为6000万丹麦克朗。</td></tr>
<tr><td>服务4</td><td>实施交通和自行车出行综合解决方案,提高通行效率,显著降低拥堵,提高市民的健康水平。</td></tr>
<tr><td colspan="2">请说明在智慧城市发展的组织、政策、资金和商业模式等方面的措施</td></tr>
<tr><td colspan="2">智慧城市建设涉及的利益相关方包括城市、土地和房地产开发商、大学、电力提供商、供水和排污企业、能源供应商、电网公司、交通公司等。目前市民还没有系统地参与。
在欧盟FP7和技术开发框架计划共同资助的“低碳城市转型议程”项目中,已经制定了一组KPI。哥本哈根市已经参与了C40城市分析,而且还被选为“西门子绿色城市指标”的城市之一。城市绿色解决方案已经在哥本哈根大规模实施,相关业务得到了普通市民的广泛应用,已经对二氧化碳排放和城市宜居化产生了显著的影响。
目前尚无为智慧城市建设提供专门的资金,但已经为在未来几年里进行的一些开放数据源项目提供了少部分资金。在大</td></tr>
</table>

（续表）

部分情况下，智慧城市方案作为实现期望结果的手段或者工具，包括在其他项目中。

哥本哈根非常重视公私伙伴关系，加强与企业、大学和机构的紧密合作，以实现城市绿色发展。例如，在“北港”项目中包括了一个以生态技术为重点的“绿色实验室”，这种模式可以推广到其他城镇和城市①。

5. 意大利佛罗伦萨

城市经济和社会发展的总体情况

佛罗伦萨是意大利托斯卡纳区和佛罗伦萨省的首府。它是托斯卡纳区人口最多的城市，拥有大约 37 万居民，在大都市区的人口超过 150 万。

佛罗伦萨每年可吸引数百万游客，在 2009 年它以 168.5 万名游客位列世界游客到访最多地区的第 72 位，并且被认为是世界上最富有艺术气息的地区。它在 1982 年成为联合国教科文组织世界文化遗产地，同时还是世界最时尚的 50 个都市之一。高度发达的旅游和时尚产业使其成为意大利主要的经济中心。2008 年，该市在意大利平均收入排名中位列第 17 位（2.3265 万欧元）。

① 来源：“2013 年网络社会城市指数”爱立信公司。

(续表)

城市拥有智慧城市发展的战略、计划或者行动吗?如果有,请提供文件的简要概述,例如创新概念、目标和主要措施
佛罗伦萨目前正在制定新的智慧城市愿景和战略。从城市交通监管系统,到智能照明系统、开放数据战略、为市民和游客提供数字服务,再到电动车辆,该市正在积极地发展创新战略,其核心思想是建立人、物理设施、数字设施之间的交互系统。 佛罗伦萨智慧城市发展的目标是利用新技术实现可持续发展,创造一个绿色、低碳和以人为本的环境。2010年,佛罗伦萨市市长加入了“市长盟约”,该盟约的目的是通过提高能源效率、智能交通和清洁能源生产,在二氧化碳减排方面超越欧盟能源政策的目标。该市已经通过了一项“城市交通计划”,该计划实施了很多有助于改善交通的举措,例如建设两条额外的有轨电车线路、采用先进技术来提高交通管理能力,以及为出行者和公共交通用户提供详尽的实时信息。该市已经决定对电动交通进行招投标,在提高电动车辆的数量和质量方面在国家和国际上树立标杆。其电动交通的总体规划目标是到2020年电动汽车或者混合动力汽车占车辆总量的10%,电动摩托车和电动小型摩托车占20%。这将拥有超过2万辆电动汽车、2000辆轻型商用车辆以及1.1万辆摩托车和小型摩托车。
请说明智慧城市中跨智慧城市项目ICT基础设施共享、信息共享和服务平台共享的政策、措施和成果/影响
佛罗伦萨拥有超过160公里的光纤网络,FirenzeWi-Fi网络提供了超过500个Wi-Fi热点,每天可以为居民和游客提供2小时的免费接入。全市范围的传感器网络为交通管理中心提供数

（续表）

<table>
<tr><td colspan="2">据并可用于安全监控。建立了一个可向公众提供500个以上数据集的开放数据平台。建设超过40个公共“数字电子看板”显示屏，通过城市数字化系统提供最新的信息。</td></tr>
<tr><td colspan="2">城市典型的智慧城市服务或者应用。请说明每种服务的进展和评估情况</td></tr>
<tr><td>服务1</td><td>智能照明　该市最大的绿化地区Cascine公园到2014年4月将建成意大利绿化地区中的第一个智能照明项目。该项目的主旨是利用先进节能技术降低对环境的影响。</td></tr>
<tr><td>服务2</td><td>ELECTRA　该项目的核心思想是通过推广新的城市可持续交通模式，降低旅客运输导致的污染并提高生活质量。该项目允许通过短时间共享（例如一天）或者租借（例如六个月）来促进城市地区电动小型摩托车的使用，计划到2020年时选择电动小型摩托车进行日常出行的比例可以达到1%。</td></tr>
<tr><td>服务3</td><td>开放数据　佛罗伦萨已经将其网站的一部分专门用于发布移动应用程序。这些以佛罗伦萨开放数据为基础的应用程序，有些是由城市开发的，其他一些是独立开发人员开发的，均为免费，例如：
“佛罗伦萨文化遗产”包括具有历史意义的店铺和宫殿等信息，可以使游客获得旅游活动日程以及详细的信息。
“FirenzeUp”利用城市信息数据库，提供各类最新发生的社会信息，可以通过“您附近的活动”或者“最受好评的”等过滤条件进行选择。</td></tr>
</table>

(续表)

<table>
<tr><td>服务3</td><td>“佛罗伦萨步行城市”为在佛罗伦萨附近进行的步行旅游活动日程提供建议,并且配有沿途的照片、标高和简要描述,包括到开放 Wi-Fi 热点的导航。
“佛罗伦萨博物馆参观卡”应用程序是对3日博物馆参观卡的一种补充,该应用程序在地图上显示了所有的博物馆和活动以及城市的信息点和 Wi-Fi 热点位置。</td></tr>
<tr><td>服务4</td><td>GEO　由 City Line Spa 在2011年开发的交通领域地理空间参照信息资源服务。它提供一系列与交通相关的服务,并且提供实时的佛罗伦萨交通状态。目前在“GEOmobi”中可以查看建筑工程、事故、测速摄像头、便道等。GEO 还将扩展其他领域服务,例如:
GeoWash,是一个关于市政当局对每条道路计划进行街道清洁的日期和时间的俯视地图。
Geopark,使用户可以查看停车场状态以及可用的停车位的数量。</td></tr>
<tr><td colspan="2">请说明在智慧城市发展的组织、政策、资金和商业模式等方面的措施</td></tr>
<tr><td colspan="2">智慧城市项目由市政当局领导。其他利益相关方包括托斯卡纳地区、佛罗伦萨省、大学和研究机构等公共机构。外部合作方通常通过公开招标程序选择。除了大量的合作方之外(比亚乔集团、梅赛德斯 Smart、诺森伯兰水务公司、杜卡迪能源、博世等),与意大利国家电力公司、雷诺公司和Arval公司(关于长期</td></tr>
</table>

（续表）

<table>
<tr><td>租赁方面)的合作协议正在推进。该市已经制定了鼓励市民参与城市事务决策的方法。“100 Luoghi”(100 个地点)允许市民以切实可行的方法为广场、公园、学校、停车场、基础设施等城市部分的重组、建设或者完善做出贡献。这 100 个地点被分为不同的主题领域,例如学校、绿色城市、具有历史意义的市中心、社区等。每年会在城市中的 100 个不同地点同时举行 100 次会议。还开发了一款智能手机应用程序,市民可以通过该手机 APP 对智慧城市项目提出建议,还可以下载项目的进展报告,市民也可以使用市政当局的网站发布评论和照片。
该市目前还没有系统地采用 KPI 来评测智慧城市的绩效,但是通过一些工具可以追踪项目活动和结果。
该市还没有为智慧城市建设提供专门的资金。在大部分情况下,智慧城市计划包括在其他项目中 涉及城市、地区和国家政府资金、欧盟资金、来自建筑物销售的收入以及赞助。</td></tr>
</table>

6. 德国法兰克福

<table>
<tr><td>城市经济和社会发展的总体情况</td></tr>
<tr><td>法兰克福是德国的第五大城市,人口 68.7775 万(2012 年)。实际的城市地区拥有人口 250 万。该市是法兰克福/莱茵-美茵大都市区的中心,这个都市区的人口为 560 万,是德国的第二大都市区。法兰克福是欧洲大陆最大的金融中心,并且跻身于世界主要金融中心之列。</td></tr>
</table>

(续表)

法兰克福是重要的航空、铁路和高速公路交通枢纽,法兰克福机场是世界上最繁忙的国际机场之一,法兰克福中央火车站是欧洲最大的火车站之一。它还是贸易、文化、教育、旅游和网络流量中心,法兰克福展览中心是世界上最大的贸易展览和会议中心之一。法兰克福是欧洲最具国际性的城市之一,近25%的居民是外国人。居民中的40%以及五岁以下人口中的65%来自移民家庭。 根据《欧洲城市监测报告(2010年)》的数据,法兰克福与伦敦和巴黎一道,成为欧洲对跨国企业最具吸引力的前三个城市。法兰克福还是德国城市中唯一一个被英国拉夫堡大学组在2010年列为alpha级世界城市(第3类)的城市。 法兰克福也是世界上最大的互联网流量交换节点DE-CIX(德国商用互联网交换中心)的所在地。
城市拥有智慧城市发展的战略、计划或者行动吗?如果有,请提供文件的简要概述,例如创新概念、目标和主要措施
法兰克福正从"绿色城市"向"智慧城市"迈进。"智慧城市"的提法在文件中并不经常出现,其重点是利用现代技术为实现环境目标提供支持。 根据"能源和气候保护概念"(2008年),法兰克福的目标是到2025年将二氧化碳排放量降低40%以上。2011年,法兰克福制定了到2050年将其电力供应转换为采用可再生能源的目标。这个气候路线图是在2012—2014年间,在科学专家的支持和公众的参与下制定的。 目前正在进行的是"100%气候保护总体规划"("总体规划

（续表）

100”）的公共协商阶段，其目标是使法兰克福到 2050 年时完全使用可再生能源——这个转变意味着法兰克福的能源消耗将降低 50%。 法兰克福将以下概念视为可能取得成功的因素：当前 35%的能源需求将被削减（节能措施、更高的效率），当前 20%的能源需求将通过来自城市地区的可再生能源来满足，当前 45%的能源需求将通过来自大都市地区以及周边地区的可再生能源来满足。 此外，公共房地产开发机构将扩大“超节能房屋”战略，具有如下三个目标： • 在房屋整修和“超节能房屋”建筑中成本降低，实现相对低廉的租金并被社会认可； • 进一步发展多层住宅中的“超节能房屋”技术； • 为其他住宅开发商、建筑承包商、规划师、建筑师和市民提供“超节能房屋”专业技术的知识转让。 2003 年，法兰克福市议会投票通过了一项旨在将自行车交通的比例到 2012 年时提高到 15%的战略（1998 年为 6%）。法兰克福的总体交通规划（2005 年）包括了一项总体战略，这项战略为 2015 年之前的城市和交通做出了总体规划。
请说明智慧城市中跨智慧城市项目 ICT 基础设施共享、信息共享和服务平台共享的政策、措施和成果/影响
已经建立了“法兰克福/莱茵-美茵数字中心”（Digital Hub FrankfurtRheinMain）来促进城市及都市区的数字化基础设施建设，并且提高在提供商和用户之间建立网络的价值。该协会已

(续表)

经特别制定了以下目标:

- 建立一个将产业界、科技界和公共机构联系起来的功能网络,并且将法兰克福定位为欧洲的“数字化基础设施”城市,促进研究和开发;
- 提高公众在数字化基础设施重要性方面的意识,促使与这个问题相关的政治领域和产业界决策制定者做出长期的承诺;
- 支持发展法兰克福/莱茵-美茵数字化基础设施的创新和市场潜力;
- 推进法兰克福/莱茵-美茵数字化基础设施的扩展。

位于法兰克福的世界上最重要的互联网交换中心之一的DE-CIX,从数据中心密度角度在欧洲排名第二位。电力消耗巨大并且相应产生大量二氧化碳排放的互联网交换中心对绿色 IT 提出了挑战,并因此成为该市减排战略的一部分。仅仅是城市当局的 IT 设备,每年就要排放大约 9000 吨二氧化碳,每年的成本达到了 240 万欧元。“绿色 IT”的目标是将城市 IT 设备的电力消耗和二氧化碳排放在五年内降低一半。

该市计划将所有的服务器整合到信息和通信技术部门中的一个新的计算机中心。将只采购高效率的耐高温硬件组件,网络和服务器组件将尽可能地采用自然冷却。将通过启用所有的节能选项、预定的客户端关机以及所有外围设备断电,来实施严格的业务管理。由于进行了整合,可以关闭 30 个各种规模的计算机中心。

IT 基础设施的能耗值已经可以准确地记录(大约 14200 兆瓦时)。额外的负载曲线仪表可以提高精度,实现对结果的实时监控。

（续表）

城市典型的智慧城市服务或者应用。请说明每种服务的进展和评估情况	
服务 1	**交通导航**　正在开发多模式导航系统。目前处于初始测试阶段，它将促进自行车、公共汽车和火车、出租车、私人汽车的混合使用。
服务 2	**“法兰克福电动交通 2025”战略**　2025 年之前将通过大量的独立项目促进电动汽车使用，并且建设必需的充电基础设施、采用其他电力驱动车辆（电动自行车、助踩式电动车）以及不同交通方式的互联（“出行链”）。电动交通已经成为法兰克福总体交通规划（2015—2025 年）的一部分。 到 2020 年实现以电动交通为重点的多模式交通链的简单日常使用。到 2025 年，规划建设广泛和高效的公共和私营充电站网络，实现汽车交通的 10%为电力驱动的目标，在市中心（“安拉根”范围内）低排放和低噪音交通流量的比例达到 50%，电动汽车所需的电力完全由可再生能源来生产，以及“使法兰克福电动交通模式”成为国家标准。
服务 3	**太阳地图**　在线提供的一个“太阳分布”（Solarkataster）地图，居民可以通过这个地图来判断何处具有安装太阳能电池板的适宜条件。该项目是与私营企业、法兰克福大学和麦诺瓦有限公司以及法兰克福建筑、土木工程和地理研究所合作进行的。 参见：http://www.gpm-kom8.de/geoapp/solarkataster/frankfurt/。

（续表）

<table>
<tr><td>服务4</td><td>城市导游（CityGuide）数字化地图系统　城市导游数字化地图系统是一个可改编的软件系统，可以将其配置为供无限数量的联邦、城市和游客在应用环境中使用。在欧洲各地有超过40个城市通过其各自的主页，利用“城市导游数字化地图系统”来在线展示官方的城市地图。法兰克福“气候保护”城市地图提供了在气候和节能以及可再生能源所记录的超过1000个项目。</td></tr>
<tr><td colspan="2">请说明在智慧城市发展的组织、政策、资金和商业模式等方面的措施</td></tr>
<tr><td colspan="2">2004年，法兰克福就已经为可持续的城市发展制定“环境指南”。该指南将可持续发展描述为所有行政和政策领域的一项任务，要求所有社会和经济参与者都为这项任务承担责任。除了环境指南，法兰克福还采用了多个进行高质量环境管理的系统和其他指南。

该市的“成本效益建筑指南”（2005年，每年修订）是欧洲最严格和最详细的城市建筑和采购条例。新建筑必须依据“超节能房屋”标准进行施工，而且在翻修工程中必须包括“超节能房屋”组件。

1992年，市政厅通过其“能源论坛银行和办公室”项目，通过了一项与银行和投资公司合作的政策。从那时起，已经完成了众多能源效益办公室和低能耗高楼大厦项目。该市的“高楼大厦框架规划”（2008年）要求新的高楼大厦建筑必须证明其一次能源需求低于每平方米150千瓦时，而且其中至少50%来自</td></tr>
</table>

（续表）

可再生能源。该市所有新的建筑和翻修工程必须符合“成本效益建筑指南”。在过去几年里，所有市政房地产的能源消耗值和成本以及超过 1000 个计量仪表的四分之一小时负载曲线都在线公开发布。

麦诺瓦有限公司计划在 2015 年之前最多为法兰克福市、都市区以及周边地区的风电场投资 5 亿欧元，入股建设高效率燃气-蒸汽发电厂（联合循环），并且扩大集中供热范围以及建设热电联合生物质热电厂。

在未来 4 年里，ABG 仪表集团将为新建筑和翻修工程每年投资 2.5 亿欧元。

ÖKOPROFIT 是法兰克福市与地区企业的一个联合项目，该项目证明环境责任与追逐利润是可以相互协调的。该项目的目标是保护自然环境，降低排放和减少垃圾，并且通过更高效利用能源和原材料来降低运营成本。从 2008 年开始，已经有 32 家位于法兰克福的企业参与了 ÖKOPROFIT 项目，节省了接近 82 万欧元，减少了 3200 吨的二氧化碳排放。

7. 法国伊西莱穆利诺

城市经济和社会发展的总体情况

伊西莱穆利诺位于巴黎近郊，拥有 6.5 万居民。得益于非常灵活的经济结构、商业区和 35 万平方米办公区的资源优势，它的就业率在巴黎地区处于领

(续表)

先地位。伊西莱穆利诺是法国数字化革命的主要中心之一。它拥有 1430 家公司和 3.5 万名从业人员,ICT 产业是该市经济的主要驱动力,伊西莱穆利诺还拥有重要的媒体集团,使该市获得了“媒体地带”的昵称。
城市拥有智慧城市发展的战略、计划或者行动吗?如果有,请提供文件的简要概述,例如创新概念、目标和主要措施
1995 年,该市通过了一项雄心勃勃的数字化技术战略,其目标是通过利用数字化工具推动城市管理现代化,从而促进地区发展。通过该战略的实施,伊西莱穆利诺成为联网程度最高(90%的人口)、拥有最具创新性的在线服务(从停车费的支付,到移动电话,再到选举人在线登记列表,或者儿童入学登记和娱乐中心的管理)的法国城市之一。 从 2012 年开始,伊西莱穆利诺成为了法国最重要的智能电网试验区。“伊西莱穆利诺电网”由 12 家公司组成的联合体进行管理。其目标是使该市 1 万名雇员和居民参与项目,降低建筑物的能耗。 2013 年 6 月,“数字城堡”在新型生态区迎来了第一批居民,这个生态区应用了诸多新技术(家庭自动化、光纤、空气动力废物收集、数字文化中心“Le Temps des Cerises”等),实现可持续发展。 在与大巴黎塞纳河西部城市社区(伊西莱穆利诺附近 7 个城镇,拥有 31 万居民和 16.6 万雇员)的合作中,该市将试验多种新的智慧交通服务,这些服务旨在使居民和雇员的日常出行更方便,降低道路交通流量。 从一开始,伊西莱穆利诺就要求所有的城市服务考虑利用

（续表）

<table>
<tr><td colspan="2">新技术的可能性。为避免项目分散，相关工作由一个指导委员会进行领导。从基础设施到增强地方民主，从跨越数字鸿沟到管理现代化或者开发移动应用业务，媒体和信息技术的应用将伊西莱穆利诺变为数字化城市的一个成功范例。
从 2008 年开始，欧洲生活实验室网络已经将伊西莱穆利诺作为一个创新生活实验室。伊西莱穆利诺已经制定了相关政策以推动创新型和开放式信息社会的建设，采取的战略则是紧密关注新技术的发展，同时建立一个将公共、私营和研究机构聚集在一起的合作环境。</td></tr>
<tr><td colspan="2">请说明智慧城市中跨智慧城市项目 ICT 基础设施共享、信息共享和服务平台共享的政策、措施和成果/影响</td></tr>
<tr><td colspan="2">伊西莱穆利诺拥有高速互联网基础设施（ADSL、光纤到户和供企业使用的光纤网络）。地理信息系统在城市社区层面上进行管理。该市的信息系统采用了外包方式，目前由 SPIE 通信公司采用虚拟服务器（类似私有云）进行管理。
下一步计划是采用计算机虚拟化技术（取消用户端硬盘，采用硬盘池共享），将应用程序安装在共享服务器而不是安装在用户个人的计算机上，目前已经在学校开始了这个计划。</td></tr>
<tr><td colspan="2">城市典型的智慧城市服务或者应用。请说明每种服务的进展和评估情况</td></tr>
<tr><td>服务 1</td><td>数字城堡：21 世纪的生态区　在 2013 年启动了服务集中化（家庭自动化、光纤、空气动力废物收集、稻草学校、地热能、风水游泳池、数字文化中心“Le Temps des Cerises”等）。这些服务可能也适用于其他城镇。</td></tr>
</table>

(续表)

服务 2	**开放数据** 在 2012 年发布了可以查找全市路线的应用程序 **IssySpots**,程序还提供了相关设施的位置目录(交通、媒体和 ICT 企业、行政机构、文化、体育、教育设施、停车场、Wi-Fi 接入点等)。该服务可能也适用于其他城镇。
服务 3	**教育:将数字技术作为发展教育的一种工具** Téliss 在线服务门户网站使父母可以管理他们子女的校外活动。这项服务于 2008 年(预付费)和 2011 年(后付费)启动。该服务可能也适用于其他城镇。
服务 4	**Les Flux d'Issy:允许自动发布关于伊西莱穆利诺的新闻、文字、视频和图片的 RSS 流** 可以在 AppStore(应用程序商店)和个人电脑上免费获得,用户可以通过发布的文章、本地网络电视或者最新活动的相册实时了解该市的最新消息。
服务 5	**Issy 电网:第一个地区级的智能电网** 已经完成了初期设备安装,多个办公楼、百余个家庭以及塞纳河西区的部分街道照明已连接到智能电网。这个系统的目标是使伊西莱穆利诺市以及该地区的居民可以集中利用办公室、家庭和企业互补性的需求和资源,降低能耗并节约资金。 从 2012 年开始运行的信息系统与配电网络配合,实现了对能源生产和消耗的分析,可以建议和鼓励消费者错峰使用电力。

（续表）

<table>
<tr><td>服务 5</td><td>塞纳河西区的 94 户家庭已经配备了可以计量家庭电力能耗的智能电表。在 94 户家庭中大约有 20 户装配了由布依格电信公司（互联网提供商）安装的测量和告警计量盒。用户能够与其他家庭对比能耗数据，获得更智能消费的建议。
目前还设计了一个用于平板电脑的应用程序，专家、地方当局、企业和机构可以通过该程序获得关于 IssyGrid 的主要运行数据。</td></tr>
<tr><td colspan="2">请说明在智慧城市发展的组织、政策、资金和商业模式等方面的措施</td></tr>
<tr><td colspan="2">伊西莱穆利诺是欧洲的“生活实验室”。居民和企业可以通过参加各类讨论会、民意调查和测试人员招募等方式，定期地参与新的服务和应用程序开发。
伊西莱穆利诺建立了“So Digital”数字机构，包括了来自城市社区、城镇和大巴黎地区的代表，竞争力中心数字角（Cap Digital）的代表，企业和研究实验室的代表，以及位于城市社区范围内的大学代表。
伊西莱穆利诺市每月向市民通报与新建数字项目相关的信息，并且鼓励市民通过由 900 名居民代表组成的“市民工作组”表达意见。居民和公司还可以通过地区性数字化创新活动来参与，例如在 2013 年 6 月举行的“塞纳河的未来”。特别是，为了向广大居民宣传城市提供的各种各样的数字化服务而开发了一款寻宝游戏“严肃游戏”。
项目管理因情况和行为主体的不同存在差异：例如，IssyGrid</td></tr>
</table>

（续表）

由私营企业的联合会管理,并且得到了城市的支持;其他项目由城市直接管理,或者由负责伊西莱穆利诺通信和创新的公私合营 Issy Média 管理。地方当局依赖于越来越多的综合机构,例如公私合营企业、地方公共企业或者公共利益集团。这些机构在运营上更为灵活。

不同的项目融资方式也不同:通过私营领域为 IssyGrid 融资;市政当局负责管理对居民的宣传活动;在地区出资的项目范围中由公共部门负责;成员国或者欧盟负责“Radical”、“Citadel on the Move”或者“智慧城市+”。

自1999年以来,城市人口增长了35%,而公务员的数量却保持不变(主要是因为通过信息系统的外包提高了效率),地方税收已经降低了20%,失业率为6%,而同期全国平均失业率为12%。

8. 法国里昂

城市经济和社会发展的总体情况

里昂拥有人口48.4344万(2010年),加上市郊和卫星城,形成了法国除巴黎之外的最大的集合城市区。其城市地区人口占到了拥有290万居民的罗纳阿尔卑斯地区人口的一半。里昂是银行业和化学、制药以及生物技术产业的主要中心。特别地,该市还拥有以视频游戏为主的规模软件产业,并且在近些年来已经发展成为一个不断成长的新兴领域。里昂是在法国排名第2位的经济中心和文化中

（续表）

心。在 2011 年，里昂在创新方面位居全球第 8、法国第 2。

里昂的地区生产总值为 620 亿欧元，是法国仅次于巴黎的第二大富裕城市。根据 ECER 大众银行的报告，就企业登记和投资而言，里昂是欧盟中排名第 14 位的繁荣城市。

城市拥有智慧城市发展的战略、计划或者行动吗？如果有，请提供文件的简要概述，例如创新概念、目标和主要措施

大里昂地区正致力于将经济活力与可持续发展相结合，并且希望成为创新服务和应用设计和开发的试验区。大里昂地区需要为该地区建立新的发展模式。

根据 2011—2012 年的定义，大里昂地区智慧城市战略已在 2013 年正式启动，正对其成果/影响进行评估，结果在 2014 年年初得出。大里昂地区最近启动了创新战略以及数字化政策，主要目标是：

- 通过创造并利用数字技术，将大里昂地区转变为创新区；
- 支持发展基础设施，这是整个城市地区所有数字化项目的基础；
- 加强所有参与方之间的协作，以便确保目标的一致，从而发展可以提高里昂城市地区吸引力的数字特性；
- 鼓励革新使大里昂地区居民同享更高质量的城市生活，提供创新、优化的城市服务，以更有效的方式管理城市地区范围内的资源和流动；
- 通过促进实验并支持当前的计划，鼓励开发具有数字化特性的创新项目；

(续表)

- 在里昂城市地区的所有主要城市项目和公共政策中结合数字化技术和相关的创新。

在经济层面:

- 鼓励企业创业,并且支持在数字经济和绿色经济中产生就业机会;
- 在与其他城市激烈竞争中,吸引对城市未来发展领域的投资。

在可持续性层面:

- 促进能源使用(生产/分配/消耗)的变革;
- 在限制因素越来越多的地区提供新的交通解决方案。

关于环境和能源:

- 计划到2020年,在里昂城市地区每年减少20万吨二氧化碳排放;
- 通过信息技术并优化网络,减少用户在交通方面花费的时间。

关于经济发展:

- 利用项目的协同效应,合作企业可以向国际市场提供高水平的商品,并且将业务扩展到其他欧洲城市。

在城市发展层面上,找到提高该地区管理方式的新方法:

- 强调研究和开发;
- 积极鼓励在经营方面进行技术、结构和社会创新。

大量的专利申请、企业间合作和教学与研究中心,以及在研究和开发方面的总支出等充分证明里昂是欧洲的一座创新城市。

（续表）

<table>
<tr><td colspan="2">令该市自豪的还有其拥有 126000 名学生、10000 名研究人员的 500 个公共和私人实验室。</td></tr>
<tr><td colspan="2">请说明智慧城市中跨智慧城市项目 ICT 基础设施共享、信息共享和服务平台共享的政策、措施和成果/影响</td></tr>
<tr><td colspan="2">大里昂地区已经确定了 2012—2019 年宽带战略，并且致力于在 2015—2019 年间为居民和专业人员提供光纤宽带接入。本地的参与方已经建立了一个 3800 平方米的数据中心以及几个新建的较小的（500—1000 平方米）的“商业”数据中心。此外，已经制定了一项为中型企业建立新的数据中心的战略计划。
大里昂地区已经部署了一个名为 SmartData（智慧数据）的完全开源的数据平台，可以利用 OGC（开放地理信息系统协会）标准提供地理信息系统数据（静态或者实时）。大里昂地区当前正在研究（2014 年）如何为外部公共事业、道路施工运营商、建筑许可、民事安全信息等提供服务。</td></tr>
<tr><td colspan="2">城市典型的智慧城市服务或者应用。请说明每种服务的进展和评估情况</td></tr>
<tr><td>服务 1</td><td>变化中的能源使用和智能电网　在能源传输和智能电网方面，里昂地区是多家实验和论证机构的所在地：里昂智慧社区（与新能源开发机构 NEDO 合作）、Greenlys、智能电网里昂、瓦特与莫伊、Linky 实验部署；与阿姆斯特丹、哥本哈根、维也纳、热那亚、汉堡等城市合作进行的欧洲改造项目。</td></tr>
</table>

(续表)

服务2	**优化里昂** 大里昂地区已经联合12个合作方,共同执行关于"优化城市可持续交通"的"优化里昂"项目(项目预算为693万欧元)。为了实现改善民众出行和货物运输的目标,得到大里昂地区及其合作方支持的这个战略包括3个关键要素:个人交通和城市货运的综合化方法,特别是优化对公共区域的管理;发展基于智能交通系统(ITS)并且由里昂城市地区大型交通基础设施以及大量的可以实时获取的可靠数据支持的服务,这种服务在法国是相当独特的;与私营领域合作制定创新政策,使企业有可能为私人和专业人员开发新的服务。
服务3	**远程和非接触式服务** 主要用于支付、出行信息、文化和旅行信息、远程公共服务等。
服务4	**大里昂智慧数据** 为了向私人和专业人员提供部分参考和管理数据(也包括其合作方的这些数据)的公共接入,大里昂地区建立了一个被称为"大里昂智慧数据"的数据和服务分发平台,其主要目的是支持创新和新用途。为了这个目的,"大里昂智慧数据"将数据视为本地经济的主要催化剂以及实现增长和创新的载体。各种专业化的系统意味着"大里昂"可以通过鼓励为用户提供附加值服务,并加强或者优化目前的服务产品,来为其合作方提供支持(市民、企业、学术界)。第二个目标是通过为

（续表）

<table>
<tr><td>服务 4</td><td>市民提供更多与公共当局接触的机会，鼓励市民参与。
基于完全开源，人们可以检索、发现和可视化可用的地理数据。采用 3 级许可，使“大里昂”可以确保优质的服务，并且控制用户之间的竞争。</td></tr>
<tr><td>服务 5</td><td>里昂智慧社区　“里昂智慧社区”的目标是将拉康弗伦斯（La Confluence）区转变为社区能源效率的优质标准样板。这是一个独一无二的大型示范项目，涵盖多个方面，包括一系列正能量建筑，采用太阳能电站驱动的电动汽车车队，测量、分析、显示和监控消耗量的社会住宅中的智能计量仪表（电、气、水），管理（采集、处理和恢复）实验数据的“社区管理系统”。这个 PPP（公私伙伴关系）涉及 30 个合作方，是国际合作的一个范例。</td></tr>
<tr><td colspan="2">请说明在智慧城市发展的组织、政策、资金和商业模式等方面的措施</td></tr>
<tr><td colspan="2">里昂城市社区（大里昂地区）已经定义了智慧城市战略。它是通过项目，与其他利益相关方尤其是产业界、学术界和市民来共同制定的。大里昂地区智慧城市战略是由“经济和国际发展议员团”领导的，是在所有部门（交通、能源、城镇化、水资源、废物处理、卫生、信息系统、法律、通信等）参与的情况下以横向方式制定的。代表所有这些部门的一个技术委员会定期会晤，以</td></tr>
</table>

(续表)

便协调他们与智慧城市相关的活动,一起制定战略和共同对话,并且做出重大决策。大里昂地区(城市社区)也在与其58个社区中的每一个以及如罗纳阿尔卑斯地区等其他行政区密切合作,并且不久将与罗纳部合并来构成一个大都市,这个大都市将可以在更加全面的智慧城市战略中包括新的领域,例如卫生、教育和社会服务。

资金主要来自参与每个项目的企业以及特别补助(城市、地区、国家、国际)或者外国投资者。大里昂地区不会为所有的智慧城市项目提供资金,因此资金的大部分主要是通过政府、学术界和产业界之间的PPP关系,从私营领域中获得(在2013年大约为97%)。

大里昂地区地方能源局(ALE),在ADEME(法国环境与能源控制署)的支持下,已经起草了两个"大里昂地区建筑环境质量标准":"住房耐用标准"(2004年、2006年和2009年,2012年有更新)和"办公室耐用标准"(2006年和2012年)。当大里昂地区在进行关于工业园区和地方当局建设用地的磋商以及进行社会住宅建设磋商时,都将系统地应用这些标准。他们制定了环境绩效要求,新的建设项目需要满足和执行这些要求。从"住房耐用标准"在大里昂地区实施开始,到2012年12月,处于规划、涉及、场地施工或者交付阶段的住房已经有11063套。从"办公室耐用标准"在大里昂地区实施开始,到2012年12月,已经有284546平方米办公室的能源效率,优于它们建设期间执行的热量调节标准。

9. 瑞典马尔默

城市经济和社会发展的总体情况

马尔默按人口计算是瑞典的第三大城市。它是斯科讷省的首府，也是斯科讷省西部的商业中心。它和哥本哈根共同组成了跨国界的厄勒地区。从建设厄勒海峡大桥开始，马尔默经历了重大转变，吸引了新的生物技术和IT企业，并且通过马尔默大学吸引了大量学生。该市包含很多历史建筑和公园。在2007年*Grist*杂志评出的“15个绿色城市”中马尔默位列第4名。该市大部分地区的行政主体是马尔默市政当局，截至2013年3月，该市的八个地区拥有30.9105万名居民。该地区的面积为2522平方公里。马尔默拥有超过400公里的自行车道，所有通勤交通中大约有40%是自行车出行。

在马尔默，平均每天大约有7家新的企业开业；2010年，续约企业的比重占到了13.9%，超过了斯德哥尔摩和哥德堡。产业中比例较大的有交通、金融和商业服务、娱乐、休闲和建筑等。

城市拥有智慧城市发展的战略、计划或者行动吗？如果有，请提供文件的简要概述，例如创新概念、目标和主要措施

马尔默加入了旨在降低排放并超越欧盟能源目标的“市长盟约”，提出了一项可持续的能源行动计划。马尔默的“环境计划（2009—2020年）”以及“新能源战略2009”是指导当前和

(续表)

<table>
<tr><td>未来行动以及确保相关预算的主要文件。
环境项目将在生态可持续性范围内为未来的综合计划奠定基础,环境目标门户网站和负责环境目标的政府部门跟踪和评估国家质量目标,并且提出 2020 年应实现的环境质量目标。到 2030 年,全市将 100%地使用可再生能源。到 2020 年时人均能源消耗将至少降低 20%,到 2030 年时再进一步降低 20%。将逐步采用太阳能、风能、水力能和生物气体,并且逐步淘汰矿物燃料,同时实现能源尽可能由本地生产。温室气体排放和 1990 年相比将至少下降 40%。马尔默将为应对气温变化、海平面上升和降雨增加做好准备。
城市所有部门和企业都拥有内部环境管理计划,由一名环境协调人负责监督他们的工作。多家企业依据欧盟生态管理审核计划(EMAS)或者 ISO14001 标准进行了认证。该市每年都发布一份环境报告,以监督城市和具体部门(以及城市拥有的企业)在实现其环境计划中取得的进展。</td></tr>
<tr><td>请说明智慧城市中跨智慧城市项目 ICT 基础设施共享、信息共享和服务平台共享的政策、措施和成果/影响</td></tr>
<tr><td>加上私营参与方,该市每年在宽带方面的投资大约为 4500 万克朗,大约有 72%的马尔默家庭实现了光纤连接,覆盖范围还将逐步地扩大。执行委员会已经明确到 2020 年将有 95%的家庭实现光纤接入。马尔默市已经拥有两个集中数据中心,正在考虑向混合云平台发展。</td></tr>
</table>

（续表）

城市典型的智慧城市服务或者应用。请说明每种服务的进展和评估情况	
服务 1	**“节约您的能源”**　在互联网门户开放智能仪表测量数据，居民可以了解能源消耗情况，并通过社交媒体分享节能技巧。
服务 2	**绿色政府采购**　马尔默市的新车采购均选用最环保的车辆，随着该市老旧汽车的逐步更换，其目标是实现 100%的清洁车辆（其中到 2015 年时生物气体/氢燃料/插电式混合动力/电动车辆的比例占到 75%）。马尔默市拥有瑞典第一款氢燃料汽车，该车采用风能驱动，供马尔默市环保部的雇员使用。马尔默市和能源提供商 E.ON 正致力于发展利用餐厨垃圾制成的生物气体，将其作为交通运输燃料。目前，马尔默市 50%的公共汽车采用混合生物气体能源。Sjölunda 废物和污水处理厂在 2008 年进行了改造以利用收集的废物生产生物气体。
服务 3	**马尔默计划/马尔默论坛**　这是城市居民参与和影响市政决策的两个例子。通过“马尔默计划”，市民利用互联网对各个领域提出建议并参与讨论。“马尔默论坛”每两年举办一次，1600 名马尔默居民可以对马尔默市政厅提出的问题发表意见。马尔默城市规划局也开发了一种鼓励研究和公开讨论的程序——对话项目管理程序，用于研究土地利用模式面临的主要挑战，该程序已成为项目批准前的重要环节。

(续表)

<table>
<tr><td>服务4</td><td>智能建筑　Hyllie区将成为未来智慧城市的一个试验区。参与Hyllie区项目的5家建筑商已经获得了欧盟5000万瑞典克朗的资金,该项目将试验与通风、制冷和供热等有关的智能建筑解决方案。该项目的目标之一是利用可视化技术使居民了解如何影响和安排能源消耗。</td></tr>
<tr><td>服务5</td><td>地方气候合约　马尔默市、E.ON和市政当局基础设施VA SYD公司在2011年签署了一项气候合约,承诺把Hyllie区建设成智慧气候环境地区,最晚到2020年实现能源完全由可再生能源或回收能源供应。有关项目包括各式公寓的布局规划、污水和能源系统的设计等。</td></tr>
<tr><td colspan="2">请说明在智慧城市发展的组织、政策、资金和商业模式等方面的措施</td></tr>
<tr><td colspan="2">马尔默市拥有12个主要的行政部门,至少有一半已经建立环保管理系统,其中有2个系统得到了认证。此外,马尔默市被分为10个区,每个区都拥有自己的城区管理部门,有8个部门已经建立环保管理系统。马尔默市还拥有4家市属企业(垃圾处理、马尔默港口、停车场和车库以及一家住房机构),其中2家企业通过了ISO 14001认证。因此,几乎所有的市政部门和市属企业都已经建立了环保管理系统和报告机制,而且每个部门中至少有一个环境协调人专门负责处理各个部门的环境问题。</td></tr>
</table>

（续表）

在马尔默市各个部门和市政企业中，有20%已经通过ISO 14001或者EMAS标准认证。每个委员会和指导委员会负责制定特定领域的目标、措施，并根据制定的定量和定性指标对发展过程进行监督。 该市居民可以通过"马尔默计划"和"马尔默论坛"参与和影响市政当局的决策。 该市的多个计划获得欧盟CIVITAS（欧洲城市清洁运输体系计划）项目资金支持。与四个其他欧洲城市共同实施SMILE项目（清洁和更好的城市交通）：包括波坦察（意大利）、苏恰瓦（罗马尼亚）、诺威奇（英国）和塔林（爱沙尼亚）。开展的子项目超过50个，这些子项目的目标是通过减排和降噪来改善交通环境。该项目是马尔默市到目前为止主导的最大的欧盟项目，总预算超过了3亿瑞典克朗（大约为3000万欧元）。马尔默市一直关注对智慧城市建设有益的欧盟资助项目。 目前与智慧城市相关的预算项目纳入正常的预算程序。 马尔默市正在与世界自然基金会（WWF）和斯德哥尔摩环境研究所（SEI）共同工作，通过**REAP（资源和能源分析计划）工具**，全面掌握马尔默市总排放量的情况。人们通过该工具可以了解住房、食品、交通等相关的碳足迹。该工具还可以帮助市政当局、其他政府机构和组织制定降低碳足迹的相关政策。

10. 英国曼彻斯特

城市经济和社会发展的总体情况

曼彻斯特市位于大曼彻斯特都市区的中心。大曼彻斯特都市区是伦敦外部和东南地区的最大单一经济区,GVA 达到 470 亿英镑,居住人口 270 万。大曼彻斯特由 10 个都市自治市组成,其中曼彻斯特市在人口和 GVA 方面均排名第一。曼彻斯特市的人口为 51.08 万,在 2001—2011 年间增长了 19.0%,几乎是英国平均水平的 3 倍。

曼彻斯特市的 GVA 为每年 130 亿英镑,占大曼彻斯特经济的 28%,重点行业包括商业、金融业和专业服务业。曼彻斯特市在智慧城市发展所需的设计、咨询和工程服务领域具有很强的实力,全球最主要的技术咨询机构在该市设有地区总部,包括西门子在内的大型全球性工程公司也在该市设有机构。该地区的其他优势行业还包括数字制造业和数字产业,分别贡献了 58700 万英镑和 44500 万英镑。

在所有欧洲城市中,曼彻斯特市的学生数量最多;仍在工作的诺贝尔奖得主的数量比剑桥和牛津大学的总和还多。该市正在建设一个关于石墨烯的世界领先的研究所。该市拥有英国第三繁忙的机场,每年国外游客超过 170 万人。

城市拥有智慧城市发展的战略、计划或者行动吗?如果有,请提供文件的简要概述,例如创新概念、目标和主要措施

（续表）

该市目前正在制定新的智慧城市愿景和战略，计划在2014年完成。

曼彻斯特市的智慧城市愿景草案[①]主要包括以下内容：

到2025年，曼彻斯特市将成为世界上最先进的20个智慧城市之一。为实现这一目标，将利用产业和创新能力来推动经济增长并降低对资源的依赖性，利用数据来加速建设知识富集和智慧的城市。

为了实现这个目标，曼彻斯特市将：

- 使企业具有创新和进步的信心，取得具有竞争力的市场份额；
- 建设一个灵活低碳的智慧城市示范核心区；
- 充分发挥全体市民的潜能，同时保护好弱势群体。

在交通、规划、气候变化、数字化和社区战略的支持下，曼彻斯特市的中期目标是：

- 建立一个世界级的创新生态系统，在先进材料和电子医疗所做的工作基础上，将人、企业、设施等有机连接；
- 建立一个有助于目标实现的开放数据平台，规划未来基础设施投资，实时管理城市运行，并且提供发展机遇；
- 进一步发展数字化基础设施，改善最贫困社区社会流动性等问题；

① 来源："智慧城市：曼彻斯特市政厅——决议报告"，2013年12月。www.manchester.gov.uk/download/meetings/id/16126/6_smart_cities。

(续表)

• 建立一系列的"智能基础设施园区",围绕创新能源和交通基础设施投资进行试点。 "曼彻斯特未来城市"示范项目致力于建设更具吸引力的生活环境,实现可持续的经济增长,同时降低对环境的影响。曼彻斯特市将对关键领域的进展和影响进行评估,主要包括: • 为新的技术产品和应用创造市场环境; • 为示范和市场测试提供机会; • 提高经营效率,例如通过缓解拥堵、提高通行效率等; • 提高家庭医疗服务的比例,降低保持家居舒适的成本; • 提供机动性,保障安全的步行和自行车出行环境; • 促进居民参与城市管理,提升参与意识; • 提高低碳排放和零排放的能源供应; • 通过转变模式降低交通排放; • 降低能源需求并且提高供应效率。
请说明智慧城市中跨智慧城市项目 ICT 基础设施共享、信息共享和服务平台共享的政策、措施和成果/影响
曼彻斯特市是实施微软 CityNext 计划、利用云技术将公共服务数字化的第一批城市之一。 曼彻斯特市政厅和 Arqiva 公司(一家通信基础设施和媒体服务公司)合作,在市中心多处地点提供免费 Wi-Fi 服务。①

① 来源:http://www.manchester.gov.uk/info/200109/council_news/5922/manchester_people-january_2013/6。

（续表）

<table>
<tr><td colspan="2">城市典型的智慧城市服务或者应用。请说明每种服务的进展和评估情况</td></tr>
<tr><td>服务 1</td><td>交通　动态路网效率和出行信息系统（DRNETIS）。曼彻斯特市在智能交通服务方面非常成功，该服务的核心是利用 DRNETIS 系统，自动对某些交通状况进行快速干预。例如改变交通信号灯的顺序、向出行者提供交通信息和警告等。该解决方案还将提供大量的数据，通过数据分析，帮助城市进行交通规划和管理。</td></tr>
<tr><td>服务 2</td><td>移动医疗/电子医疗　曼彻斯特大学在医疗和社会护理领域开展多学科移动医疗和电子医疗的研究。
移动医疗
移动医疗创新中心（mHIC）注重对移动和无线技术的利用。重点领域包括：
• 针对精神健康的移动业务：对药物治疗记录、症状和情绪等实时监控并提供个性化反馈，对抑郁症、精神分裂症、强迫性神经官能症提供治疗及自杀预防；
• 利用社交网络反馈信息；
• 通过智能手机应用，可穿戴式远程监控等进行患者自我管理；
• 利用 GSM 设备，通过生物反馈技术对跌倒进行监控和预防。</td></tr>
</table>

(续表)

<table>
<tr><td>服务2</td><td>电子医疗
曼彻斯特的电子健康研究中心具有世界领先的多学科电子研究环境,它采用先进的方法对英格兰北部医疗数据进行挖掘和利用。电子健康研究中心的电子实验室对医疗数据进行高级处理,在安全的环境中进行数据整合和复用,对去除了身份信息的连续关联记录进行分析。
曼彻斯特移动医疗生态系统在欧洲排名第一,由国民健康保险制度的医疗护理提供商和专员(急诊、初级、社区、专家)、地方当局社会护理提供商和专员、产业界(技术、数字化、医疗护理、医药)、学术机构(曼彻斯特和索尔福德大学)以及志愿者和患者团体等成员建立的长期伙伴关系,促进移动医疗技术在医疗和社会护理领域的应用。</td></tr>
<tr><td>服务3</td><td>服务改革　曼彻斯特正在利用ICT技术改善和提高公共服务水平。发展与改革的愿景是确保所有市民都可以为经济增长贡献力量并从中获益。</td></tr>
<tr><td colspan="2">请说明在智慧城市发展的组织、政策、资金和商业模式等方面的措施</td></tr>
<tr><td colspan="2">大曼彻斯特联合管理局拥有一个投资框架,该框架同时从公共和私营领域吸收资金对相关项目进行支持,包括欧洲的ERDF和post 2013计划、地区发展基金、大曼彻斯特交通基金、大曼彻斯特养老金以及其他私营领域投资。
为了支持并且随后交付一系列可靠的智慧城市项目,大曼</td></tr>
</table>

（续表）

彻斯特都市区通过现有的机制和面向项目开发市场的方式与企业合作，案例包括：宽带网络的发展、曼彻斯特机场企业开发区、企业发展中心、曼彻斯特科技园以及绿色方案。

曼彻斯特市的规模为吸引投资提供了大量机会，可以充分利用额外的公共和私营资金。

在治理方面，“曼彻斯特走廊伙伴关系”为交付该市的智慧城市项目提供了一种现成的架构。“曼彻斯特走廊”是一个法人团体，自 2007 年 7 月成立以来始终重视与世界级机构的合作。通过“走廊伙伴关系”管理的项目由市政厅负责验收。

11. 拉脱维亚里加

城市经济和社会发展的总体情况
 里加是拉托维亚的首都和最大的城市，也是波罗的海诸国中最大的城市。里加拥有约 70 万居民，占全国人口的三分之一强。该市的历史中心是联合国教科文组织评定的世界遗产地，该市与瑞典的于默奥，成为 2014 年欧洲文化之都。里加是波罗的海诸国中主要的经济和文化中心。该市提供了拉托维亚所有就业机会中的大约一半，创造了拉脱维亚 50% 以上的 GDP 以及大约一半的出口额。里加港在 2011 年处理了创纪录的 3400 万吨货物。随着位于 Krievu Sala 的新港口的开发，港口处理能力可能进一步增长。旅游业也是里加的一个重要产业，在经历最近的全球经济衰退

(续表)

期间出行下滑之后,在 2011 年又实现了 22%的增长。里加是欧洲城市组织、波罗的海城市联盟(UBC)以及欧盟首都联盟(UCEU)的成员。
城市拥有智慧城市发展的战略、计划或者行动吗?如果有,请提供文件的简要概述,例如创新概念、目标和主要措施
“里加城市长期发展战略 2025”提出了该市的发展目标,即实现现代环境治理和措施、改善空气和水资源质量、加强废物管理、降低或者消除污染、提高能源效率以及保持生物多样性。通过了“里加城市可持续能源行动计划 2010—2020 年”(已经有两份监控报告)以及“里加智慧城市可持续能源行动计划 2014—2020 年”,形成了里加的智慧城市战略。里加的愿景包括 3 个主题:(1)规划和管理:设计和执行城市规划,挖掘市民和企业的全部潜力;同时有效地进行日常运营。(2)基础设施:提供有效的基本城市服务,使城市适宜市民居住。(3)人:提供有效的服务,为市民的经济、社会和健康需求提供支持。
请说明智慧城市中跨智慧城市项目 ICT 基础设施共享、信息共享和服务平台共享的政策、措施和成果/影响
面向智能卡服务开发了一个集中式的信息网络,来管理系统中的所有数据,通过网络来管理复杂的系统及其众多不同的功能,从中获取社会服务、公共交通或者停车信息。用户可以在不同的地理位置,通过不同类型的技术使用该网络。这也意味着这个网络包含很多不同的“节点”,例如,旅客验证其智能卡的验票机、司乘人员验票和售票的控制台、工作人员为了检查旅客的车票所使用的便携式终端以及将系统与主数据中心连接起来的数据集中器。

（续表）

<table>
<tr><td colspan="2">城市典型的智慧城市服务或者应用。请说明每种服务的进展和评估情况。</td></tr>
<tr><td>服务 1</td><td>照明　“里加照明”RPA 项目旨在提高城市照明的能源效率。里加已经实施了采用 1154 个新的 LED 单元来更换其街道上老旧的钠灯照明设施的政策。通过在每个单元上安装电压调节系统，可以实现能耗降低。这种单元上有一个传输系统，可以根据需要的照明水平，对每个灯进行控制。当日光级别较高时，可以降低电压，从而提供相应级别的照明。每个灯柱都安装了电压调整器，使得每个路灯可以单独控制，每个灯的电能消耗数据也可以单独核对。远程控制通信是通过一组无线电频率信号发送的。该计划的成本大约为 180 万欧元，部分资金来自里加市政当局。这个计划的实施实现了每年耗电量降低 40 万千瓦时，二氧化碳减排 150 吨。</td></tr>
<tr><td>服务 2</td><td>E-Talons/智能卡　通过引入“E-Talons”智能票务技术，里加已经建立起一种简单和现代化的交通支付系统，这种智能票务技术可以在城市所有交通模式中使用。该项目开始于 2007 年，其目标是为里加的公共交通建立一个电子支付系统。该项目为市政当局提供了更快速、更简单和更可靠的旅客交通记录，从而为交通政策的评估提供了更好的数据。当里加的城市规划者希望优化城市交通流量，</td></tr>
</table>

(续表)

<table>
<tr><td></td><td>并且实施有效的交通管理时,该系统能够提供相关的信息。所使用56%的车辆是电动车辆,并在一些线路上提供无线互联网接入服务。
电子车票易于使用,并与该市范围内的其他功能兼容,据估算已经节省了大约25%的成本。旅客对该市交通服务满意度也有所提高。
该系统具备多种功能,可以用于支付公共交通,注册不同的社会服务(例如餐饮服务),城市停车、停车换乘,并且为某些社会群体提供不同类型的折扣。学生使用相同的 e-talons 卡,在他们到达学校时可以登记他们的到校记录。有资格的人还可以使用这种卡申领免费的食品救助。</td></tr>
<tr><td>服务3</td><td>公寓建筑供热　从一个管道系统转换为两个管道系统,实现更好的热量消耗调节和精准计量。新的能源管理系统包括安装一个自动负载平衡系统,该系统可以调节公寓建筑中的温度,仪表的读数可以远程读取。
在已经安装的公寓中,每个散热器的自动调温器被设置为期望的室内温度。通过升级的系统进行温度调节,可以降低热量消耗,并减轻消费者的经济负担。温度向下调低1摄氏度,热量消耗将下降5%—6%,这将有助于降低该市的二氧化碳排放。
热量消耗管理系统可以在住户通常不在室内的白天时段和周末,将公寓设置为较低的温度。</td></tr>
</table>

（续表）

服务 3	通过自动负载平衡系统可以将公寓维持在舒适温度，从而提高消费者对供热系统的满意度。
服务 4	**Torņakalns 综合设施**　该计划是建立一个新的市中心（Pārdaugava 中心）。这也是关于新的城市行政中心的概念和选址的长期讨论的结果，这个行政中心现在将作为新的综合设施的一部分进行建设。 　　新的综合设施将结合建筑、交通基础设施和公共空间。作为一个综合项目，它将具有不同的功能，包括里加行政中心、拉脱维亚大学学术中心、住宅、学校、工作场所、休闲和购物区以及交通服务。 　　Torņakalns 项目的设计，是要满足该市 2030 年总体目标；建立具有能源高效、居民友好和现代的邻近社区，降低城市中心的交通流量，更集中地使用靠近该中心的邻近社区。供热、通风和制冷所需能源将由一个区域供热系统提供。地热将被集成到供热和冷却系统中，使用轴承杆作为热泵的测温探针。照明将由荧光灯、能源效率灯和 LED 二极管提供。而且，室外照明将利用可再生能源来提供电力，例如风轮和太阳能电池，储备的电能可连接到电网。
服务 5	**交通**　里加的电动交通已经提高到了 56%。该市的 19 条无轨电车线路拥有 250 辆车，9 条有轨电车拥有 207 辆车。公共交通对小学生、残障人士和退休人员是免费的，并在公共交通和车站中提供免费的 Wi-Fi。

(续表)

请说明在智慧城市发展的组织、政策、资金和商业模式等方面的措施
里加的智慧城市政策由管理委员会制定,该委员会由里加市政厅领导,包括公民非政府组织、研究学者、能源企业和服务企业的代表;里加可持续能源(SEAP)咨询委员会由能源和住宅领域的主要科学家和专家组成;协调小组由城市各部门和市属企业组成。 作为一个大型的范例,Torņakalns项目有长期的规划,该计划源于10年前对里加市新行政中心的概念和选址的讨论。通过(建立于2008年的)一个管理和营销委员会,已经形成了与所有利益相关方的协作和对话机制。这个委员会由来自利益相关方机构中的22名代表组成,每个机构代表一个特定的领域,从而该委员会可以使利益相关方在项目和决策方面达成一致,形成理念并且找到解决方案。通过向所有里加居民开放的项目展览以及一个为期四周的公共咨询,鼓励市民参与其中。该计划的第一阶段以大学建筑及其设备的建设为重点,资金部分来自欧洲区域发展基金,部分来自拉托维亚政府机构。 2009年进行了一项对Torņakalns区棕色地带(指城中旧房被清除后可盖新房的区域)重新开发的技术和经济合理性的调查研究,预计进行开发将带来巨大的效益。这些效益包括生产力增长和教育质量的提高、由于大学重新选址和合并带来的成本节省以及额外的就业机会,预计该项目还将有助于降低该地区的环境污染。与在类似规模的地区以传统方式建设相比,预

（续表）

计该项目将节省50%—70%的能源消耗。

里加是“加强”伙伴关系的组成部分，这种伙伴关系致力于发展：能源规划的综合性方法，促进全面的跨部门能源解决方案，灯塔项目的确认，建设已有的项目来确保根据2013—2020年时间表进行部署，进行综合规划以实现更好的能源成果和经济性，在其他城市中推广。主要的成果是：在所有伙伴城市强化SEAP，创新的综合能源项目，交付综合SEAP的一种模式，一个城市学习网络，专业人员的培训计划，一门新的可持续城市规划和实施硕士课程。

12. 爱沙尼亚塔林

城市经济和社会发展的总体情况

塔林是爱沙尼亚的首都和最大的城市，占地159.2平方公里，人口43.0594万。塔林旧城被列为联合国教科文组织世界遗产地。塔林是爱沙尼亚的金融和商业中心，创造了爱沙尼亚超过一半的GDP，2008年的人均产值是爱沙尼亚平均水平的172%。该市从自由经济政策中受益，拥有高度多样化的经济，在新兴技术、旅游业和物流业方面具有特别的优势。这使得塔林人均产值达到了欧盟平均水平的115%，而爱沙尼亚整体人均GDP仅为欧盟平均水平的67%。塔林被列为世界上数字化水平最高的10个城市之一，并被《每日邮报》评为世界七个最智慧的城市之一。

(续表)

城市拥有智慧城市发展的战略、计划或者行动吗? 如果有,请提供文件的简要概述,例如创新概念、目标和主要措施
塔林的智慧城市愿景源自其市政厅在2013年发布的《2014—2020年发展计划》。该计划提出了“高效的城市机构应以基于知识的方式进行管理并拥有优良的服务文化”的目标,还为城市发展中的各个领域以及各种智慧城市活动设定了具体目标。该文件涵盖了城市发展的所有领域,包括ICT领域的目标和活动,还包括了实施智慧城市解决方案和各个领域新技术的活动和项目,例如城市交通、社会护理等。 塔林在智慧城市方面的另一个里程碑是《2014—2018年企业和创新战略》。该战略的目标是为塔林的企业发展和创新创造更好的条件,提高塔林的竞争力。这些目标得到了该战略的5年行动计划的支持,计划包括支持集群项目和跨领域合作、智慧移民、建立创新中心、创新产品和服务以及全面发展智慧城市等行动。 该市已经通过了一个《绿色首都行动计划》,其目标之一是获得“欧洲绿色首都运动”奖。该奖项将颁给生活环境已显著改善并且坚持可持续发展原则的城市。该计划的一部分适当地利用了先进ICT技术,例如挖掘许可证的管理。 2009年,塔林签署了“市长盟约”,这是欧盟地方当局在可持续能源政策领域的一个计划,在2011年通过了一项以二氧化碳减排为目标的可持续能源行动计划。 在国家层次上,爱沙尼亚政府在2012年5月批准了《2013

（续表）

年后信息社会发展计划》。该计划包括的主要工作是：(1) 下一代宽带网络，(2) 发展电子商务环境，(3) 数字化公共服务，(4) 电子身份证，(5) 知识和技能发展。
请说明智慧城市中跨智慧城市项目 ICT 基础设施共享、信息共享和服务平台共享的政策、措施和成果/影响
爱沙尼亚互联网社会的发展是在《2013 年爱沙尼亚信息社会战略》的指导下进行的。塔林开发电子服务的原则之一是在国家层次上充分地利用现有的 ICT 基础设施。电子服务的数据源来自人口登记、教育信息系统和养老保险登记。 塔林市政府的后台信息系统"体育支持信息系统"和"独立于收入模块的补助金"利用了上述数据；这些系统通过与私营 IT 公司合作进行运转和管理。国家级的基础设施 X-Road 实现了信息系统之间的数据交换。在塔林的网站上可以获得塔林公共服务数据库中与服务有关的信息 http://www.tallinn.ee/eng。 为了缩小数据鸿沟，由爱沙尼亚电信提供商、移动运营商和其他企业新设立的爱沙尼亚宽带发展基金开展了一项在 2015 年之前发展超高速宽带基础设施的联合计划（EstWIN）。该计划的目标是为所有家庭和企业提供 100M 速率的光纤网络。建设新的网络需要 38.3 亿万欧元的投资，其中大部分将由电信企业承担，还有部分资金来自政府。爱沙尼亚还拥有一个覆盖全国的 Wi-Fi 网络。在很多城市地区，无线是免费的，也有一些互联网服务提供商提供了固定费率的接入套餐。在塔林市有 353 个 Wi-Fi 热点。 在2005年秋季启动的塔林市"规划进程系统"始终致力于

(续表)

<table>
<tr><td colspan="2">为城市职员和居民提供更舒适的工作生活环境和更高的生产效率。目前进行地方区域规划的申请是通过门户网站提交的,这样可以确保处理程序在法律范围内的实时透明,还可以避免人为操作失误以及大量现场咨询带来的不便并使生产率提高了一倍。该系统将GIS与工作流和文件管理技术相结合,实现了良好的效果。该市还利用相同的平台开发了用于地区安全、车队控制和固体废物管理的多个商业应用程序。</td></tr>
<tr><td colspan="2">城市典型的智慧城市服务或者应用。请说明每种服务的进展和评估情况</td></tr>
<tr><td>服务1</td><td>公共服务数据库　拥有580个服务、在线支付及应用程序。2012年EIPA(欧洲公共管理学院)将其认证为“最佳实践”。大部分服务是完全在线的,包括企业和住宅登记、纳税申报或者罚款的缴纳等。</td></tr>
<tr><td>服务2</td><td>公共交通信息　移动应用程序,包括在线预报、时间表、路线规划、网络地图、停车等。
免费公共交通　登记的塔林居民可以享受免费公共交通待遇。这项措施与“绿色智能卡”相结合,可以确定符合条件的乘客,并应用于停车费移动支付系统(通过手机应用程序或者短信)等。</td></tr>
<tr><td>服务3</td><td>挖掘信息　信息工具,提供关于挖掘、道路临时封闭或者其他交通中断的最新信息。公众可以通过塔林网页获得这些信息。</td></tr>
</table>

（续表）

<table>
<tr><td>服务 4</td><td>通过门户网站提交地方区域规划的申请，可以确保处理程序在法律范围内的实时透明。该系统将 GIS 与工作流和文件管理技术相结合，实现了良好的效果。该市还利用相同的平台开发了用于地区安全、车队控制和固体废物管理的多个商业应用程序。</td></tr>
<tr><td>服务 5</td><td>在城市住宅施工中塔林遵循节约、能效的原则，并为大型公寓建筑的节能改建提供支持。</td></tr>
<tr><td colspan="2">请说明在智慧城市发展的组织、政策、资金和商业模式等方面的措施</td></tr>
<tr><td colspan="2">塔林的智慧城市和绿色城市总体发展是由作为地方政府中的立法机构和最高治理机构的市政厅领导的。市政厅批准城市预算以及各种城市短期和长期发展文件。对于智慧城市和绿色战略，市政厅还通过其委员会特别是通过创新委员会开展工作。作为执行机构，市政府更为直接地指导和协调智慧城市的发展、政策制定、项目启动等。具体的部门分别负责其在城市发展中的相关领域，例如交通、市政工程、城市规划、医疗和社会护理等。

城市规划部门依据法律和施工规范，负责城市的规划程序，既要履行日常的规划功能，也要起草城市的总体和专项规划。为了确保跨部门协作，所有的决策都必须得到其他相关部门的批准。同样的机制也适用于城市发展进程的所有特定领域。为了向市政府提供建议和协调 ICT 和城市服务的发展，塔林市政府建立了塔林信息技术委员会。该委员会的任务是规划 IT 发展战略、协调城市部门之间的ICT发展、建议新的创新项目，并且</td></tr>
</table>

(续表)

就这些问题与国家机构合作。该委员会的成员包括高级别城市官员和来自国家机构、大学和地方主要 ICT 企业的代表。 2013 年,塔林加强了市民对城市发展进程的参与。"2014—2018 年塔林积极计划"完全是在市民和非政府组织的建议基础上编制的。在向免费公共交通转变的过程中,通过全民公投使市民了解并参与了决策,为城市行政机构推行免费公共交通策略提供了参考意见,并且使决策符合政策[发展公交专用车道、采用绿色智能(非接触)卡、提高停车费等]。 塔林的城市预算以及欧盟的结构基金在塔林的智慧城市发展融资中发挥着至关重要的作用。塔林已经在多个创新项目中利用欧盟资金,例如数字城市统计地图集的开发、支付门户网站的开发、用于该市数字公共服务数据库的短信通知系统和 GIS 地图以及前面提到的挖掘工程和临时道路封闭信息系统。 城市居民的免费公共交通系统极大地激励了城市实际居民进行居住地址登记,从而为所有居民在支付税款和获得服务之间建立起明显的联系。将城市中心停车费的平均水平提高 20% 的目的是降低交通流量,并且为公共交通的运转提供资金。将两家城市公共交通公司合并为一家经营单位,节省了部分管理成本,并且改进了公共交通的集中管理。 塔林通过该市发展计划中的综合绩效指标系统对绩效和成果进行评测,超过 120 项指标涵盖了城市发展的所有领域,所有的指标都被分配了年度目标结果标准,每年都会对这些指标进行监督。根据这些结果,会编制一份综合绩效报告,然后提交给市政厅。这份绩效报告作为对城市发展文件的修正案,用于指

（续表）

导未来城市的发展和规划。

塔林绩效指标的一些例子包括：塔林旅游服务的输出、高级中学毕业生的百分比、公共交通用户的数量、城市信用评级、城市提供的交互式服务的数量增长等。

塔林已经参加了"欧洲绿色城市指标"研究，排名第23位。

13. 意大利威尼斯

城市经济和社会发展的总体情况

威尼斯市具有独特的"水陆"自然特色：一半延伸到水中（威尼斯及其岛屿），一半在大陆上（梅斯特、马尔盖拉和其他区域）。这两个部分通过一座接近4公里长的桥梁（公路和铁路）相连接。该市在泻湖和大陆之间的面积大约为417平方公里，居民27万人，其中25%为65岁以上老人。每年有超过2000万游客到该市旅游。从该市的Pellestrina岛到Tarù Trivignano，通过公共交通耗时超过2小时。

威尼斯泻湖是由除了威尼斯本身以外的100多个小岛以及有人居住的主要岛屿组成的，例如丽都海岸岛（17848人）、慕拉诺岛（4968人）、Pellestrina岛（4471人）、布拉诺岛（3267人）、圣埃拉斯莫岛（771人）、马佐尔博岛（364人）、维尼奥勒岛（69人）、托尔切洛岛（25人）、马佐贝托岛（10人）和圣克莱门特岛（1人）。在建有教堂和修道院的圣乔治马焦雷岛、圣拉扎罗德

(续表)

利亚美尼岛、圣米歇尔岛和圣弗朗西斯科沙漠岛,分别有11、22、11和9名居民。
城市拥有智慧城市发展的战略、计划或者行动吗?如果有,请提供文件的简要概述,例如创新概念、目标和主要措施
威尼斯市正在制定一个可持续能源行动计划(PAES),该计划提出了到2020年将该地区温室气体排放比2005年至少降低20%的城市战略。与城市项目相关的主要参与方包括大学、交通运输企业、卫生当局、协会等。目标是将二氧化碳排放量每年减少338893吨,这是2005年总排放的22.67%。该项目通过二氧化碳排放量指标进行监督。 威尼斯市已经加入了“绿色数字宪章”,该协议承诺城市通过利用ICT技术,共同努力实现欧盟在气候变化方面的目标。该计划在2009年由曼彻斯特市启动,与欧洲城市组织进行协调,并且获得了欧盟委员会的支持。 为了推动宪章的实施,欧盟委员会根据第7科研和技术开发框架计划和NiCE项目(在能源效率方面把智慧城市联系起来的智慧城市能源效率网络)提供资金,NiCE项目向官员提供了将ICT创新应用于能源效率领域的培训并组织到最先进城市进行考察访问。 行政机构的目标是利用ICT技术实现减排,提高能源效率,一个在10年内将能耗降低30%的大规模试点项目即将开展。 威尼斯市实施了“国家数字宪章”中的101项行动。

（续表）

请说明智慧城市中跨智慧城市项目ICT基础设施共享、信息共享和服务平台共享的政策、措施和成果/影响
宽带（固定和无线）网络　从2009年开始，威尼斯市在宽带方面投资了大约1200万欧元，建设了185公里的专用光纤网络。所有居民可以通过215个Wi-Fi免费接入互联网。游客使用Wi-Fi网络的价格也非常低。 **数据中心基础设施**　数据中心是该市ICT系统的核心。它是以与提供的服务等级相适应的基础设施为基础的（安全性和电气连续性、入侵、防火和空调技术领域）。通过10千兆以太网的多模光纤布线互联的数据中心托管着超过150个物理服务器和110个虚拟系统。在过去几年里，通过采用虚拟化技术，已经在“服务器整合”方面进行了多项行动。这个数据中心正在将其他地方机构曾经独立运行的小型数据中心（岛屿、俱乐部等）进行聚集。 **地理信息系统技术**　威尼斯市正在加强对GIS系统和技术的应用。越来越多的地理数据以在线方式管理和发布，并且正在发布用于对威尼斯运河上的渡船交通进行监控的新系统。该市正在建设一个同城市安全内务部共同出资的项目，将城市地区现有的视频监控网络与新的视频监控摄像头进行集成。 ICT基础设施与属于市政系统的（ACTV、Ames、Insula）或者外部的（GARR、威尼斯双年展）其他合作伙伴共享。
城市典型的智慧城市服务或者应用。请说明每种服务的进展和评估情况

(续表)

服务1	**ARGOS项目(自动远程大运河监测系统)** 用于渡船交通监控的一个视频监控系统,对威尼斯大运河进行测量和管理。这个系统满足了对威尼斯渡船导航规则的具体要求,同时提供了对整个大运河航道综合统一的查看。已经在整合先进的自动化图像分析技术的基础上开发了专门的软件。
服务2	**开放数据** 威尼斯市政当局在2012年晚些时候发布了一个开放数据门户网站,该网站正在逐步地发布整个城市的数据集。
服务3	**潮汐预测** 通过该市的门户网站,人们可以获得关于威尼斯泻湖中潮汐的信息。通过(免费)订阅采用短信和/或者电子邮件发布的警告,用户可以收到最新的每日预报。此外还可以安装用于安卓和iOS系统的免费应用程序HiTide!来了解当前的潮汐和预报。
服务4	**威尼斯卡** 一种城市通行证,使用该智能卡,持卡人可以使用公共交通服务,如公共汽车、公共交通艇和有轨电车,大众捷运系统,参观城市博物馆中的展览,接入Wi-Fi,使用卫生间,使用自行车,游览公园以及使用城市停车位。游客也可以购买城市卡。
服务5	**IRIS(互联网报告信息系统)** 这是采用web 2.0技术的一种市民和公共行政机构之间的沟通渠道,市民可以在线报告和地理定位城市中需要进行市政

（续表）

<table>
<tr><td>服务 5</td><td>维修的地点。该系统从 2008 年 5 月开始在威尼斯启用。公共行政机构可从中获得关于其辖区状况以及市民关心问题的详细信息。市民可以参与本地区的维护，并且评估公共行政机构了解问题产生原因和积极应对方面的绩效。</td></tr>
<tr><td colspan="2">请说明在智慧城市发展的组织、政策、资金和商业模式等方面的措施</td></tr>
<tr><td colspan="2">消费者保护　该市有一项消费者保护服务，为购物者、学生和老人提供保护。此外，市政当局还在推动与 AEres 协会（Venetian RES 各种实体的协会）共同实施的“威尼斯替代经济”项目，该协会为 Venetian RES（意大利团结经济网络的文件）的参与者举办系列圆桌会议。
法规和标准　法规和标准文件包含了与服务交付方法和符合行政机构确定的质量标准相关的最低要求。这是市民和市政厅之间关于交付的一个服务“协议”。在关于服务的法规和标准中，要特别提到的是“对公共免费的 Wi-Fi 互联网接入”。这个文件说明了城市提供 Wi-Fi 的服务水平以及接入方法。
舵手座　威尼斯市在 2011—2012 年间参与了由欧盟委员会资助的这个研究项目，旨在详细阐述市民和公共行政机构共同使用的一种网络平台原型的方法和实施。
开放数据法规　该法规得到了委员会第 41/2013 号决议“批准关于发布、ICT 接入和再利用公共数据（开放数据）的决议 82/2005——数字管理规范”的批准。</td></tr>
</table>

14. 立陶宛维尔纽斯

城市经济和社会发展的总体情况

维尔纽斯是立陶宛主要的经济中心,是波罗的海国家中最大的金融中心之一。它的人口仅占立陶宛总人口的15%,但其创造的GDP却占到了全国GDP的大约40%。维尔纽斯市的(名义)人均地区产值为24456美元,按购买力平价计算为35175美元(2014年估计值),这使其成为立陶宛甚至东欧最富裕的城市。

目前维尔纽斯市拥有不断发展的先进太阳能和激光技术制造中心(例如光伏元件和可再生能源生产商)。2009年,成立了巴克莱技术中心,这是四个战略性工程全球中心之一。而且,维尔纽斯市集中了立陶宛大部分教育和社会基础设施,吸引了超过三分之二的立陶宛创新产业。这些条件使该市的发展在波罗的海国家中是最快的。

城市拥有智慧城市发展的战略、计划或者行动吗?如果有,请提供文件的简要概述,例如创新概念、目标和主要措施

维尔纽斯市有三个主要目标:

- 现代、开放、互联的城市;
- 高质量的城市服务;
- 简化日常生活的新技术。

维尔纽斯市正在制定智慧城市战略,以正在整合其不同的计划。在实施“2020年城市战略规划”时,市政厅在政治上强

（续表）

<table>
<tr><td colspan="2">力支持该市尽可能多地部署智慧城市项目。该战略将在 2014 年年底完成制定，并且已经由市政厅批准。</td></tr>
<tr><td colspan="2">请说明智慧城市中跨智慧城市项目 ICT 基础设施共享、信息共享和服务平台共享的政策、措施和成果/影响</td></tr>
<tr><td colspan="2">维尔纽斯市是世界上拥有最快速互联网连接的五个领先城市之一。光纤互联网覆盖大量家庭，而且全市正在部署 4G LTE 高速无线网络。
立陶宛具有很高的 IT 应用能力，可以快速采用新的可用技术，移动设备的普及率也高于平均水平。维尔纽斯市的 IT 基础设施具有最高的国际标准，多个跨国 IT 服务中心位于维尔纽斯市，包括巴克莱、西部联盟电报公司、CSC（计算机科学公司）以及其他公司。该市的数据中心基础设施符合正常运行时间学会Ⅲ或者Ⅱ级水平。
该市每天都采集和更新 GIS（地理信息系统）信息，而且，在该市网站上的交互式维尔纽斯地图上可以获得不同类型的信息。
最重要的城市数据在 www.vilnius.lt 上发布，包括维尔纽斯市规划，详细计划、施工许可，交通拥堵、交通限行，自行车道路、学校、室外咖啡馆等信息。</td></tr>
<tr><td colspan="2">城市典型的智慧城市服务或者应用。请说明每种服务的进展和评估情况</td></tr>
<tr><td>服务 1</td><td>电子学校　在维尔纽斯市 8 所学校中进行的基于学生证号码的试点项目：
● 综合电子票务；</td></tr>
</table>

(续表)

服务1	• 通行控制; • 图书馆系统; • 学校食堂中的小额支付(未来不再使用现金)。
服务2	**移动支付系统** 移动交通系统包括移动票务、移动停车和移动出租车应用程序。移动票务应用程序使乘客可以购买电子车票,规划行程,并且查看公共交通实时的时刻表。移动停车应用程序拥有启动-停车功能,这个功能允许用户只需要为准确的实际停车时间支付费用,而且不需要支付给停车机硬币,预计2015年将有半数的驾驶员使用这个程序。移动出租车应用程序是在城市中召唤出租车的最简便方式之一,只需点击几下智能手机即可。这些应用程序可以很容易地扩展到不同的城市,也可以作为典范供其他城市学习。应用程序的适用范围使得服务更加具有用户友好和便捷性。
服务3	**统一的公共交通** "Vilniečio kortelė"(维尔纽斯市民卡)将所有的公共交通系统进行了统一。而且在大量研究和市民民意调查结果的支持下,公共交通系统得到了改进——快速轨道公交开始在该市运营,采用的12辆新车使得出行更加舒适,限时的电子车票现在允许用户更换车辆,而无需像该市使用

（续表）

服务 3	纸质车票时那样支付额外的费用。因此，整个公交系统变得更加高效、便捷且用户友好。而且，新的市民卡现在甚至可以用于租用自行车——这是新的公共交通形式（在该市实施了橙色自行车租用和共享系统）。现在有超过 44 万人随身携带维尔纽斯市民卡。
服务 4	**维尔纽斯市开放数据组合**　目前正在提供大量的开放数据集，特别是可以获得关于电子民主工具、交互式城市地图、移动城市应用程序、城市问题登记、学前机构集中注册、学校体育场馆租赁系统、城市中心电子创意咖啡馆、安全城市等内容的数据集。所有数据集都属于被称为“智慧维尔纽斯”总体战略的计划之下。利用这些广泛的数据资源，维尔纽斯期望建立一个具有四个主要特征的健康生态系统： • 向企业提供原始开放数据，供其开发应用程序，同时为城市创造新的机遇和附加值（经济推动）； • 由行政部门以可以接受的价格向市民提供应用程序和服务； • 由公共行政部门向市民提供新的服务； • 促进公共行政部门的公开透明。

(续表)

<table>
<tr><td>服务 5</td><td>未来智慧城市应用程序　目前正在规划阶段,例如:
• 维尔纽斯市政当局所有服务电子化;
• 智能能源消耗——允许测量能源消耗、与邻居根据时间进行对比、支付账单的应用程序;
• 维尔纽斯市民卡——为维尔纽斯市民以及已经声明维尔纽斯为其居住地、缴税进入了维尔纽斯市预算的人提供折扣的系统;
• 交互城市——(免费 Wi-Fi + 智能触摸屏——多功能信息——城市活动、旅游信息、城市新闻)。</td></tr>
<tr><td colspan="2">请说明在智慧城市发展的组织、政策、资金和商业模式等方面的措施</td></tr>
<tr><td colspan="2">“智慧维尔纽斯”是新成立的负责协调维尔纽斯市智慧城市计划的一个机构。该机构与维尔纽斯市政当局(市长、市政厅)——政策制定者,以及市政府行政部门(电子城市部门、城市环境和能源部门、城市交通部门、城市发展部门、城市投资部门)——行政管理和执行机构合作,来履行其职责。
市属企业 Susisiekimo Paslaugos(交通服务)是一家当地公共交通企业,直接对智慧交通项目负责。这家企业管理公共交通系统,维护运营网络,发行和销售公共交通车票,控制旅客票</td></tr>
</table>

（续表）

务，支持和维护旅客信息系统，采集和分析全市范围的客车数据，管理停车系统和交通管制。

维尔纽斯市政府引入了电子民主平台，这使市民可以参与该市的决策过程。新开发的维尔纽斯网站提供与城市议会会议议程相关的所有信息，不仅允许市民了解该市正在讨论的问题，而且可以允许他们通过参与投票或者发起电子请愿，表达他们的意见和建议。

该平台还使得用户可以便捷地通过在线或者移动应用程序的方式报告城市问题，并且查看城市服务部门如何解决问题，甚至可以在城市的交互式地图上查看不同的开放数据，并且对市政厅议程中的议题进行投票，对市政厅的决策和文件发表评论，以及与市政厅成员进行交流。

该平台还使从市政府订阅电子文件和获得在线服务成为可能——居民和地方企业可以选择该市提供的超过100个电子服务：从办理许可证到申请幼儿园。

维尔纽斯市建立了一个用户友好的城市网站www.vilnius.lt，市民可以在这个网站上找到所有关于该市、新闻供应和电子参与平台的有用信息。而且，该市在市政当局大楼的1楼开放了电子创意中心——这是市民进行交流的一个开放空间，可以利用电子服务获得帮助、组织活动等。

目前智慧城市开发项目的大部分资金来自维尔纽斯市的预算（尤其是对于智慧交通项目）、欧盟资金（例如电子票务系统）和PPP（例如完成街道照明现代化）项目。此外，该市还参与了其他计划，这些计划为该市带来了间接的效益——例如IBM公

(续表)

司的"智慧城市挑战"(专业知识估值为 50 万美元)。 PPP 的例子还有:维尔纽斯市将在未来两年里对其街道照明进行的现代化改造。该项目将通过与意大利 Gemmo 公司的公私合作伙伴关系来实施,被认为是欧盟中的最佳实践范例之一。高效率的现代 LED 照明设备将使立陶宛首都维尔纽斯的能耗降低 70%以上。通过 PPP(公私合作伙伴关系)实施的先进技术将在电力方面每年节省 200 万欧元。 有多个企业曾经和正在部署各种项目。西门子和合作方部署了交通监控和管理系统,EM TEST 公司部署了电子票务系统。地方企业如 Itero、NFQ Solutions 和 Mediafonas 公司正在开发移动解决方案,将通过与意大利 Gemmo 公司的公私合作伙伴关系来实现对该市照明系统的高度现代化。

15. 克罗地亚萨格勒布

城市经济和社会发展的总体情况
 萨格勒布市是克罗地亚的首都,是政治、金融、经济和教育中心。在其 17 个城区中共有居民 790017 名。除了萨格勒布的688163 名居民和塞斯维特的 54085 名居民,萨格勒布市行政区还包括 68 个居住区的总共 47768 名居民。超过 10 万人每日到萨格勒布市工作或者上学。萨格勒布市从业人员的平均工资比全国平均水平高出 18%。

（续表）

<table>
<tr><td>萨格勒布市的产值占到了克罗地亚全国总产值的三分之一。2012年，该市平均失业率为8.7%，与克罗地亚其他市县相比是最低的（克罗地亚平均水平18.1%）。萨格勒布市的投资额占到了全国总额的33.2%；人均产值为20000欧元，比全国平均水平高出85%，2010年扣除物价因素后比欧盟27国的平均水平高出9%；预算收入占到了全国预算直接收入的30%。目前工业领域占新增加值的14.3%，而贸易以22%的比例占最大比重，随后是金融服务和保险的13.2%，专业服务、科技和公共服务以及ICT行业正在显著地增长。</td></tr>
<tr><td>城市拥有智慧城市发展的战略、计划或者行动吗？如果有，请提供文件的简要概述，例如创新概念、目标和主要措施</td></tr>
<tr><td>萨格勒布市已经通过了一份被称为“萨格勒布市发展战略——萨格勒布计划”的战略发展文件。作为一个城市孵化器，萨格勒布市的愿景是通过应用创业式的方法，在所有被认为对城市非常重要的工作和行动主要领域重新界定边界来实现的。愿景还提出了六个战略发展目标：（1）有竞争力的经济，（2）人力资源开发，（3）环境保护和自然资源及能源的可持续管理，（4）改善城市质量和城市功能，（5）提高生活质量，（6）改进管理发展系统。

萨格勒布市是加入“市长盟约”计划的第一批欧盟首都城市之一，表明了其超越欧盟能源目标的意愿和承诺。它还是促进和推动“绿色数字宪章”（GDC）承诺实施的智慧城市能源效率网络（NiCE）计划的组成部分。萨格勒布市以积极的能源政策设定</td></tr>
</table>

（续表）

了较高的目标以满足“市长盟约”和萨格勒布市可持续能源行动计划中通过应用能源效率措施和利用可再生能源到 2020 年时将二氧化碳排放量降低 21%的目标。 **萨格勒布市可持续能源行动计划(SEAP)**在 2010 年通过,并且将持续到 2020 年,是在城市层次实施能源效率、可再生能源和环境友好燃料项目的主要文件,由萨格勒布市能源、环境和可持续发展局负责项目实施。萨格勒布市全部地区的公共和私营领域都要履行“萨格勒布市可持续能源行动计划”规定的义务。该计划确定了建筑业、交通和公共照明领域的众多必要的行动,措施的实施将实现全市二氧化碳减排 21%。 **萨格勒布市 2014—2020 年 ICT 系统和电子政务发展战略**的目标是将萨格勒布建设成在城市运作中发展新概念和利用新技术的领先城市和参考模型,同时成为市民高质量服务的提供者。它的目标是:(1)为市民提供更好的服务,(2)以有组织和成本敏感的方式开发 IT 资源,(3)提高工作效率,(4)关注绿色工作,(5)提供直接接入,(6)创新。ICT 战略符合“萨格勒布计划”的总体发展战略。
请说明智慧城市中跨智慧城市项目 ICT 基础设施共享、信息共享和服务平台共享的政策、措施和成果/影响
萨格勒布市超高速宽带网络构成了确保超高速互联网接入和使电信运营商提供新服务的基础。萨格勒布市 Wi-Fi 网络能够传送大量数据以提高移动设备使用效率并且提高萨格勒布市生活水平的城市 Wi-Fi 网络的建设。

（续表）

<table>
<tr><td colspan="2">萨格勒布市能源管理信息系统为建筑行业中相关行动的实施提供了支持，从而实现高效的决策过程。通过这一系统，很容易确定萨格勒布市最需要维修的建筑，以及实施指导的行动计划所需的措施。监控、分析和报告能源消耗是能源管理信息系统（EMIS）的三个基本要素。通过 EMIS 的分析和数据计算，可以向用户报告能源消耗情况，并作为节能改造的依据。
“萨格勒布黑客”是由萨格勒布市人民参与并且服务于萨格勒布市居民的专门针对建筑软件的黑客马拉松。其目标是将市民、企业家和开发商聚集起来解决与萨格勒布市民相关的挑战，其目的是利用公开发布的数据、规范和技术，合作设计和制定解决方案。</td></tr>
<tr><td colspan="2">城市典型的智慧城市服务或者应用。请说明每种服务的进展和评估情况</td></tr>
<tr><td>服务 1</td><td>萨格勒布能源效率城市（ZagEE）　ZagEE 项目的总体目标是在地方公共机构（萨格勒布市）拥有的建筑中实施能源效率措施并且采用可再生能源。ZagEE项目分为两种专用性投资：公共建筑的整修和公共照明。公共建筑的整修将包括标准能源效率整修措施以及在建筑上安装可再生能源设备（太阳能电池板和太阳能集热器）。公共照明现代化将是克罗地亚第一个这种类型的项目，采用 LED 灯，并在深夜时段进行亮度调节。预计总投资为 2.94 亿欧元。ZagEE 项目价值总计为1813438欧元，为实</td></tr>
</table>

(续表)

服务1	现规划的措施的总计划投资总计为29379114欧元,并将为规划制定技术文件。在没有获得补助金的情况下,投资回本期大约为13年。
服务2	**电子服务** 该服务为市民和城市之间提供了电子沟通手段,例如:市长回答——市民可以直接向市长提出问题;我的萨格勒布——使市民有机会报告、纠正和评论城市中的不正当行为,并且获得关于这些问题将如何解决的反馈(主要专用于公共事业不正当行为);市民信息服务等。
服务3	**萨格勒布地理门户网站——萨格勒布空间数据基础设施**是提供空间信息以及各种相关服务(检索、浏览、下载、转换、服务发现等)的网络门户网站的一种形式。
服务4	**PRESTO** 促进自行车出行成为每个人的日常交通方式。该项目由STEER计划(交通能源方面)共同出资,时期为2009年5月—2012年1月。5个参与城市——不莱梅(德国)、格勒诺布尔(法国)、特切夫(波兰)、威尼斯(意大利)和萨格勒布(克罗地亚)在自行车出行的比例上是不同的。该项目提供了理想的实验平台来研究自行车出行未开发出来的潜能,并且最终从活动中获得具体的经验和一般性建议。PRESTO活动的重点是改进基础设施规划

（续表）

<table>
<tr><td>服务 4</td><td>和有针对性地鼓励实验自行车（包括助踩式，即电动助力自行车）。</td></tr>
<tr><td>服务 5</td><td>i-SCOPE　最新一代 3D 城市信息模型（UIM）可以在城市规模的几何、语义、形态和结构化信息基础上建立智能网络服务。地方政府可以在城市形态及其结构的基础上，利用这种服务来改进对与城市规划、城市管理、环境保护和能源消耗相关的问题的决策；促进不同用户群体（例如老人和具有各种才能的市民）之间的融合；通过在城市规模上以基于位置的服务为基础采集空间参照信息来使市民更广泛地参与。
　　作为可互操作的三维 UIM，i-SCOPE 提供了一个开放平台，并以此为基础开发了三个不同领域中的“智慧城市服务”。这些服务将在整个项目期间积极参与的多个欧盟城市中进行试点和验证。这些服务将：
　　• 通过一个准确的城市层次的残障人士友好的个人路线规划服务，促进老人和其他市民的融合与个人移动性；
　　• 通过一个准确评估建筑层次上太阳能潜能的服务来优化能源消耗；
　　• 通过一个实时环境噪声映射服务实现环境监控，参与这个服务的市民通过其智能手机在全市范围内测量噪声水平，从而发挥了分布式传感器的作用。</td></tr>
</table>

(续表)

请说明在智慧城市发展的组织、政策、资金和商业模式等方面的措施
该市在2009年成立的能源、环境和可持续发展局是协调该市在能源效率、可持续性、环境保护和可再生能源方面工作的部门。萨格勒布市发展署已经为发展萨格勒布市智慧城市平台启动了一个计划。 萨格勒布市参与了“未来政策模型项目”——FUPOL(2011/2015年),该项目旨在为政策建模开发先进的ICT工具、预测这些政策的结果、开发解决复杂社会问题中所有利益相关方的治理和合作的新模式。 CIVITAS ELAN——持续时间为2008年9月—2012年10月。卢布尔雅那(斯洛文尼亚)、根特市(比利时)、萨格勒布市(克罗地亚)、布尔诺(捷克共和国)和波尔图(葡萄牙)共同加入了CIVITAS ELAN项目“动员重要城市的市民”。他们已经在任务上达成一致,“‘动员’市民并在市民的支持下为重要城市制定清洁交通解决方案,并且确保所有市民的健康和获得服务”。

六　中欧试点城市分析

本章在对欧盟-中国试点城市所提供的信息进行分析后，根据智慧城市的主要特点对这些试点城市的成熟程度做出评估，如基本程度或者非常发达程度。此外，本章也指明了城市进一步发展所倚重的主要优势和领域。

成熟度评估是根据试点城市在“智慧城市评估框架”下所提供的信息做出的。在某些情况下，例如试点城市未提供充分信息，评估并不一定能准确地反映城市目前的状况。

（一）中国试点城市评估

1. 北京市海淀区

特征	成熟度					无法评估[①]
	没有涉及	基本	一般	较先进	最成熟	
智慧城市战略				√		

① 由于没有提供信息导致无法评估。

(续表)

特征	成熟度					无法评估
	没有涉及	基本	一般	较先进	最成熟	
利益相关方				√		
治理				√		
融资			√			
价值评估						√
商业模式			√			
信息通信基础设施				√		
智慧城市应用			√			

智慧城市战略 海淀区先后出台了《智慧海淀发展纲要》、《智慧海淀顶层设计》、《智慧海淀建设工作方案》等一系列配套政策文件,明确了智慧海淀的发展目标、重点任务、实施步骤等主要内容。智慧海淀的建设目标是打造具有区域特色的"四智一高",即智慧政务、智慧园区、智慧城区、智慧家园和信息产业高地。智慧海淀顶层设计中对基础网络建设、云基础设施建设、应用智能支撑平台的总体框架和主要内容做了相应的规划,并在规划中明确了当今主流技术在基础设施建设中的应用。

利益相关方 海淀区政府对智慧海淀建设全面负责。海淀智慧城市产业联盟(中介组织)、项目管理单位、咨询设计单位、人大代表参与决策过程,利益相关方明确且清晰。在市民参与方面,海淀区规划设计并实施了具体方案,有效调动市民积极性参与智慧城市建设,形成双向沟通互动的良好局面。一是通过网站征求市民建议;二是获取市民的实时反馈,例如海淀区统计数据采集系统中搭建了基于智能手机的统计局城乡住户一体化调查信息系统平台，住户可以通过手机 APP 应用记账并完成相关上传工作；三是采用众包模式设计相应智慧城市项目，如市民通过网站去完善社区周边一刻钟服务圈的商户信息等。

治理　为保证城市规划发展中的协作，海淀区政府成立了智慧海淀建设工作领导小组（以下称领导小组），由海淀区各委办局领导及行业内专家任小组成员。区经信办委托具有相关资质的第三方项目管理机构（以下称第三方机构），协助进行智慧海淀顶层设计、项目审核和建设管理，在治理方面形成了权责明晰的跨部门协作体系。

融资　海淀区设立"智慧海淀建设专项资金"的海淀区财政性资金，用于信息基础设施、基础数据库、应用系统、应用支撑平台等智慧海淀建设项目。区政府财政拨款为目前主要的建设资金来源，资金落实符合一般性财政拨款周期，由于财政拨款通过招标开展项目建设，因此资金安全可控。此外海淀区采用服务租赁、BOT 等方式调动社会资金参与建设。

商业模式　在基础网络、数据中心建设中采用 BT 和 BOT 的建设运营模式。

基础设施　截至 2012 年年底，海淀区光纤网络家庭住户覆盖率达到 62.78%；无线通信网络覆盖率为 97.1%；建设了总面积约 450 平方米的数据中心；摄像机数量达到 2700 台；搭建了海淀区空间数据共享平台。由于海淀区已建立 4G 网络，提供普遍覆盖的 4G 服务，因此，信息通信基础设施较为先进。

典型应用　海淀区在智慧应用方面尚未全面铺开，在政务、城管、园区、教育和卫生领域开展了智慧应用试点，进一步实现了政务数据互联互通、业务协同和资源共享，提升了城市精准管理水平和快速处理能力。

2. 天津市滨海新区

特征	成熟度					无法评估
	没有涉及	基本	一般	较先进	最成熟	
智慧城市战略				√		
利益相关方				√		
治理				√		
融资			√			
价值评估			√			
商业模式				√		
信息通信基础设施				√		
智慧城市应用			√			

智慧城市战略　滨海新区编制印发了《关于印发天津市滨海新区信息化十二五规划的通知》(津滨政发〔2011〕50号)、《关于印发智慧滨海建设中期实施方案的通知》(津滨政发〔2012〕26号)、《关于印发天津市滨海新区云计算应用与产业发展规划的通知》(津滨经信发〔2012〕68号)、《滨海新区大数据行动方案(2013—2015)》,发布《云集滨海行动计划》,开展了《滨海新区新一代信息技术产业发展研究》。

利益相关方　在智慧滨海建设中，参与决策的主要利益相关方包括滨海新区政府、相关政府职能部门、各功能区管委会；此外还包括基础电信运营商、参与智慧滨海建设的IT企业和滨海新区市民。在市民参与方面，一是采用众包鼓励市民参与，例如在中新生态城建立了基于地理信息地图之上的众包应用；自主研发了“生态城通用巡检系统”，市政、能源、环保、通信和物业，以及居民通过事先安装好的app上传城市中发现的问题。二是通过游戏化方式，打造虚拟的生态城社区地图，实现有真实身份的市民在虚拟世界中进行活动，并结合O2O(Online To Offline)，实现虚拟世界商家与真实线下商家的信息同步，通过享受打折服务，激发市民的参与度。

治理　滨海新区智慧城市建设，组织架构包括智慧城市建设领导小组、智慧城市建设领导小组办公室和各个具体业务部门。领导小组是智慧城市建设的决策和综合协调机构，领导小组办公室负责具体落实，信息化职能部门负责智慧城市信息基础设施统筹建设，各业务部门承担具体建设任务，专家咨询委员会负责提供业务指导。

融资　智慧城市发展的资金来源包括政府投资和企业投资。政府投资包括滨海新区政府直接投资和争取国家、天津市资金支持。企业投资包括政府采用BT模式吸引企业投资和企业自行投资。

价值评估　在经济发展方面，滨海新区近三年年均经济增长速度超过20%，三年累计利用外资255亿美元，内资1416亿元。滨海新区近两年累计节约能耗153万吨标煤，万元生产总值能耗下降4.1%。

商业模式　滨海新区采用多样的建设运营模式，目前政府采用购买社会化服务、租用设施及云服务的模式来推进基础设施布局建设。

基础设施 截至2012年年底,滨海新区铺设光纤累计66.34万芯公里,宽带有线网络渗透率40%;WLAN或Wi-Fi无线覆盖全部核心城区,宽带无线网络全覆盖核心城区100%。中国移动开始在天津提供4G服务。滨海新区政务云中心(一期)建设已完成,提供便捷的云管理平台、万兆高速交换网络、整体安全保障及联通、电信双100M互联网带宽接入。

典型应用 滨海新区建设了电子政务云中心与云计算服务平台、GIS平台承载基础地图数据、安全生产应急管理系统、公安应急指挥调度系统。此外,在中新生态城建设了公用事业运行维护中心,实现了数据共享、业务共享、知识共享、信息共享。在临港工业区建设有安全环保应急平台,封闭式园区管理,雨水排放口在线监控。

3. 上海市浦东新区

特征	成熟度					无法评估
	没有涉及	基本	一般	较先进	最成熟	
智慧城市战略				√		
利益相关方				√		
治理				√		
融资				√		

（续表）

特征	成熟度					无法评估
	没有涉及	基本	一般	较先进	最成熟	
价值评估				√		
商业模式				√		
信息通信基础设施				√		
智慧城市应用			√			

智慧城市战略　发布智慧城市建设规划《智慧浦东建设纲要（iPudong 2015）——浦东新区国民经济和社会信息化“十二五”规划》，重点任务可归纳为：“3935 战役”，即建设适度超前的基础设施体系（三大计划）、提升高效惠民的应用示范体系（九大工程）、形成健康坚实的智慧产业体系（三大任务）、发展环境与保障体系（五大措施）。

利益相关方　政府主导型的项目主要由政府（包括区政府及各相关委办局）、研究机构及专家团队、土地开发商、市民等参与决策，同时参考部分运营商、集成商的意见。在市民参与方面，一是浦东开展了“我为智慧城市献一计”等活动，鼓励市民为智慧城市建设提出意见和想法，贡献智慧；二是采取了智慧城市体验馆、体验中心等形式，让市民切身感受到智慧城市带来的便捷；三是将市民的主观感知纳入评价体系，以此评判智慧城市建设的成效和不足。

治理　浦东新区形成了智慧浦东建设组织领导架构。以浦东新区智慧城市建设领导小组、浦东新区推进电子政府建设联席会议为基础，设立智慧浦东推进工作组，充分发挥在智慧浦东建设推进过程中的领导、决策和协调职能。同时根据智慧浦东具体推进实施情况以及各行业各领域的基础条件,形成区级层面及各委办局、街镇、开发区推进建设智慧浦东的行动计划,并将相关工作纳入部门年度目标考核体系。

融资 目前,浦东新区智慧城市建设的项目主要可区分为政府主导型项目和市场(企业主导型)项目,其中,政府主导型的项目资金主要来源于财政预算,社会化投资主要来源于企业自有资金、银行贷款等。同时浦东新区也在积极推进PPP建设运营模式。根据2011—2013年智慧浦东三年行动计划,浦东新区在这三年中智慧城市建设的项目资金约300亿元,其中,政府投入为10亿元,社会化投入为290亿元。

价值评估 浦东新区智慧城市建设对产业发展有着较大的促进作用。在城市管理方面,智慧城市建设通过构建更为高效有序的城市管理模式,依托物联网、云计算等应用理念和世博会城市最佳实践理念及技术成果,在城市安全、交通管理、环境保护等方面实现从"平面管理"向"立体管理"的转变。先后发布了"智慧城市指标体系1.0"和"智慧城市评价指标体系2.0"。

商业模式 目前,浦东新区智慧城市建设的投入模式可归纳为政府引导,社会为主。例如,在基础设施方面,主要以电信等运营商投入为主;在部分热点区域,如主要的公共区域政府采取购买服务的形式补贴部分运营商的建设和运营投入。此外,还有完全依靠市场化投入的机制,对具有较强市场化特性以及可预见性收益的项目,鼓励企业通过自身经营和服务,形成可持续发展的模式。

基础设施 截至2012年年底,城市光网已覆盖154.5万户城区家庭;无线城市基本建成覆盖全区的3G网络,基站总数6113个,Wi-Fi场所2469个,并推动在68个公共区域向公众开放免费

Wi-Fi 热点服务。"陆家嘴无线金融城应用平台"正式上线运行；三网融合，有线电视数字化改造 79 万户，IPTV31.4 万户。

典型应用　在绿色低碳方面，利用工业物联网网关开展建筑能源审计及分项计量监测。在公交、医疗等行业进行智慧系统建设。电子政务框架体系基本构建，行政审批综合信息系统实现了 123 项社会类行政审批事项的网上审批，承诺审批时限从法定 22 个工作日提前到平均 8.4 个工作日；人口、法人、地理信息三大基础数据库基本建成，并实现各委办局、街镇的协同共享。

4. 江苏省扬州市

特征	成熟度					无法评估
	没有涉及	基本	一般	较先进	最成熟	
智慧城市战略				√		
利益相关方			√			
治理				√		
融资			√			
价值评估				√		
商业模式			√			
信息通信基础设施				√		
智慧城市应用			√			

智慧城市战略　扬州制定了《智慧城市建设行动计划》，提出实施七大专项行动计划、28 个重点项目。

利益相关方 由市长任组长,相关政府部门、通信和广电运营商等组成的信息化领导小组主导扬州智慧城市的建设管理决策,并建立了由知名企业、科研院所及国内外产业界、学术界的权威专家学者组成的专家咨询论证机制;市民可通过"中国扬州"门户网站、"市长信箱"、"12345 热线"等多种形式进行智慧城市发展互动。

治理 扬州建立了"智慧扬州"组织体系,由多部门组成的信息化领导小组负责牵头推进"智慧扬州"建设,聘请国内外产业界、学术界和科研机构的权威专家学者组建"智慧扬州"专家咨询委员会。

融资 政府每年预计安排 6000 万元信息化专项资金,用于政府公共性、公益性信息化项目建设和绩效考评。扬州正着手拓宽投融资渠道,逐步构建起政府投资为引导,企业投资为主体,金融机构积极支撑,民间资本广泛参与的"智慧扬州"投融资模式。

价值评估 扬州智慧城市建设在推动节能减排,提升资源综合利用水平方面已产生实际效果,例如,2012 年单位产值能耗比 2011 年下降 5.09%。目前还未建立衡量投资社会回报的体系框架。制定了《"智慧扬州"评价指标体系 V1.1》,提出了衡量基础设施、公共管理、经济发展、人文科学、市民幸福感知五大领域共 66 项的关键指标。

商业模式 市政府与通信运营商、专业 IT 服务提供商签订战略合作协议,采取 BOT/BT 等市场化运作手段,推动各方在基础设施及公共服务应用等领域上的广泛合作。

基础设施 扬州市互联网出口带宽 360G,光纤宽带城市 8M、农村 4M 全覆盖,3G 网络城市覆盖率达 100%,4G 网络 2013 年年底前完成 71 个站点建设,并已在部分公交车上开通体验。市政府云计算中心于2012年投入运行，完成了59家市直单位机房和信息系统整合。未来几年，扬州将加快推进基础设施整合和数据资源整合。

典型应用 扬州已在政府云计算中心、社会综合治税共享平台、数字化城市管理试点、城市公共交通智能化等方面形成特色应用，另外，在教育、环境、食品安全、健康等诸多领域已开展智慧城市应用。

5. 江苏省南通市

特征	成熟度					无法评估
	没有涉及	基本	一般	较先进	最成熟	
智慧城市战略				√		
利益相关方			√			
治理				√		
融资			√			
价值评估			√			
商业模式						√
信息通信基础设施				√		
智慧城市应用			√			

智慧城市战略 南通市制定了《智慧城市建设实施方案》、《南通市信息化“十二五”发展规划》、《南通市信息基础设施建设三年

行动计划(2013—2015)》等一系列文件。南通将建设以绿色、低碳、和谐、可持续发展为主要特征的生态型城市。

利益相关方 政府、监管机构、土地开发商、ICT业务提供者、系统集成商、资源供应商、运输运营商、市民等均是南通市智慧城市建设的利益相关方。通过举办信息化应用项目设计大赛,由市民参与投票的方式,加大市民的参与度。

治理 成立市长主管、各政府部门参与的"南通市智慧城市建设领导小组",负责智慧南通的统筹规划。

融资 南通智慧城市发展资金主要来源于三个方面:政府财政投资、城市运营商投入(国家开发银行贷款)以及BT等其他社会资本投入。政府财政投资主要起引导作用,重点保障城市管理和公众服务方面的智慧城市试点重点建设项目。

价值评估 智慧城市建设对经济发展、科教文化、资源环境、公共服务、城镇就业等方面均会产生积极影响。

基础设施 南通市互联网城域网出口带宽620G,城市部分小区宽带接入能力达到100M比特,并开展4G网络建设。预计在未来五年内,电信运营商将投资100亿元用于宽带网络建设,实现南通市光纤网络及4G无线网络的全覆盖。南通市人口、法人、地理空间和宏观经济等基础数据库已基本建成。南通市政府在未来五年内预计投入3亿元用于传感器建设。

典型应用 南通发挥教育资源丰富的优势,积极开展智慧教育应用,进行教育信息化基础设施、内容平台、应用展现和智慧教育评价标准体系的建设。南通市智慧交通发展迅速,开发应用了交通门户网站、办公自动化系统、交通行政权力网上公开透明运行系统等一批信息化系统。另外,南通在环境、健康、物流、公共管理等方面也已开展智慧城市应用。

6. 江苏省淮安市

特征	成熟度					无法评估
	没有涉及	基本	一般	较先进	最成熟	
智慧城市战略		√				
利益相关方			√			
治理				√		
融资			√			
价值评估						√
商业模式						√
信息通信基础设施				√		
智慧城市应用			√			

智慧城市战略　淮安市在环境、能源、交通、垃圾管理等方面提出了发展愿景。

利益相关方　主要是政府、ICT 业务提供者参与决策。市民通过开放的信息平台提出建议。

治理　“智慧淮安”建设工作领导小组负责智慧城市的建设推进协调工作。

融资　智慧城市的公共基础类项目由市政府财政资金投资建设,各专业应用系统根据不同运营模式,由政府、企业不同比例投资。

基础设施 淮安市正在开展4G网络建设,计划在2013年完成400个4G站点建设。另外,政府云计算中心、无线政务专网、空间地理基础信息系统等也正在规划建设。

典型应用 在食品安全、健康、公共管理等方面开展应用,应用种类较少。

7. 浙江省宁波市

特征	成熟度					无法评估
	没有涉及	基本	一般	较先进	最成熟	
智慧城市战略			√			
利益相关方			√			
治理				√		
融资			√			
价值评估				√		
商业模式			√			
信息通信基础设施				√		
智慧城市应用			√			

智慧城市战略 宁波市出台了《宁波市新一代信息技术产业"十二五"发展规划》。

利益相关方 宁波市成立了专门的组织领导机制和决策咨询机制,形成"有人决策、有人协调、有人落实、有人督查"的工作机制。市民在设计、开发和提升智慧城市服务方面，承担起了参与并提供修改完善意见的角色。

治理　宁波市成立了智慧城市建设工作领导小组和5个相关试点工作推进协调小组。宁波市在智慧城市发展方面，与国内外顶尖高校、科研院所保持紧密的合作关系，并成立了智慧企业研究所、智慧系统发展研究所、国际智慧城市研究中心等三个研究所。

融资　宁波市目前的智慧城市发展资金主要来源于政府、企业和社会多方筹款，其中政府拨款发挥着引导杠杆的作用。

价值评估　宁波市利用“中国智慧城市发展评价指标体系”来衡量智慧城市发展情况。宁波辖区的各县（市）区利用“宁波智慧城市发展评价指标体系”来衡量智慧城市发展情况。

商业模式　宁波市政府通过租用电信运营商线路，实施了“市民免费上网项目”，通过政府付费的方式，向市民提供每月1个G流量的适度免费服务，激发应用需求，引导电信运营商投资建设。

基础设施　宁波市互联网宽带接入用户已达238余万户，光网覆盖家庭户数累计270余万户，并成立了TD-LTE领导小组推动4G基础设施建设。此外，宁波市的ICT基础设施已经在人口基础数据库、法人单位基础数据库和自然资源、空间地理基础数据库三个方面实现了数据共享和跨部门应用。

典型应用　宁波市积极推动智慧健康、智慧物流、智慧城管、智慧社保、智慧安全、智慧交通等多方面的智慧城市应用，并利用ICT基础设施，实现业务联动协同。**智慧健康**是民生领域先行建设的智慧城市项目。**智慧交通**利用大数据技术对城市交通数据进行挖掘分析,提高城市建设规划科学水平,改善城市交通管理,降低交通污染排放。

8. 浙江省嘉兴市

特征	成熟度					无法评估
	没有涉及	基本	一般	较先进	最成熟	
智慧城市战略				√		
利益相关方			√			
治理				√		
融资			√			
价值评估			√			
商业模式						√
信息通信基础设施				√		
智慧城市应用			√			

智慧城市战略 嘉兴市制定了《“智慧城市”发展规划(2011—2015年)》,智慧城市的发展目标是:力争到2015年,基本建成宽带、泛在、融合、安全的信息化基础设施,实现行政、商企、民生各领域比较广泛的智慧应用,打造一批重点示范工程和一定规模的智慧产业基地,形成智慧城市发展的基本框架。

利益相关方 嘉兴市政府、ICT业务提供者和市民均是智慧城市建设的利益相关方。市民承担着需求征集、项目建设参与、互动体验的角色，并且是最大受益者。通过城市媒体、公益广告、有关会议（智博会）等途径宣传。通过社区、协会向市民提供智慧城市的新业务应用培训指导。

治理 嘉兴市成立了智慧城市建设工作领导小组及其办公室，并整合了浙江中科院应用技术研究院、浙江清华长三角研究院、中国电子科技集团公司第36研究所、嘉兴学院等有关高校和企事业单位的科研力量，组建嘉兴智慧城市研究院及第一批下属研究所。

融资 资金来源一方面为政府投资、另一方面为商业投入。

价值评估 智慧嘉兴建设，就业机会增长10%，地区产值增长约8%，适度缓解交通拥堵问题，并实现年减排CO_2约44万吨。此外，通过网络预约、电话预约、远程医疗等方式可有效方便挂号预约，创新建立就医问诊新模式。

基础设施 嘉兴市互联网用户达到117.39万户，互联网出口带宽超过550G，城区基本实现了百兆光纤全覆盖；移动宽带互联网完成全市域3G网络的100%覆盖，并平滑向4G网络过渡。已开始实施“市区公共场所Wi-Fi覆盖”民生工程；逐步进行公共云计算数据中心建设，集成创建面向各行业的云计算基础设施和服务平台，建设“无线城市”应用数据中心和应用平台。

典型应用 嘉兴市提出要建立城市生产生活全方面的智慧应用体系，包括智慧政务、智慧民生、智慧交通、智慧电网、智慧健康、智慧城管、智慧文教、智慧环保、智慧物流、智慧旅游等十个领域。**智慧电网**，浙江省第一个太阳能光伏民用发电示范基地已落户嘉兴。**智慧交通**，覆盖全市的出租车电召系统，省、市、县交通主管部门的三级联网的交通门户网站“嘉兴通信息网”都已建成。

9. 福建省漳州市

特征	成熟度					无法评估
	没有涉及	基本	一般	较先进	最成熟	
智慧城市战略			√			
利益相关方			√			
治理				√		
融资			√			
价值评估			√			
商业模式				√		
信息通信基础设施				√		
智慧城市应用			√			

智慧城市战略 漳州市积极落实福建省政府《福建省加快物联网发展行动方案(2010—2012 年)》、《福建省加快物联网发展行动方案(2013—2015 年)》等国家、省级政策,从"推进行业示范应用"、"促进产业聚集发展"、"加快核心技术研发"、"构建支撑体系"等各方面,大力推进漳州市智慧城市建设。

利益相关方 漳州市智慧城市建设主要由政府主导推进,运营商及技术支撑企业共同参与,广泛征集智慧城市业务的需求企业及民众意见。

治理 漳州市成立了智慧城市建设领导小组及专家组,并成立了智慧漳州建设专家组，负责对漳州推进智慧城市建设进行技术支撑。

融资　政府投资运营的项目，由具体承担运营部门提出方案；企业投资项目，由企业根据项目建设进度自行筹集资金；政府融资项目，采用 BOT 等模式，进行政府融资建设，然后对获得便利的使用方进行收费，通过这些费用来运营项目，并由专家组及物价部门进行后期监督。

价值评估　漳州市对智慧城市建设进行了初步的评估，涵盖社会效益、经济效益两大部分。

商业模式　除由政府投资运营的项目外，积极探索多种商业模式。对于带有公益性质的项目，根据政府实际使用情况，采用政府购买服务的模式，给予一定的扶持。对于项目运营过程中，使用方要较频繁使用电信增值业务的项目，由具体建设单位与运营商合作，双方共同投资或由运营商直接投资建设。通过收取后期项目运营期间的电信增值业务费用来进行收益和维护。

基础设施　漳州市互联网宽带接入率达到 90%以上，无线宽带网络覆盖率达到 90%以上。漳州正在加紧扩大 3G 移动基站覆盖范围，加紧完善城市光网，提高宽带网络的覆盖率及带宽，将宽带网络向农村等边远地区延伸，并积极推进 4G 移动通信网络建设。此外，漳州市在基础设施共享方面取得较大进展，形成较为完善的信息资源共享机制。

典型应用　漳州市的智慧城市应用仍以数字城市为基础，逐步整合资源，实现信息共享和业务联动。在**电子政务**方面，打造政府跨部门的“政务服务平台”。在**数字城市管理**方面，建立城市管理各环节全面感知、智能分析、信息共享、协同作业的统一平台。

在城市安全视频监控方面,建设覆盖漳州市区的监控平台。最后,建设便民服务信息平台,为漳州居民提供一站式的家庭日常费用的支付与查询服务。

10. 山东省烟台市

特征	成熟度					无法评估
	没有涉及	基本	一般	较先进	最成熟	
智慧城市战略			√			
利益相关方			√			
治理				√		
融资			√			
价值评估			√			
商业模式						√
信息通信基础设施				√		
智慧城市应用			√			

智慧城市战略 烟台市已发布了《烟台市人民政府关于实施信息化强市战略的意见》和《烟台市人民政府关于加快发展战略性新兴产业的意见》,通过实施信息化强市战略,推进智慧烟台建设,使得城市环境更加宜居、能源更加高效、交通更加畅通、城市运营更加智能、百姓生活更加幸福,但尚未出台智慧城市专项战略规划,因此,智慧城市战略成熟度属于一般。

利益相关方 烟台建设智慧城市的主要利益相关方包括各级政府职能部门、企业以及市民。其中，市民主要承担提出建议、做好监督的角色，通过建言献策参与到智慧城市服务建设，但建言献策的具体途径和渠道并不明确，无市民反馈和参与业务设计的渠道。

治理 烟台市全市各部门、各领域都统一在市信息化领导小组的领导下进行智慧城市建设协作，形成了协同治理的智慧烟台建设体系。

融资 智慧烟台的资金落实在1—2年完成，由烟台市政府设立智慧城市建设引导资金，消除企业和社会资金投入方面的忧虑，起到抛砖引玉的作用，进而实施积极的产业政策引导更多社会资金参与进来。

价值评估 烟台对水质资源、空气环境以及城市噪声等领域进行了初步的价值评估，但尚未出台智慧城市评估指标体系。

基础设施 烟台市高速互联网出口达340G，已经辐射到所有行政村；宽带互联网用户达119.87万户，固定电话用户174.25万余户，移动电话用户833.48万户，有线电视用户达到90余万户。4G基站已建设1900余个。

典型应用 烟台市开展了大量的智慧应用业务，包括智慧教育、数字环保、食品安全溯源、智能物流、数字城管、智慧交通等。其中，智慧交通系统是其最佳实践，通过建立视频监控系统、电子警察系统、治安卡口系统、交通信号控制系统、交通流量采集系统、交通诱导系统和移动警务系统七大系统，为烟台智能道路交通管理和服务提供保障。例如，烟台实现了交通信号公交优先，当公交车行至路口时，交通信号控制系统会感应到公交车辆，从而延长绿灯时间，让公交车顺利通过。

11. 广东省广州市南沙区

特征	成熟度					无法评估
	没有涉及	基本	一般	较先进	最成熟	
智慧城市战略				√		
利益相关方				√		
治理				√		
融资			√			
价值评估			√			
商业模式						√
信息通信基础设施				√		
智慧城市应用			√			

智慧城市战略 2013 年广州市南沙区统筹编制了《南沙区智慧城市顶层设计方案》,用于指导智慧南沙建设。提出从"感-传-知-用"(感知层、传输层、知识层、应用层)四个层次构建智慧南沙顶层设计的总体框架,并基于这四个层次展开各项任务的设计规划,覆盖城市管理、民生和产业三大领域的十五项智慧应用。

利益相关方 智慧南沙主要利益方包括政府、科研机构、信息化咨询设计单位、运营商、系统集成商、市民等。在市民互动和参与方面,智慧南沙创新地提出了数据运营的概念,由政府构建一个具有数据商店(Data Store)功能的数据运营平台,市民可以上传、下载和使用各种数据,并且可方便地按照定价购买可公开的政务信息数据（如水文、环境、公共设施等），数据提供方根据数据被使用情况获得一定的收入。

治理 建立以区长为组长的智慧南沙领导小组，负责智慧城市管理工作的组织领导和统筹协调，审定智慧城市管理建设的顶层规划、设计、实施方案和总预算，确定协调重要城市管理资源和城市智慧基础设施建设，督促重大工作事项的落实，确定需要向区政府汇报的重大议题，确定智慧城市管理责权划分，协调各部门、镇街之间的关系，促进智慧城市管理工作高效有序地建设应用。

融资 南沙区智慧城市建设资金投入中，计划由政府投资约90%，企业自筹约10%，实际操作中应会引入更多的社会投资。

价值评估 对智慧南沙进行了初步的评估，涵盖环境效益、社会效益、经济效益三大部分，但没有相关量化指标，也没有出台特定的评估指标体系。

基础设施 南沙区互联网城域出口为30GB/s，互联网接入率超过73%，无线局域网（WLAN）接入点超过600个，信号覆盖率超过98%。4G网络已经实现南沙核心区的全覆盖。两类视频摄像头实现全区监控无覆盖死角，一类是各镇街派出所安装的摄像头，1200—1300个。另一类是由部分政府部门（如水务局、三防办）建设的政府摄像头。

典型应用 南沙区已启动了智慧家庭服务、智慧社区服务、智慧园区等重点项目，同时，智慧环境监测、智能医疗、智慧教育等项目已规划，尚未部署，因此典型应用成熟度属于基本。值得一提的是，南沙区实施部署的“智慧公共照明管理”荣获2012巴塞罗那智慧城市国际博览会创新类决赛奖，并获得国内奖项6项（如广东省高新科技产品认证、工信部智慧城市创新应用奖、第十四届中国国际高新技术成果交易会优秀产品奖等),是智慧南沙的最佳实践。

12. 广东省深圳市前海深港合作区

特征	成熟度					无法评估
	没有涉及	基本	一般	较先进	最成熟	
智慧城市战略				√		
利益相关方				√		
治理				√		
融资			√			
价值评估				√		
商业模式				√		
信息通信基础设施		√				
智慧城市应用		√				

智慧城市战略 深圳市前海深港合作区编制了《智慧前海规划纲要》、《智慧前海总体规划》、《智慧前海总体设计》、《智慧前海近期行动方案》、《智慧前海标准评价体系》以及基础设施、智慧政务、智慧城市管理、智慧交通、智慧金融、智慧水城、智慧物流、智慧安全、智慧产业、智慧社区、智慧建筑、智慧医疗和智慧教育等一系列专项规划,并在建设目标中明确提出了量化指标,全方位指导智慧城市建设。

利益相关方 前海管理局在智慧城市建设方面起统筹协调、规划引领、规范标准和市场监管作用,吸引集聚运营商、制造商、供应商和民间资本、港澳台资、外资等社会资本参与。在市民参与智慧城市业务设计方面，前海通过开放的套件式组件和应用聚合开发平台向第三方和市民开放提供应用程序开发平台，同时制定积分计划鼓励市民参与分享数据，积分越高参与分享和获取更广泛数据的权限越高。由于智慧前海设计了市民参与智慧城市的业务渠道，因此利益相关方评价较为先进。

治理　前海设立智慧前海工作小组，成立智慧前海办公室负责日常工作，下设计划规划组、投资建设组、运营维护组和推广应用组四个团队。在国家层面建立前海部际联席会议，在前海咨询委员会设立由相关专家组成的智慧前海专家小组，从而保证综合协调和统筹推进。

融资　前海资金来源有三大渠道：政府财政扶持资金配套，设立相关专项资金；通过资本金注入、贷款贴息、融资担保、服务外包补贴等形式，以政府配套资金，吸引集聚民资、港资和外资等社会资本参与；土地出售和政府债券，在香港地区开展跨境贷款、跨境融资等资金筹集方式。

价值评估　前海建立了智慧前海评价指标，建立了长效评价机制，将全面掌握智慧前海不同发展阶段的特点和影响因素，包括基础设施、信息化应用和服务以及建设管理几方面，前海将通过评价指标体系对城市管理、行政服务、产业发展、降低排放等方面建设成果进行量化计算、科学评测。

商业模式　基础设施领域，通过合资公司的模式分担风险，筹备成立前海信息通信发展有限公司，由前海管理局联合三大运营商和广电组成智慧前海基础设施的建设主体；对于技术更新淘汰频繁的相关设施，采用“企业参与建设、政府购买服务”局部外包模式、PPP、设备租赁服务等以租代建的外包模式;在无线城市、电子商务、智慧物流、智慧金融、智慧商务等可营利性智慧城市服务,采用市场主导的投资模式。

ICT 基础设施 前海正处于市政设施加速建设阶段,信息基础设施建设刚刚起步。根据规划,到2015年,前海公众宽带接入能力达到1Gbps,商务楼宇和现代服务区接入能力达到100Gbps,公共区域摄像头、传感器、数据存储计算设备共建共享率100%。但至2013年年底,智慧前海尚未开始大规模ICT基础设施建设,因此尚处于基本状态。

典型应用 智慧前海尚处于规划阶段,目前仅实施了少量智慧化应用,如E站通等。根据规划,智慧前海建成后,将实现具有清凉喷雾、三维互动等水文化应用的智慧水城;具有体感交互的智慧教育;具有楼宇能耗集中监控、统一冷源布设、太阳能材料应用的智慧建筑;具有个人健康计划管理系统、疾病预防信息系统、疫情发布监控系统的智慧医疗等11个专项智慧应用;但因为前海尚未建成完整的智慧城市应用体系,因此典型应用成熟度属于基本。

13. 广东省珠海市横琴新区

特征	成熟度					无法评估
	没有涉及	基本	一般	较先进	最成熟	
智慧城市战略				√		
利益相关方			√			

（续表）

特征	成熟度					无法评估
	没有涉及	基本	一般	较先进	最成熟	
治理				√		
融资				√		
价值评估			√			
商业模式				√		
信息通信基础设施			√			
智慧城市应用		√				

智慧城市战略　横琴新区发布了《数字横琴专项规划》、《珠海市智慧城市建设总体规划》等，相关文件详细规划了横琴通信基础网络、地理信息系统、基础数据库、信息安全体系及基础设施共建共享等 ICT 规划，确保城市计划中包含智慧城市主要技术趋势，明确了各项量化衡量指标。

利益相关方　横琴建设过程中，按照不同的建设阶段，形成了相应的利益相关方。初期阶段，智慧城市由政府主导，最终决策权均归属中央及地方政府、监管机构；后期阶段，将逐步向市场化转移，政府及监管机构将主要发挥引导作用，应用由市场需求主导，参与决策的利益相关方进一步扩展，包括专业服务运营商、ICT 业务提供者、市民等。市民主要承担需求和体验的角色，尚无反馈和参与业务设计的渠道，因此成熟度属于一般。

治理　智慧城市建设采用发展领导小组和专家委员会模式。通过领导小组形成各部门协同推进的机制，领导小组下设办公室，负责日常协调、重大项目审核和重大工程监督管理工作。

融资 资金来源包括国家、省和市的资金支持等渠道筹集,横琴公共财政预算、基金预算也可以通过 BT、社会(私人)投资等融资模式筹集。预计政府投资占 40%,融资占 30%,企业合作增值服务占 30%。目前阶段以珠海、横琴地方政府投资资金、运营商投资资金、土地开发商投资资金等为主。

价值评估 横琴在建设目标中提出了人口、GDP、经济、环境、社会等方面的指标,并对横琴交通、物流、环保、垃圾处理、水务等领域减少污染物和碳排放进行了初步评估,但当前尚未建立智慧城市评估指标体系,因此价值评估成熟度一般。

商业模式 横琴智慧城市建设,根据具体项目不同,探索多种商业模式。如在无线基站建设方面,实行风险分担计划,由运营商投资建设基站设施,参与分享未来收益;在信息系统建设中,引入 BT/BOT、PPP 等商业模式,引入私有资金投入,企业负责建设、运营和维护信息系统,并拥有投资部分所形成的资产所有权,企业通过广告、增值服务等营收。

ICT 基础设施 目前 ICT 基础设施建设有全国最长的地下共同管沟,比传统 ICT 管线布设节省 30 亿—40 亿元。统筹规划布局无线基站,首期已共建共享 20 个无线基站。视频监控、智能传感器等基础设施会按照横琴将要制定的产品目录进行分建共享,并将感知信息开放给城市公共支撑平台,实现信息的共享和统一管理。

典型应用 智慧横琴岛属于新区建设,智慧应用建设刚刚起步,主要包括:海岸线监控巡查的电子围网、满足海关退税、保税、减免税等功能的电子联网、3C 绿色智能变电站、网上办事大厅、地理空间框架等。由于横琴智慧城市建设刚开展,尚未形成大范围的智慧城市规模应用,因此典型应用成熟度属于基本。

14. 四川省成都市

特征	成熟度					无法评估
	没有涉及	基本	一般	较先进	最成熟	
智慧城市战略			√			
利益相关方				√		
治理				√		
融资			√			
价值评估			√			
商业模式				√		
信息通信基础设施				√		
智慧城市应用			√			

智慧城市战略　成都出台了一系列ICT规划，包括《成都市国民经济和社会信息化“十二五”规划》、《成都市物联网产业发展规划（2010—2012）》、《成都市云计算应用与产业发展“十二五”规划纲要》、《成都市物联网示范应用工作方案》、《成都市云计算商业化服务项目指南》、《成都市中国软件名城“十二五”规划》、《成都通信枢纽建设规划纲要》，但缺少面向智慧城市整体的规划或愿景，因此，战略部分的成熟度一般。

利益相关方　成都智慧城市建设由政府规划主导，以重大应用示范作为牵引，企业主体建设与市场化运营相结合。在市民参与方面，建立了丰富的反馈渠道，包括市长公开电话、市长信箱、基层公开综合服务平台等。同时，成都市也在利用Web2.0新媒体渠道，如政府微博，开展双向互动的服务项目。

治理 成都智慧城市建设在市信息化领导小组的领导下，由市信息化行政主管部门负责统筹协调，各部门分工实施，加强协调配合，形成合力，共同推进智慧城市发展，形成“一个领导小组，相关部门各司其职，社会和企业积极参与”的协同建设治理体系。同时，智慧城市建设与四川大学、电子科技大学在软件人才培养方面开展产学研合作，与复旦大学光纤研究中心围绕光纤广域动态监控技术应用进行合作。

融资 政府投资和财政补助重点对基础性、公共性、示范性、创新型、民生类项目进行支持，同时通过资本金注入、贷款贴息、服务外包补贴、融资担保等形式，吸引集聚民资、外资等社会资本参与智慧城市建设。信息基础设施工程以电信运营商投入为主，公共服务平台以政府投资为主。成都市从2013年开始在政府目标考核中加入对智慧城市财政资金使用情况的绩效考评，建立了智慧城市建设使用资金的监督机制。

价值评估 成都提出加强政府投资信息化项目绩效考核，正在建立项目应用绩效评价机制，加强对项目建设、运行的监督检查，提高项目建设质量和财政资金的使用效益，但尚未建立评估指标体系对智慧成都进行整体评估。

商业模式 对不同领域，成都采用不同的商业模式。信息基础设施由电信运营商投资建设，由运营商承担风险和获得收益；对公共服务平台等纯公益服务类项目，采用政府完全投资与运营模式，由政府直接投资并且负责运维，向公众只收取少量或者不收取服务费；涉及民生服务的基础类项目，政府采用BOT或BLT建设运营模式。此外，成都计划探索依托智能交通动态收取汽车交通拥堵费，并用交通拥堵收费发展公共交通系统。

ICT 基础设施　实施全市信息基础设施的统规、统建和统维，各项目充分利用已有的机房、网络、存储和计算资源等信息基础设施。成都市互联网机房面积超过 3 万平方米，可承载的机架数超过 1 万个，较大规模的 IDC 机房十余个；电信西部信息中心四川云资源池已建成 3500 台云主机、250T 存储、100G 出口宽带的对外服务能力，是中国西部最大的云资源池；城市公共场所视频监控设备约 3.6 万个。2013—2014 年，成都市采用华为公司云平台，构建了中国西南地区第一个工业云，服务成都市 21 个工业园区的 2000 多家企业，并采用创新 BLO 模式，节约成本 55% 。2013 年由于成都市已实现 4G 网络中心城区全覆盖，因此，信息通信基础设施较为先进。

典型应用　成都市在已实施的智慧应用方面，尚未全面铺开，主要在以下方面开展了试点应用：公共安全方面，建立了重大危险源安全监管系统、烟花爆竹动态监管系统等；智能交通方面，实施干线路网交通视频采集、交通视频监控、交通事件检测、交通诱导等智慧化应用；食品安全方面，建立肉类蔬菜溯源体系；环境方面，建设污染物排放数据网上直报和监控预警系统、山洪灾害预测预警系统；在能源利用领域，搭建智能化城市照明物联网管理系统，智能控制城市照明路灯。

15. 新疆维吾尔自治区库尔勒市

特征	成熟度					无法评估
	没有涉及	基本	一般	较先进	最成熟	
智慧城市战略				√		

(续表)

特征	成熟度					无法评估
	没有涉及	基本	一般	较先进	最成熟	
利益相关方			√			
治理				√		
融资			√			
价值评估		√				
商业模式				√		
信息通信基础设施			√			
智慧城市应用			√			

智慧城市战略 库尔勒市是西部地区率先开展智慧城市规划和建设的城市之一,在智慧城市战略方面走在西部城市前列。编制了《智慧库尔勒发展总体规划 2013—2015》以及《智慧库尔勒实施方案》,并与国家住建部签订了《库尔勒市国家智慧城市创建任务书》,这些政策文件可在一定程度上确保库尔勒智慧城市发展符合主要的技术发展趋势。

利益相关方 智慧库尔勒建设过程中形成了明确的利益相关方。其中,库尔勒市人民政府是智慧库尔勒城市建设的主导者,决策者和统领者。中国电信巴州分公司是智慧库尔勒城市建设的主要参与者和推动者。中国信息通信研究院、中国电信北京研究院等研究机构主要参与智慧库尔勒城市建设顶层设计、长远规划,咸享国际(杭州)物联网信息产业有限公司、浙江省公众信息产业有限公司、新疆公众信息产业股份有限公司等为智慧城市建设提供各种信息化、智能化建设项目具体方案设计,而库尔勒市民是智慧城市建设成果、机制创新的体验者,参与者和意见的反馈者,承担着智慧城市需求输入和建议、监督反馈以及利益分享的角色，但是市民参与的途径和方式相对有限，主要通过报纸、网站等传统媒介。

治理　库尔勒市已成立库尔勒市信息化暨“智慧库尔勒”建设领导小组，由市长任组长，副市长任副组长，市住建局、发改委、城乡规划局、科技局、卫生局、环保局、公安局、交通运输局等30多个部门主要领导任小组成员。领导小组下设办公室及专家委员会，以形成协同推进智慧城市建设的基本治理模式。

融资　在投融资方面库尔勒具有长效机制：一方面建立了智慧库尔勒专项资金，并积极争取国家、自治区以及援疆等相关扶持资金和项目资金的支持；另一方面，充分借助市场机制，调动、鼓励社会各方面积极参与智慧城市建设。

价值评估　由于智慧库尔勒建设刚刚开始启动，目前尚无价值评估。

商业模式　库尔勒市智慧城市建设，根据具体项目不同，采用了自建自营、企业建设政府租用、BOT、PPP等多样化的商业模式。比如，在智能交通建设方面，通过交通系统抓拍和记录的违章车辆罚款来解决全市智能交通系统部分资金投入。库尔勒市建立了跨部门的综合治税信息服务平台，市税务部门通过筛选比对，从中发现有价值的偷税漏税线索，从而实现税金补缴、滞纳金及罚款收益，并将该项资金用于政府信息系统的后续发展。

ICT基础设施　库尔勒家庭有线宽带渗透率达到38%，企业客户宽带渗透率达到76%。无线宽带网络渗透率已达到34%，这与国内发达城市相比，尚有一定差距。在IDC机房方面，库尔勒市建有126平方米的基础地理信息中心机房（共容纳140台服务器和存储设备)以及126平方米的库尔勒市政府"电子政务云计算中心"机房;城区共有1000个摄像头用于治安监控。

典型应用 智慧库尔勒的典型应用包括:食品药品智能监督管理、智慧社区创新服务、基础地理信息公共服务、三维数字城市及数字沙盘、三维辅助规划决策、库尔勒数据中心等。

(二)欧洲试点城市评估

欧洲试点城市智慧城市建设成熟度评价,基于各试点城市提供的智慧城市评估框架材料。

1. 荷兰阿姆斯特丹

特征	成熟度					无法评估
	没有涉及	基本	一般	较先进	最成熟	
智慧城市战略				√		
利益相关方				√		
治理				√		
融资				√		
价值评估					√	
商业模式				√		
信息通信基础设施				√		
智慧城市应用					√	

(1) 可能进一步发展的主要优势

阿姆斯特丹智慧城市计划(ASC),旨在激励创新,重点关注生活、工作、交通、开放数据和医疗保健以及教育等公共设施方面的能源转变和开放连通性。该市的愿景是使阿姆斯特丹智慧城市发展处于国际领先地位。该市最近启动了"阿姆斯特丹城市计分板"计划,这是对该市重点领域主要绩效指标的可视化表示,包括交通、环境、统计、经济、社会、文化和安全。①对于每一个领域,以24小时时间段为基础,显示实际的状态,并且每10秒钟刷新一次数据。信息以图表、图形的形式或在城市地图上显示。

该市积极地与利益相关方接触,以确保他们的需求能够被纳入到解决方案设计中。部署了各种机制来了解市民的要求,包括游戏方式向居民展示已经实施的智慧解决方案等。②

由阿姆斯特丹经济局、阿姆斯特丹市、电网运营商Liander和荷兰皇家电信(KPN)共同发起的ASC,已经发展成为一个广泛的平台,拥有超过100个合作方。通过ASC为其在阿姆斯特丹大都市区的合作方提供启动和促进平台,来实现对该计划的管理。ASC将用户、居民、政府和企业的需要和愿望联系起来,并且激励所有参与方采取行动。这个结构在层级上是扁平的,并且定期举行项目和跨利益相关方会议。

ASC的创立会员每年都为该计划的总体管理提供总共40万欧元的预算。但是,每个智慧城市项目的资金是根据各个项目具体的情况提供的,其商业模式要确保在项目寿命周期中收回所有的

① 来源:http://citydashboard.waag.org/。

② 游戏既有在线部分,也有离线部分,以使尽可能多的人有机会思考他们城市的未来并做出贡献。

成本。

该市已经建立了一个系统来评测其智慧城市计划的经济、环境、社会和文化成果/影响。例如,很多智慧城市项目设定了降低二氧化碳排放的目标,该市将根据这些目标,对每个项目的实际二氧化碳减排情况进行跟踪。智慧城市计划的成果之一是创造就业,ASC对创造的就业数量进行评测,此外还开发出了一个方法,来估算对智慧城市平台投资的财政收益。

连通性是大部分智慧城市计划的一个重要方面。高速光纤宽带以及其他基本ICT基础设施所需的投资,总体上是由阿姆斯特丹市提供的;但也有一些ICT基础设施可能是由合作方在具体的智慧城市项目中提供的。

阿姆斯特丹市在生活、工作、交通、公共设施和开放数据5个主要功能领域方面开发了超过50个智慧城市服务。① 对于每一个智慧城市项目,都包括项目的具体位置(例如,新西区等阿姆斯特丹的具体区域),项目的主要特点(例如,能源显示、智能计量仪表、分析能源使用等)以及项目致力于要实现的主要目标(例如,能源效率、二氧化碳减排、行为改变等)。

(2) 可能进一步发展的领域

阿姆斯特丹在使城市更加智慧方面走在了前列,其智慧城市开发计划已经赢得了多个奖项。尽管在阿姆斯特丹没有明显处于劣势的领域,但是阿姆斯特丹应当努力进一步努力发展,致力于为市民和企业提供更好的服务并且更高效地利用其资源。

① 所有项目的详细情况可以在 http://amsterdamsmartcity.com/projects 获取。

2. 西班牙巴塞罗那

特征	成熟度					无法评估
	没有涉及	基本	一般	较先进	最成熟	
智慧城市战略					√	
利益相关方				√		
治理				√		
融资			√			
价值评估				√		
商业模式				√		
信息通信基础设施				√		
智慧城市应用					√	

(1) 可能进一步发展的主要优势

巴塞罗那市制订了清晰的智慧城市愿景和战略，并且在环境、能源、交通、垃圾处理、城乡一体化和生活质量方面设定了量化目标。巴塞罗那市还推出了“关键绩效指标”(KPIs)，该指数由市议会专门部门负责监控。此外，巴塞罗那市还与布宜诺斯艾利斯市合作开发“智慧城市指数”创新工程，该工程每年对外公布全球和各地区年度智慧城市排名，使该指数成为智慧城市绩效评估的最佳标准。

巴塞罗那市广泛吸引利益相关方参与智慧城市建设，包括市议会、当地和跨国公司、研究机构、欧盟理事会、世界银行、联合国等国际组织和市民。巴塞罗那市通过多种机制吸引市民参与智慧城市建设,如城市行动计划(PAM)[①]、智慧市民平台[②],此外还通过组织编程马拉松和应用发展竞赛,鼓励创新和新理念的产生。市民通过社会网络与巴塞罗那市官方网页可以了解和学习所有可能的服务。此外,一种名为Cibernàrium的工具还可为市民使用新服务提供技术培训。

2011年巴塞罗那市议会设立城市人居署,统筹包括城市规划、信息和通信技术、能源、环境、城市服务、基础设施在内的城市各个领域,以促进政府各部门和外部利益相关方进行更好的协调与沟通。城市人居署主任的主要职责目标是发现各种智慧城市工程的契合点,以确保智慧城市战略符合城市长期发展愿景。

巴塞罗那市同时通过金融和非金融途径来评估工程的价值,比如通过实施智慧城市项目来减少温室气体排放。2014年,巴塞罗那市将把智慧城市发展带来的经济、环境、社会和文化收益影响的全部数据链接起来。

巴塞罗那市议会投入巨资对现有的四个光纤网络和无线网络基础设施进行整合。为保证有充足的资金,巴塞罗那市议会制订了Telco伙伴战略,战略参与者负责提供网络维护和开发,作为回报,Telco参与者可使用多余的流量。除了宽带网络,巴塞罗那市还为智慧照明、智慧用水等智慧工程安装了传感器。信息通信技术

① 城市行动计划共收到市民的建议达7万多条。

② 智慧市民平台(http://www.smartcitizen.me)鼓励市民积极参与其中,并为市民提供与共同建设城市理念有关的数据和知识。

基础设施被许多智慧城市项目共享,比如统一的网络、城市平台①和智慧数据工程。

巴塞罗那市已经开始提供超过25项的智慧城市服务,表现突出的领域有:物流、智慧照明、能源和利用、智能建筑、水、垃圾处理、环境、运输、社区发展、公共服务、公开数据、卫生和教育。

巴塞罗那市认为与其他城市的合作对智慧城市理念和网络发展至关重要,并已通过该市礼宾工程与其他城市开展合作。

(2)可能进一步发展的领域

巴塞罗那市是世界上最先进的智慧城市之一。巴塞罗那市进一步发展可能获益的领域是工程资金保障领域。目前,该市没有制订与智慧城市项目相关的统一的商业规划,项目规划被分为几个独立的部分,每部分获得单独的预算。虽说截至目前还没有发生因资金不到位导致工程无法完工的现象,但这仍是一个存在潜在风险的领域。

3. 英国布里斯托

特征	成熟度					无法评估
	没有涉及	基本	一般	较先进	最成熟	
智慧城市战略				√		
利益相关方				√		

① 与思科系统公司合作开发的城市平台是领先的一体化平台,允许功能性科技应用的发展,以提高市民所享受服务的效率和质量。

(续表)

特征	成熟度					无法评估
	没有涉及	基本	一般	较先进	最成熟	
治理			√			
融资				√		
价值评估						√
商业模式						√
信息通信基础设施				√		
智慧城市应用				√		

(1) 可能进一步发展的主要优势

布里斯托市制定了智慧城市发展愿景,主要侧重于智慧能源、智慧交通和智慧数据三个领域。智慧城市战略是在市议会授权的独立研究成果基础上制订的,并受英国能源和气候变化部资助。① 布里斯托市还推出了“关键绩效指标”(KPIs),对环境、能源、交通、生活质量等广泛领域可持续议题进行监控。作为“未来城市展示”工作的一部分,该市正在开发衡量总体智慧城市计划进展的标准。此外,智慧测量等一些独立项目也有它们自己的标准。

布里斯托市有超过 100 人组成的利益相关群体共同参与智慧城市工作,他们分别来自市议会、布里斯托大学、西英格兰大学、企业、地方和中央政府、国际研究机构和国外城市。布里斯托市欢迎公共部门、私营企业、个人各方参与智慧城市建设,市民与公共部

① 该研究说明了智慧城市技术如何有利于达到减少碳排放的目标,制订了布里斯托市与世界其他城市比较的标准,并在进一步减少排放和获取经济利益方面提出了一整套客观的建议。

门、私营公司和社会组织共同设计智慧城市工程并对其进行测试。市民培训已成为个人智慧城市项目的一部分。

布里斯托市已开始在三个核心领域提供广泛智慧城市服务，每个领域内都有许多智慧城市应用项目，一些应用项目已实施多年，并已从市民的反馈中获益。此外，一些在德国、西班牙等欧盟国家实施的服务项目，也被引入布里斯托市，如3e房屋项目将最常用的信息通信技术运用到社会住房当中。

（2）可能进一步发展的领域

布里斯托市在开发该市智慧城市战略方面还有一些领域需要完善，并已着手采取改进措施。例如，布里斯托市已着手对智慧城市项目商业化的不同商业模式进行评估。

4. 丹麦哥本哈根

特征	成熟度					无法评估
	没有涉及	基本	一般	较先进	最成熟	
智慧城市战略				√		
利益相关方		√				
治理			√			
融资			√			
价值评估	√					
商业模式			√			
信息通信基础设施				√		

(续表)

特征	成熟度					无法评估
	没有涉及	基本	一般	较先进	最成熟	
智慧城市应用				√		

(1)可能进一步发展的主要优势

哥本哈根市参与了一系列旨在推动信息通信技术基础设施建设的倡议,包括连接哥本哈根、哥本哈根清洁技术集群、厄勒海峡智慧城市中心等。更先进的倡议包括地理信息系统(GIS)平台、公开数据分配平台,还有刚被市政府通过的智能交通管控(ITS)平台,该平台将在未来3年内全面实施,每年预算达6000万丹麦克朗。

(2)可能进一步发展的领域

从智慧城市评估框架提供的信息看,哥本哈根市在一些领域还有进一步发展的空间。例如,哥本哈根市没有建立用来评估该市是否达到智慧城市目标的"关键绩效指标"(KPIs),未吸引市民参与到智慧城市的设计和开发中去,也没有设立衡量智慧城市投资价值的标准。

5. 意大利佛罗伦萨

特征	成熟度					无法评估
	没有涉及	基本	一般	较先进	最成熟	
智慧城市战略				√		
利益相关方				√		

（续表）

特征	成熟度					无法评估
	没有涉及	基本	一般	较先进	最成熟	
治理				√		
融资			√			
价值评估						√
商业模式			√			
信息通信基础设施				√		
智慧城市应用				√		

（1）可能进一步发展的主要优势

佛罗伦萨市制订了智慧城市愿景和战略，并在环境、能源、交通、垃圾处理和生活质量方面制订了具体目标。该市积极制订了旨在推动创新的战略，其核心理念是促进机器和人、数字基础设施和应用之间的互动。佛罗伦萨市虽然没有系统地使用“关键绩效指标”（KPIs），但开发了一些可以跟踪项目和结果的工具，例如，战略监控系统可对计划实施全过程和达标程度进行实时评估。

佛罗伦萨市与包括公共组织、工业、大学和研究中心在内的利益相关方达成了合作协议。佛罗伦萨市使用多种方式与市民互动，吸引市民参与智慧城市决策，并对市民的建议和想法给予公开答复。此外，开发了智慧管理系统，使用各种技术手段促进利益相关方更加便捷、有效地沟通，以提高利益相关方的民主参与。

佛罗伦萨市有先进的数字基础设施，包括覆盖全市的每天允许该市居民和游客免费使用 2 小时的无线网络，还为各领域的利益相关方提供智慧城市服务。

（2）可能进一步发展的领域

由于佛罗伦萨市未提供有关价值评估方面的信息,价值评估可作为该市进一步发展的领域。

6. 德国法兰克福

特征	成熟度					无法评估
	没有涉及	基本	一般	较先进	最成熟	
智慧城市战略			√			
利益相关方			√			
治理						√
融资			√			
价值评估	√					
商业模式			√			
信息通信基础设施			√			
智慧城市应用			√			

（1）可能进一步发展的主要优势

法兰克福仍没有一个具体的智慧城市发展战略。该市是从“绿色城市”的角度推进其现代化战略的。法兰克福市的愿景是利用现代技术,实现在能源节省、市民生活方式、住宅和能源设施现代化方面取得进步。该市的目标是到2025年将该市的二氧化碳排放量降低40%以上,到2050年时将能源电力供应转变为采用可再生能源。

法兰克福与广泛的利益相关方接触，来支持该市的气候路线图。例如，该市已经建立起了 eClub（www.eclub-frankfurt.de），这是一个使市民可以更多了解其电力消耗的平台。这个平台提供了关于如何降低家庭耗电量的实用建议，并且提供财政激励，来鼓励市民使用更具能源效率的电气设备来更换老旧的设备。与利益相关方接触的其他计划包括“地方行动计划”，该计划通过宣传电动交通的效益，使民间团体掌握最新的信息来提高民众意识，从而使法兰克福成为电动交通的典范。[①]

法兰克福市通过各种融资机制和商业模式，为其智慧城市计划筹集资金。例如，来自法兰克福城市规划和发展局的几笔资金为新的住宅建筑、现代化和开发以及翻修工程提供低息贷款。所有计划都包括能源效率标准以及为被动式节能房屋提供的补贴。该市的能源供应商麦诺瓦有限公司，为被动式节能房屋、电力热电联产和具有成本效益的循环泵、温度记录服务提供补助。法兰克福市在节约电力方面，向家庭、中小型企业、专业人员协会以及教堂提供直接支持。与两年前相比，法兰克福至少节省了10%的电力，该市将为节省的每千瓦时电力支付0.1欧元。到目前为止，参与者平均获得了70欧元的奖励——平均节省电力24%。法兰克福市与科研机构合作，制定了一个将能源需求计入到“生态租金指数”的方案，这个指数可以激励房东进行能源设备翻修，使他们获得更高的收入，而且租户也可以从降低的供热成本中获益。

---

① 行动包括使用电动车辆的测试和出行活动、地方活动中的信息台以及在交通中心设置太阳能充电点。经济发展团队与商会合作，召开了关于后石油时代城市交通的研讨会，鼓励与地方企业和学术机构就与电动交通相关的影响和机遇的话题展开讨论。来源：欧洲可持续城市发展项目论坛，2012年11月。

法兰克福正在将其 IT 服务整合到一个新的数据中心,该数据中心将仅采用高效率、耐高温的硬件组件以消除冗余软件开发项目,并且将关闭 30 个计算机中心。通过整合 IT 服务,为其市民提供各种新的在线服务,并将软件成本降低 40%—50%。

法兰克福已经成功地在能源、住宅和交通领域引入了创新。例如,该市已经建立了德国第一个供公共使用的“电动汽车服务站”,电动汽车可以在这里充电和停车。该市还将分散的电力热电联产电厂相互连接起来,从而可以补偿风电场和太阳能系统发电的波动。居民可以利用在线提供的“太阳地图”应用程序,来判断适宜安装太阳能电池板的条件。

(2) 可能进一步发展的领域

没有获得足够的信息来评估法兰克福如何确保所有与城市相关的活动是否协调以及该市是否需要进一步改善其治理结构。也没有证据表明法兰克福市已经形成了一个评测其智慧城市计划在经济、环境、社会和文化成果/影响等方面所产生作用的系统。

7. 法国伊西莱穆利诺

特征	成熟度					无法评估
	没有涉及	基本	一般	较先进	最成熟	
智慧城市战略			√			
利益相关方					√	
治理			√			
融资			√			

（续表）

特征	成熟度					无法评估
	没有涉及	基本	一般	较先进	最成熟	
价值评估			√			
商业模式						√
信息通信基础设施				√		
智慧城市应用				√		

（1）可能进一步发展的主要优势

在新的智慧服务和应用的开发，伊西莱穆利诺市采取多种方式与各领域的利益相关方保持接触，包括组织会议和工作坊、民意调查和电话访谈等，并每月告知市民新的数字工程、市民也有机会参加由900名市民代表组成的“市民工作组”来表达自己的观点。该市还开发了一款游戏介绍该市提供的众多数字服务。

伊西莱穆利诺市还建成了高速网络基础设施和地理信息系统（GIS）。智慧城市应用将转移到云平台提供服务，首先转移的是为学校开发的应用服务。根据已提供的信息，伊西莱穆利诺市是法国最重要的智慧电网测试点，该计划共有1万名员工和市民参与，旨在减少建筑的能源消耗。

智慧城市应用已覆盖伊西莱穆利诺市许多领域，包括教育、智能建筑、公开数据、公共服务、交通和文化。该市认为，一些智慧城市服务可被运用并向其他城市推广，例如，数字堡生态区①、公开数据工程和运用于教育的数字技术工具。

① 数字堡是新的生态区，将可持续发展和新技术（家庭自动化、光纤、气动垃圾收集、稻草学校、地热能、风水游泳池、数字文化中心）结合在一起。

(2) 可能进一步发展的领域

从伊西莱穆利诺市提供的智慧城市评估框架信息来看,该市仍有一些领域存在进一步发展的空间。例如,该市没有用来衡量是否达到智慧城市目标的"关键绩效指标"(KPIs),也不清楚是否有横跨政府各部门的共享绩效目标管理架构。

8. 法国里昂

特征	成熟度					无法评估
	没有涉及	基本	一般	较先进	最成熟	
智慧城市战略			√			
利益相关方					√	
治理				√		
融资				√		
价值评估						√
商业模式				√		
信息通信基础设施				√		
智慧城市应用				√		

(1) 可能进一步发展的主要优势

里昂的智慧城市战略涉及了智慧城市的所有方面,包括:能源、交通、环境、为市民和企业提供的开放数据平台这类新型公共服务、经济发展、城市规划以及提高所有市民的生活质量。

使市民成为智慧城市发展战略的中心,是里昂市的核心原则。通过实施为居民带来直接效益的具体项目,里昂市以多种方式执行这个核心原则。智慧城市项目是各种利益相关方合作开发的，包括企业、市民、学术界和机构。该市在服务开发的过程中，尝试了各种与利益相关方进行沟通的机制，包括：建立一个数据和服务分发平台来支持创新服务，群众外包和游戏化，召开研讨会来汇集新思想。里昂通过各种媒体来宣传智慧城市建设的目标，例如新闻资料、宣传单、网站、杂志和报纸上的文章、电视、访谈和展现新服务的展厅。该市已经实施了帮助市民采用新服务的培训计划，已经组织了特别的活动来说明如何使用电动车辆，向市民提供关于其能耗的指导书籍和会议，并且向他们说明如何通过智能设备降低能耗。

里昂的智慧城市战略是由“经济和国际发展议员团”领导的。由所有城市部门代表组成的技术委员会将定期会晤，以确保他们与智慧城市相关的活动都是相互协调过的。

智慧城市项目的资金主要来自私营领域（2013 年大约占 97%），部分来自外国投资者。项目通常是作为公私合作伙伴关系来建立的，这种伙伴关系涉及政府、学术界和产业界。各种商业模式也已得到实施，例如用于交通系统的基于订阅和广告的模式。

里昂在实施超高速宽带方面一直走在前列，预计到 2019 年其覆盖率将达到 100%；该市也已经被所有移动运营商选择为提供 4G 覆盖的城市。该市的目标是提供一种整体架构，在这种架构中，ICT 基础设施（网络、数据中心和数据）在各智慧城市项目之间共享。

里昂已经在全市开发了超过 40 项智慧城市服务，来满足各个行业的利益相关方的需求。这些服务中的至少 50%已经在全市范围内实施。这些服务中的某些服务被认为是“最佳实践”，并且已经在全世界的很多城市推广(例如在2004年启动的Velo'v自行车共享服务)。由法国电力集团(EDF)管理的“里昂智能电网”是最大规模的欧洲智能电网试点项目[①],有25000户家庭和20个合作方参与,该项目正在开发新技术、建立商业模式,并且提高市民对能耗的意识。

(2)可能进一步发展的领域

里昂市认识到有一些领域需要制定智慧城市发展战略,并且已经采取措施来解决这些领域的问题。尽管该市还没有引入关键绩效指标来评测该市在满足其目标方面的绩效,但是该市目前正在研究现有的智慧城市评测/排名系统,以便确定基准,并且与其他城市比较里昂的竞争力。里昂还没有实施用于评测其智慧城市计划成果的价值评估系统。

9. 瑞典马尔默

特征	成熟度					无法评估
	没有涉及	基本	一般	较先进	最成熟	
智慧城市战略				√		
利益相关方				√		
治理					√	
融资			√			

① 法国电力集团是一家领先的能源供应商,积极参与了所有的重要电力经营活动,参见www.edf.com。

（续表）

特征	成熟度					无法评估
	没有涉及	基本	一般	较先进	最成熟	
价值评估				√		
商业模式			√			
信息通信基础设施				√		
智慧城市应用				√		

（1）可能进一步发展的主要优势

马尔默市制订了强有力的、文件齐全的愿景和战略，并在环境、能源、交通、垃圾处理、城乡一体化和生活质量方面制订了可量化的目标。该市还系统制订了着眼于可持续发展的长远规划，对环境目标持续监测、评估，并纳入年度环境报告。马尔默的信息通信技术战略既着眼于全力推动有利于城市可持续发展的数字创新，也着眼于尽力减少技术对环境和气候的影响。

马尔默市运用网站、众包、短信、推特等多种互动技术与市民广泛接触。马尔默市还通过在宣传板上张贴气候小常识，通过有广泛参与性的工作坊向大学生介绍气候变化情况，还通过组织讨论制造太阳能电池动力汽车、气候、交通和能源等议题，积极向来自各界的利益相关方公布和宣传其环境政策。马尔默市智慧市民网络由来自商业合作伙伴、市政府、住房合作社、青年组织和非政府组织（NGOs）的代表组成。市民参与战略的关键链是保证市民能“被看到、被听到”，该市主要通过加大社会互动、鼓励市民发表观点、通过可视化能源消费促使公众对生态智慧生活增强理解等方式来达到上述目标。

关于服务创新，马尔默市建立了一系列合作设计工作室，在工作室内各种观点在开放模式中产生而且能被任何一个参与者进行拓展。

马尔默市已批准 2009—2020 年环境计划,该计划包括市政府活动目标和全市整体目标。在实现环境计划中列出的目标和目的方面,马尔默市应承担部分责任,各委员会、指导委员会、政府部门和公司需紧密合作从而建立一个简单而连贯的工作体系。为保证马尔默市实现其环境目标,相关委员会设立了定量和定性指标并对其进行监测。

马尔默倡议和马尔默核心小组是马尔默市民参与并影响市政府决策内容的最好例证。通过马尔默倡议,市民可以通过因特网发表他们有关各个领域的建议和评论,可参与各种议题的辩论并寻求其他市民的支持。马尔默核心小组是 1600 名市民建立的论坛,每年举行两次,市民可通过论坛对马尔默议会提出的各种议题发表意见。

马尔默市使用多种筹款途径来为智慧城市倡议融资,包括欧盟资助计划、杰西卡城市发展基金等战略投资工具。马尔默市与瑞典创新局(VINNOVA)①、Teknopol②、Innovationsbron③ 和 Almi④ 等组织一起合作投资智慧城市项目。

---

① 瑞典创新局(VINNOVA)鼓励公司、大学、研究所和公共部门开展合作。每年 VINNOVA 向各类倡议投资约 20 亿瑞典克朗。根据有关规定,瑞典创新局每做一笔投资必须邀请一家私营企业同时投资,投资额不得少于创新局的投资额。

② Teknopol 的职能是邀请经验丰富的企业家为初创公司提供人力资源、知识产权和金融方面的建议。

③ Innovationsbron 由瑞典政府和 Industrifonden 基金共同拥有,它的主要职能是完成市场种子投资。

④ Almi 是一个为企业家提供高风险贷款、创业投资和咨询方面服务的公共组织,其作用是完善资本市场,但不与市场上的私人进行竞争。

在价值评估方面，马尔默市与世界自然基金会（WWF）和斯德哥尔摩环境研究所（SEI）通过设计一种名为“资源和能源分析方案”（REAP）的工具来全面了解马尔默市的排放情况。

马尔默市与私人参与者一起每年在宽带建设上投资 450 万克朗。当前，马尔默市约 72%的住户安装了光纤。马尔默市授权建立两个中央数据中心，正朝着提供混合云平台服务迈进，还设立了 2020 年前借助信息通信技术减少二氧化碳排放 30%的目标。

十年内，马尔默市在可持续建筑和再生能源方面树立了多个世界领先的榜样，该市积极整合包括绿色屋顶、绿色篱笆（或绿色墙体）、室外雨水处理、水产池塘、植树战略在内的绿色创新战略。马尔默市还在能源、环境、食品安全、智能建筑、交通、垃圾处理等领域推出许多智慧城市服务。特别值得一提的是马尔默市 Hyllie 区，该区成为未来能源使用的试验场。Hyllie 区与 E.ON（马尔默市的主要能源供应商）、市政府签署了气候合同，共同致力于将 Hyllie 区建设成为本地区最先进的智慧气候区，最晚到 2020 年该区将全部使用可再生或再生能源。5 个参与 Hyllie 区建设的建筑公司已从欧盟“建设智慧”项目中获得 5000 万瑞典克朗，该项目主要对有利于建设智慧气候的通风、制冷、制热解决方案进行测试。

（2）可能进一步发展的领域

尽管马尔默市有良好的高速宽带普及率并且准备提供云端服务，但该市 2007 年批准实施的信息通信技术战略却显得相对较早。该市已认识到需要对信息通信技术战略进行一次全面审查，审查工作将于 2015 年进行。

全市多数智慧城市服务和倡议的商业模式直接由一般预算或由欧盟项目基金资助，这意味着智慧城市服务的可持续性可能存在潜在风险。

10. 英国曼彻斯特

特征	成熟度					无法评估
	没有涉及	基本	一般	较先进	最成熟	
智慧城市战略				√		
利益相关方				√		
治理				√		
融资			√			
价值评估						√
商业模式				√		
信息通信基础设施						√
智慧城市应用				√		

(1) 可能进一步发展的主要优势

曼彻斯特的智慧城市愿景是以实现 2025 年前进入全世界前 20 名智慧城市行列的目标而制订的,并已经制订了交通、规划、气候变化、数字化和社区领域的中期战略和目标。该市还针对以下领域制订了衡量智慧城市发展影响的目标:开发新技术产品和应用的市场,改善智慧交通方式提高商业经营效率,提高服务准入,吸引市民更多参与城市管理,增加低碳或零碳能源供应,减少道路交通排放,降低能源需求,提高能源供应效率。

曼彻斯特市通过创新资金投入和商业模式来推动智慧城市发展。例如,曼彻斯特市推出的投资框架同时从公共和私营部门吸引投资，建设支持其战略重点的工程，包括欧洲区域发展基金（ERDF）、2013 年后规划、地区增长基金、大曼彻斯特交通基金、通用退休基金和其他私营部门投资。此外，还通过提供面向私人市场的项目来吸引商业界参与，这样的例子有：宽带网络扩展、曼彻斯特工业园、商业增长中心、曼彻斯特科技匠和绿色新政。

曼彻斯特已有用大数据分析医疗的成功经验。

（2）可能进一步发展的领域

曼彻斯特市提供的有关城市信息通信技术基础设施方面的信息不充分，因此无法判断该城市是否有在该领域进一步发展的任何需求。

11. 拉脱维亚里加

特征	成熟度					无法评估
	没有涉及	基本	一般	较先进	最成熟	
智慧城市战略				√		
利益相关方				√		
治理			√			
融资		√				
价值评估						√
商业模式		√				
信息通信基础设施						√
智慧城市应用			√			

(1) 可能进一步发展的主要优势

通过“里加城市可持续能源行动计划2010—2020年”和“里加智慧城市可持续能源行动计划2014—2020年”,里加形成了其独特的智慧城市发展战略。里加的愿景包括三个主题:

- **规划和管理** 设计和执行城市规划,从而激发市民和企业的全部潜力,同时有效地进行日常运营;
- **基础设施** 提供有效的城市服务,使城市适宜市民居住;
- **人** 提供有效的服务,为市民的经济、社会和健康需求提供支持。

有3个机构负责制定里加智慧城市政策:管理委员会(该委员会由里加市政厅领导,包括来自民间非政府组织、研究学者、能源企业和服务企业的代表)、由能源和住宅领域的主要科学家和专家组成的里加可持续能源(SEAP)咨询委员会、由城市各部门和市属企业组成的协调小组。

里加在制定政策的过程中与广泛的利益相关方接触。该市已经建立了一个专用于里加城市发展的网站 www.apkaimes.lv(“邻近社区”),公布与城市有关的信息,并且为里加市民提供了一个参与城市规划程序的平台。TALKA/CLEAN-UP 计划采纳了居民的想法,将里加居民家庭中的游戏转移到公共空间中来进行,例如社区广场和开放区域。①

① 在 Sarkandaugava's Alekša skvērs 的试点项目中,居民和设计人员从熟悉的桌子、互联网和电视游戏[例如骰子游戏、Augstāk par zemi(双脚离地)和“在农场里”]中获得灵感,为户外设施和适合在广场实施的7个概念汇集了超过2000个想法。之后设计人员开发了现在安装的户外设施。

尽管没有证据表明里加已经实施了评测其智慧城市计划在经济、环境、社会和文化成果方面产生作用的系统，但是已经制定了一组指标来评估里加市的环境状况。①

里加已经在交通领域、城市照明和城市集中供热系统中的能源效率领域，实施了多项与智慧城市相关的服务。

（2）可能进一步发展的领域

没有足够的信息来评估是否需要进一步发展该市的ICT基础设施。

12. 爱沙尼亚塔林

特征	成熟度					无法评估
	没有涉及	基本	一般	较先进	最成熟	
智慧城市战略				√		
利益相关方					√	
治理					√	
融资				√		
价值评估				√		
商业模式				√		
信息通信基础设施				√		
智慧城市应用				√		

① 环境指标包括：自然、空气、气候变化、水、土地、环境信息系统的应用。

(1) 可能进一步发展的主要优势

塔林市的智慧城市愿景贯穿城市发展的各个领域,包括环境、能源、交通、垃圾处理、城乡一体化和生活质量等。塔林采用了由120个绩效指标组成的系统来衡量其智慧城市发展目标的实现情况,被视为指导未来城市发展的宝贵工具。此外塔林还参与了欧洲绿色城市指数研究。

塔林市市民作为个人可以通过非营利机构和其他非政府组织提出有关智慧城市规划进程方面的建议。国家和地方法律规定,应告知市民有关智慧城市规划的过程,使市民有机会参与其中并提出他们的建议。例如,在向免费公共交通过渡的准备过程中,通过地区公投使公民了解并参与了相关决策,这为市政府实施免费公共交通及与该项政策相关的决定(增加公交专用道、实施绿色智慧卡和提高停车费等)提供了强有力的授权。塔林市多渠道向公众介绍智慧城市发展,包括政府记者招待会(每周一次)、宣传活动(在线或纸质媒体、宣传栏等)、提高智慧和绿色意识的欧洲绿色资本主题周报、通过塔林电视台开设专门向市民介绍城市服务的节目,还编写电子手册帮助市民和企业适应新的服务。此外,该市还在市公共图书馆等公共场所为市民提供讲解和培训课程。

塔林智慧城市总体发展由塔林市议会负责,塔林市议会既是立法机构,也是地方政府的最高统治机构。塔林信息技术委员会负责协调市政府各部门信息通信技术发展,推荐新的创新项目并与中央政府部门在智慧城市发展方面开展合作。该委员会成员包括市政府官员和来自国家机关、大学和地方领先的信息通信技术公司的代表。为保证在智慧城市发展上的跨部门协调与合作,所有法律草案和决定都必须获得市政府其他有关部门的批准。塔林通过多种信息通信技术方案来确保透明施政，例如市议会会议直播、市政府和市议会会议信息体系包括法律草案向公众开放等。

塔林智慧城市建设资金来源广泛，欧盟也为一些项目提供资助。其中，免费公共交通主要由新的税收来提供资金保障。

塔林已开发了衡量智慧城市发展倡议的财政和非财政价值的系统。实施免费公共交通后，市区汽车流量减少15%，交通状况得以改善，二氧化碳排放量明显减少，交通事故伤亡率显著降低。

塔林市在以下领域提供了广泛的应用服务：环境、医疗、社区发展、公开数据、公共服务、旅游、交通和垃圾处理。一些服务通过云平台实现，并设计了开放应用程序接口，以利于数据分析和开发大数据技术。

（2）可能进一步发展的领域

塔林市重视并落实了智慧城市评估框架各方面的倡议。虽然其智慧城市应用已很广泛，但该市仍可向其他已实施更深层、更先进服务的智慧城市学习。

13. 意大利威尼斯

特征	成熟度					无法评估
	没有涉及	基本	一般	较先进	最成熟	
智慧城市战略				√		
利益相关方			√			
治理						√

(续表)

特征	成熟度					无法评估
	没有涉及	基本	一般	较先进	最成熟	
融资			√			
价值评估				√		
商业模式				√		
信息通信基础设施				√		
智慧城市应用				√		

(1)可能进一步发展的主要优势

威尼斯市制订了智慧城市战略和目标,涵盖能源、环境、交通、垃圾处理、城乡一体化和生活质量等广泛领域。该市的智慧城市战略由信息通信技术战略规划支撑,包含基础设施和安全、电子商务、电子政务、公开数据、数字鸿沟和研究创新等。

威尼斯市与广泛的利益相关方进行互动,并建立多个机制加强市民沟通。例如,举办永久性的圆桌会就威尼斯 RES① 建设征求市民意见;免费的无线网络;欧盟 Cockpit 工程,这是旨在推动市民和政府部门合作设计公共服务的网络平台。

威尼斯市采用了多种创新商业模式来资助智慧城市基础设施建设。例如,该市市民可享有免费无线网络服务,但游客使用无线网络则需付费,所得收入用来资助网络维护。

威尼斯市与外部组织的合作伙伴可共享该市的信息通信技术基础设施。数据中心是该市信息通信技术系统的核心,拥有 150

① 有关意大利实体经济网的论文。

多个物理服务器和 110 个虚拟系统。2013 年,该市采取多项行动通过虚拟技术来实现服务器整合。

(2) 可能进一步发展的领域

威尼斯市未提供有关政府管理结构的信息,因此这一领域可能成为进一步发展的领域。

14. 立陶宛维尔纽斯

特征	成熟度					无法评估
	没有涉及	基本	一般	较先进	最成熟	
智慧城市战略	√					
利益相关方				√		
治理			√			
融资			√			
价值评估	√					
商业模式				√		
信息通信基础设施				√		
智慧城市应用			√			

(1) 可能进一步发展的主要优势

广泛的利益相关方(市政府部门、市民、公共和私营企业、大学、市属投资机构等)参与了该市智慧服务的咨询、设计和开发过程。该市通过一个电子民主平台作为与市民交流的工具,向市民提供与城市服务相关的信息,市民可以通过参与民意调查或者发起电子请愿来提供他们的反馈。这个平台使市民可以通过在线应用或者移动应用报告遇到的城市问题,在线监督问题解决的过程。

市政府行政部门在智慧城市计划中发挥了领导作用。最近该市已经成立了“智慧维尔纽斯部”来协调所有智慧城市活动。

维尔纽斯的智慧城市计划采取各种融资方法,包括公共资金、公私合作伙伴关系(PPP)、欧盟资金以及 IBM 为其“智慧城市挑战”计划提供的赞助资金。一些“良好实践”的商业模式包括:为街道照明现代化项目建立一种 PPP,将使能耗降低 70%,为该市每年在电力方面节约 200 万欧元;一个为市政厅节省资金的智能停车应用程序(该程序可以减少停车计量仪表的购买量和管理人员工作小时数,从而降低资本投入;此外由于只需为实际停车时间付费,可以降低用户最终的停车价格),这个项目预计在不超过 2 年之内收回开发成本。

维尔纽斯市是世界上互联网接入速率最快的前 10 个领先城市之一①,在光纤到户的光纤通信普及率方面,它是世界第六,欧洲第一②,并且已经在全市部署了 4G- LTE 网络。

该市已经开发并实施了各种旨在满足利益相关方需求的智慧城市服务,包括教育、能源/环境、社区发展和公共服务。

(2) 可能进一步发展的领域

维尔纽斯市还没有制定其智慧城市愿景和战略。但是,该市

① 来源:http://www.china.org.cn/top10/2013-12/04/content_30796020_5.htm。

② 来源:http://www.eddy.lt/2012/04/top-5-reason-for-geeks-on-plane-to.html。

准备到2014年年底，由市政厅完成愿景和战略的制定和批准。

到目前为止，还没有采取措施来评估维尔纽斯市智慧城市投资的价值，也没有迹象表明该市有引入一种评估过程的计划。

15. 克罗地亚萨格勒布

特征	成熟度					无法评估
	没有涉及	基本	一般	较先进	最成熟	
智慧城市战略			√			
利益相关方				√		
治理				√		
融资						√
价值评估						√
商业模式						√
信息通信基础设施				√		
智慧城市应用				√		

(1) 可能进一步发展的主要优势

萨格勒布市实施了多个倡议以保证市民积极参与智慧城市服务设计。“黑客萨格勒布”(Hack Zagreb)将市民、企业家和开发商汇聚在一起，共同解决萨格勒布市市民所遇到的相关挑战，目标是通过使用公开数据、代码和技术共同开发和提出解决方案。该市已使用最新一代三维城市信息模型(UIM)，用于提供基于几何、语义、形态和结构信息的智慧网络服务。此外，萨格勒布还参与了

CIVITAS ELAN[①]工程和“动员市民参与活力城市”倡议。

萨格勒布市实施多种倡议来改进政府管理。通过参与未来政策模式工程[②],萨格勒布市正在开发先进的信息通信技术工具,用于模拟政策、预测政策结果以及开发新的管理模型和利益相关方合作模型,以解决复杂的社会问题。My Zagreb 网站可使市民对城市违规行为进行报告、修正和评论,并得到有关问题的解决反馈。

萨格勒布实施了多种智慧城市服务来满足各利益相关方的需求。该市为市民提供了多项节能工程(公共建筑和照明)、交通和电子服务,此外还有提供访问空间信息及相关服务的门户网站。此外,该市还参与了大量欧盟资助的侧重于交通、城市货物运输降低能耗的项目和计划,并参与了特别针对中东欧国家城市的有关项目,以解决公共交通的快速机动和容量问题以及基础设施的可再生问题。

2012 年萨格勒布市获得两个奖项:欧洲突出奖公共交通一等奖和 2012 年欧洲主题为“在正确的方向移动”的交通周一等奖。

(2)可能进一步发展的领域

萨格勒布市未提供有关价值评估、投资和商业模式方面的信息,所以该市可能在上述领域获得进一步发展。

---

① 卢布尔雅那市(斯洛文尼亚)、根特市(比利时)、萨格勒布市(克罗地亚)、布尔诺市(捷克共和国)和波尔图市(葡萄牙)共同参与了 CIVITAS ELAN 工程,这是一个共同资助的欧盟工程,实施日期为 2008 年 9 月至 2012 年 10 月。

② 未来政策模式工程(FUPOL)是欧盟资助的研究计划(2011—2015),预算共 900 万欧元。

七　新趋势和挑战

对欧盟试点城市和中国试点城市所提供的资料进行分析，在以下六个领域出现了众多的新趋势和开放式挑战：

- 治理；
- 融资；
- 商业模式；
- 智慧城市服务；
- 技术；
- 政府政策。

这项分析以15个中国试点城市和15个欧盟试点城市所提供的资料作为基础。

（一）治理

所有的试点城市都已经实施了治理体系。欧盟的试点城市已经为智慧城市的治理采用了更为开放的方法。中国的大部分试点城市已经建立起智慧城市领导小组，采用了传统的“自上而下”的方法。

1. 主要趋势

为了实现更具参与性的治理模式,中国和欧盟试点城市的现行政策有一些新趋势,如表7-1所示。

表7-1: 欧盟和中国试点城市的治理新趋势

趋势	案例
参与	• 所有的欧盟试点城市均已实施了各种机制,例如为了吸引、鼓励和允许市民更多地参与制定智慧城市规划,采取了“公共部门、私营领域和民众合作”等方法。试点城市采取的一些创新有: ■ 伊西莱穆利诺市每月向市民通报关于新建数字项目的信息,并且鼓励市民通过由900名居民代表组成的“市民工作组”来表达个人意见。居民和公司还可以通过地区性数字化创新活动进行参与,例如2013年6月举行的“塞纳河的未来”。特别地,为了向广大居民宣传所提供的各种各样的数字化服务而开发了严肃游戏① ■ 巴塞罗那为期4年的“城市行动计划”,从城市利益相关方收到了超过7万份建议

① 严肃游戏是以解决问题为目的的、对真实世界活动或者过程的模拟。

（续表）

趋势	案例
参与	■ 阿姆斯特丹在 www.AmsterdamOpent.nl 平台试验众包来了解如何通过与民众的交互为地方政策提供支撑 ■ 塔林采用多渠道宣传其智能城市的发展，包括每周市政府新闻发布会、多种宣传活动（在线和平面媒体、海报等）、每周一期的以欧洲绿色首都为主题的报纸、塔林电视面向市民的有关城市服务的专用节目 • 阿姆斯特丹、巴塞罗那和曼彻斯特是 Commons4EU① 项目的参与城市。该项目关注通过城市、城市改革者、志愿者和中小型企业向智慧城市转变过程中的合作，促进开放性。该项目正在开发基于 web 的应用将城市与其选区的选民联系起来，从而降低行政成本，并且更有效地使市民参与 • 尽管不是全部，但是中国的一些试点城市也已经设计市民参与机制来鼓励市民通过试用服务、培训、众包和游戏来参与智慧城市建设 • 上海浦东新区已经建立了智慧城市体验展厅和体验中心来促进市民参与服务，包括市民对评估

① Commons4EU（www.commonsforeurope.net）是欧盟资助的一个项目（开始于2011年11月，为期36个月）。

(续表)

趋势	案例
参与	框架的评价,作为评估智慧城市服务的一种机制。浦东已经开展了如"智慧浦东人"等培训,目标是每年在使用智慧城市服务方面培训5万市民 • 天津滨海新区为了鼓励市民参与,采用了众包和游戏等方法 • 江苏省南通市通过应用设计竞赛来征集智慧城市服务方案 • 宁波市在设计智慧城市服务时鼓励市民参与并表达意见
综合管理结构	• 尽管大部分城市依赖现有部门之间的协调,但是有几个欧盟试点城市已经实施了更具综合性的管理结构,旨在实现更快速和更负责的决策制定。例如: ■ 曼彻斯特为城市提供的智慧城市项目,利用了"走廊伙伴关系"①这一现成的方式。建立于2007年7月的"曼彻斯特走廊"从一开始就认识到了将世界级的机构聚集起来以伙伴关系开展合作的重要性。曼彻斯特市政厅总体负责智慧城市项目的成功交付,该项目通

① "曼彻斯特走廊"(www.corridormanchester.com)是英国第一个此种类型的伙伴关系。它将曼彻斯特市政厅、曼彻斯特大学、曼彻斯特城市大学和曼彻斯特大学中心医院国家医疗系统信托基金聚集起来,在243公顷区域里以伙伴关系进行投资。这个"走廊"创造了32亿英镑增加值,占该市总增加值的25%;5.5万人在此工作,占该市雇用劳动力的12%。

（续表）

趋势	案例
综合管理结构	过"走廊伙伴关系"进行管理 ■ 巴塞罗那市政厅建立名为"城市栖息地"的新部门，并对城市的多个领域进行了分组，如城市规划、信息通信技术（ICT）、能源、环境、城市服务、基础设施等。由智慧城市主管领导的协调工作组专门负责研究项目的协同效应；该工作组还要确保这些项目与城市的长期愿景相一致 • 所有中国试点城市都建立了正式的领导结构，其中由高级官员（市长、副市长等）负责智慧城市项目的总体实现；在智慧城市的实现中包括了利益相关方。一些试点城市已经使智慧城市研究机构参与提供咨询服务
基准管理和关键业绩指标（KPI）	• 大部分欧盟试点城市都已经制定和发布了 KPI。一些城市将国际标准作为其 KPI 的基准。例如， ■ 阿姆斯特丹已经实施一套体系来衡量智慧城市行动的经济、环境、社会和文化成果。许多智慧城市项目旨在降低二氧化碳排放并跟踪每个项目的 CO_2 实际削减。城市测算智慧城市行动创造的工作数量，并开发了一套估算投资智慧城市平台财务回报的方法 ■ 巴塞罗那与布宜诺斯艾利斯在"智慧城市指标"中共同合作，"智慧城市指标"是博伊德·

(续表)

趋势	案例
基准管理和关键业绩指标(KPI)	科恩教授开发的发布智慧城市年度评级的一个项目 • 浦东、扬州、烟台和前海已经建立起评测其绩效的评估系统;试点城市的所有智慧城市项目都要进行社会和经济分析。中国的多家机构正在研究智慧城市评估系统 ■ 浦东在 2011 年和 2012 年发布了智慧城市 KPI 1.0 和 2.0 ■ 扬州引入了国际指标,包括全球城市竞争力指数、全球城市指数体系、绿色城市指数 ■ 前海建立了标准评估体系来评估城市管理、公共服务、产业成长、环境保护等
开放数据基础设施	• 所有欧盟试点城市都已经实施了开放数据基础设施项目,这些项目允许企业和市民自由获取城市数据。例如,巴塞罗那已经实施/正在实施多个开放数据基础设施项目,例如 ■ "政府和效率",这是一个促进市民参与与合作、透明的开放政府项目,特别是使民众可以获取公共数据和基础设施 ■ "城市平台"的开发,该平台用于整合不同来源的数据进行城市管理(此项目在 2014 年完成),包括以下项目:CityOS、巴塞罗那传感器平台、i-City

（续表）

趋势	案例
开放数据基础设施	• 阿姆斯特丹、巴塞罗那和曼彻斯特是开放城市①的参与城市，这个项目由欧盟资助，研究地方政府实施开放数据参与策略。该项目是最佳实践案例，也是开放数据政策指南的丰富来源 • 数据共享和互联是中国试点城市的主要任务之一，在各个城市的战略和计划中都被广泛地提及 ■ 北京海淀区将通过应用程序接口得到交通流量数据用于商业用途。该区已经建立起了一个公共服务平台，允许不同行政部门的数据在此平台上共享，包括住房、商业、人口、老年医疗保健等 ■ 南沙扩展了数据管理的定义；政府建立了一个数据存储平台，市民可以上传、下载和使用数据，政府还为数据交换设计了商业模型

2. 挑战

在采用开放治理方法时，试点城市面临着一些挑战，如：

---

① 开放城市（www.opencities.net）的目的是在以下五个主要目标方面研究存在的差距：(1)吸取如何在公共领域应用开放创新的见解和最佳实践；(2)获得对开放创新环境中技术平台管理的理解；(3)验证泛欧众包、开放数据、光纤到户网络和开放传感器网络平台的使用；(4)促进先进未来互联网服务的开发；(5)理解生活实验室可以如何有效地应用于共同创造和促进实施智慧城市的创新。

- **与广泛的利益相关方打交道**

很多试点城市在制定其智慧城市计划时要与广泛的利益相关方打交道,包括市民工作组、产业界、技术人员、学术界、研究机构、社会改革者、环保组织、企业家和城市设计师。但是,似乎没有试点城市在早期阶段与其他重要的利益相关方例如零售商、金融机构和投资人打交道。在没有这些重要利益相关方参与的情况下,制定出的智慧城市计划可能不会获得足够的支持和项目投资。

城市领导者面临的另一个挑战是要同时与小规模的非正式社区和大规模的正式机构打交道。新技术和智慧城市领域的专家瑞克·鲁宾逊在最近发表的文章"我们在智慧城市方面仍然在犯的三个错误"①中指出:

> 像交通拥堵、社会流动性、负责任的能源使用或小企业成长这类挑战,通常是与地方环境特别相关的。当参与的民众、社区团体和企业为改善这些环境而制定或者共同制定计划时,通常才能成功地实现这些环境的改变。

同时与大型机构和小型社区有效地交流对于城市领导者而言可能是困难的;他们的文化不同,使用不同的语言,而且常常关注于非常不同的主题。

- **因社会经济因素排除某些人口**

---

① 来源:http://theurbantechnologist.com/2013/10/10/three-mistakes-were-still-making-about-smart-cities/? goback =% 2Egde 4149893 member 5798251621112631297#%21。

许多试点城市通过需要使用智能设备的移动应用程序(app)来与市民交互。因此就存在这样的风险,即低收入的个人、教育程度低的群体、老年人以及其他没有智能设备和/或者不知道如何使用智能设备的穷人的需求将被排除在外。智慧城市领导者将需要考虑一些新的行动,例如"智慧首尔 2015"采取的提高智能设备的普及率以及培训新用户使用智能设备。尽管有相当多的市民还没有使用这样的技术,但是公共服务需要规划成一种多渠道策略,包括确保所有群体平等获得服务的方式,否则将降低智慧城市项目可以提供的可能的效率增益。

- **促进开放数据的进一步工作**

  很多试点城市倡导数据共享和互联,并且向私营领域开放公共数据。但是,对于欧盟和中国的试点城市而言,开放数据都仍然处于早期阶段。而且,由于需要保护个人信息和敏感的公共数据,开放数据的法律和法规也在制定。

- **智慧城市评估框架需要标准化**

  欧盟和中国的大部分试点城市都正在尝试建立智慧城市评估框架。但目前缺少标准化的和广泛采用的评估框架。

(二)融资

在后金融危机时期和规避风险的融资环境中,融资仍然是智慧城市计划面临的最大挑战之一。尽管存在这些困难,但是试点城市仍然为支持智慧城市发展计划筹集了资金。

1. 主要趋势

欧盟试点城市已经通过将公共资金(如市政预算)和私人资金相结合,为其项目提供资金。大部分欧盟试点城市建立起公私伙伴关系来为其某些项目提供资金;在某些情况下,私营公司不是直接出资,而是通过提供人力资本、设备、软件等资源,来为项目融资做出贡献。

一些欧盟试点城市从国家政府获得了对特定项目的资助。例如,布里斯托在2013年从英国技术战略委员会获得了300万英镑的数据整合项目,用于创建从环境和社会角度可持续性就业的机会。

一些欧盟试点城市通过参与欧盟资助的智慧城市项目获得融资,例如Commons4EU[2]、Open Cities[3]和CitySDK①等。为使欧洲城市更加智慧化,欧洲委员会将在未来两年里向欧洲城市大约投资2亿欧元。资金大部分来自欧洲委员会的"地平线2020"研究基金;该计划将支持发展创新区以及建立新的商业模式以推动各个城市之间的数据收集和数据共享。除了这些专用的资源,还可以通过"地平线"计划的其他部分以及欧洲凝聚基金进一步获得资金。

中国的试点城市也从中央获得了用于智慧城市项目的资金,

---

① CitySDK(www.citysdk.eu)是一个部分由欧盟委员会资助的总额为340万欧元的项目。它是"竞争力与框架计划"中"ICT政策支持计划"的B类试点项目,在2012年1月至2014年6月期间实施。

例如,国家发改委、科技部和工业和信息化部建立了某些类型的专用基金以支持智慧城市的应用试点;或者从大型项目和某些科学和技术项目中分配部分资金用于智慧城市应用,例如,扬州、无锡和成都通过 863 智慧城市项目获得了资金。

尽管一些城市已经从省级或者中央获得了资金,但是大部分中国试点城市主要通过市级财政获得公共资金。某些私营资金也发挥了作用。大部分试点城市已经或者计划建立地方政府融资平台(LGFV),使城市可以通过银行贷款、发行债券以及通过股票市场股票首次公开上市来筹集资金。一些试点城市,例如,天津、成都和前海,已经从外国投资者那里获得了特定目标的资本投资。

而且,这些城市还为资助智慧城市项目开发了更多的渠道,例如公私伙伴关系。一些试点城市,例如,扬州、宁波、漳州和横琴,正在努力扩宽投资和融资渠道,并且计划逐步建立以政府投资为主导、商业投资为主体的智慧城市投资和融资模式,以获得金融机构的积极支持和私人资本的广泛参与。

2. 挑战

与试点城市未来发展规划相关的一些开放挑战包括:

- **向投资者说明智慧城市项目的价值**

  为了吸引来自私营领域的投资,试点城市需要将项目的效益以私营领域可以理解的形式向他们说明。例如,智慧城市项目的一种效益是可以提高运作效率,从而改善城市财政状况,或者是发展出可以为城市产生增量收入来源的新服务。除了证明项目的价值,还需要使私营领域确信项目采用了正确的商业模式来确保他们的投资能够产生足够的回报。规划智慧城市项目的城市需要在与潜在的私营领域投资者接触之前进行全面的成本效益分析。

- **不断增加的政府债务**

人们越来越关注地方政府债务水平不断提高的问题,这个问题可能对试点城市为其项目提供资金的能力产生影响。

例如,2013 年 12 月中国国家审计署(NAO)发布了对 31 个省级政府、391 个城市和超过 33000 个乡镇的审计结果,审计结果表明自 2010 年以来中国地方政府债务的规模和种类都出现了增长。[①] 尽管债务的总体水平似乎是可控的,但是某些地区的负债水平已经过高。例如,国家审计署认为有 3 个省级政府、99 个市、195 个县级行政区和 3465 个乡镇的直接负债超过了他们年度经济总量的 100%。

越来越多的国内评级机构下调了地方政府融资平台信用评级,表明投资者对地方政府债务的关切。根据野村证券的数据,在 2013 年前 9 个月不同的评级机构已经做出了 7 次评级下调,这在以前是很少发生的,这表明地方政府财务状况已经迅速恶化,投资者越发担忧。评级

① 此次审计表明中国地方政府(及其担保的投资工具)到 2013 年 6 月底时负债 10.9 万亿元(1.8 万亿美元),此外还明确地为数十万亿元债务提供了担保,并且隐性地担保了另外 4.3 万亿元。这三个数字总共有 17.9 万亿元,占中国 GDP 的三分之一。(来源:《经济学人》,2014 年 1 月 4 日)

的下调导致了更高的融资成本，可能导致中国的智慧城市为其智慧城市项目融资更为困难。

在欧洲，中央政府是至今为止最重要的债务发行人。在承担智慧城市试点的国家中，六个国家的总债务与GDP的比率已经超过了70%（意大利、法国、德国、荷兰、西班牙和英国），而且在最近几年仍然处于上升趋势。对于大部分欧洲国家，地方政府债务低于合并债务的20%，例外的是德国和爱沙尼亚①，其地方债务均超过了31%，西班牙的地方债务为22.6%②。尽管这些国家的债务水平和中国相比较低，但是地方政府面临的问题是在为现代化的效益增加投入方面其灵活性非常有限，因为在大部分情况下增加债务负担需要通过国家法律削减开支来解决。

（三）商业模式

下面将说明智慧城市为了使其智慧城市发展项目货币化而发展创新的和可持续的商业模式时，所面临的主要趋势和挑战。

1. 主要趋势

- 大部分试点城市通过公私伙伴关系（PPP）来为一些智慧

① 爱沙尼亚总的政府负债为10%。

② 来源：http://epp.eurostat.ec.europa.eu/statistics explained/index.php/Structure of government debt#Breakdown by subsector。

城市项目筹集资金,在这种情况下,长期风险被转嫁到私营领域。PPP 的主要构建形式有“建设和经营”、“建设转让和经营”或者“建设和转让”三种模式。深圳前海对传统的 PPP 模式进行了创新,当地政府与电信运营商建立了合资企业来共同建设和经营智慧城市的基础设施,并且分担风险和回报。

- 一些试点城市已经实施了基于云的现收现付商业模式,如天津滨海新区。
- 一些中国试点城市,例如漳州和宁波,已经与电信运营商建立了伙伴关系,在利润/成本共担的基础上向市民提供增值的智慧城市服务。在福建漳州市,用户与电信运营商合作,共同投资智慧城市项目,作为回报,运营商从增值电信服务中获得收入。
- 威尼斯已经实施了一种商业模式,城市通过这种模式从使用城市网络基础设施的其他方面获得收入:
    - 诸如大学这类公共机构使用城市宽带网络,城市收取费用作为回报;
    - 市民可以免费使用全市范围的 Wi-Fi 网络(www.cittadinanzadigitale.it),而游客为 Wi-Fi 服务支付的费用用于维护网络。

2. 挑战

成为智慧城市是一个没有明确终极状态的过程。试点城市将需要更多的融资来支持其智慧城市的发展目标。因此，对于城市领导者而言，至关重要的是寻求新的商业和运营模式，使城市在实现了第一批智慧城市目标之后，沿着持久的和可持续的现代化之路继续发展。大部分“更为先进”的试点城市认识到这是主要的挑战，并且正在试点项目中检验新的商业模式来研究它们是否可以扩展到在全市范围实施，或者在分配的项目阶段之外实施。至少有一个试点城市，即布里斯托，已经开展了一项研究来对智慧城市服务商业化的不同商业模式进行评估，并且为该市确定最佳的商业模式。

欧盟和中国试点城市的商业模式仍然具有进行持续研究的巨大机遇。包括政府、产业界、企业和市民在内的不同利益相关方参与了智慧城市的实现和运营，所以每一个利益相关方的权利和责任应当得到明确的定义和协调，从而形成长期的运行机制。

（四）智慧城市服务

表 7-2 中给出了试点城市实施的智慧服务汇总。

表 7-2：　中欧试点城市实施的智慧服务汇总

相关服务	试点城市实施的比例	
	中国	欧盟
包括食品安全在内的犯罪/灾害预防	53%	13%
教育	13%	27%

(续表)

相关服务	试点城市实施的比例	
	中国	欧盟
环境/能源	73%	100%
卫生	20%	20%
开放数据	7%	100%
地图/地理信息系统	27%	27%
与电子政务为重点的公共管理	67%	20%
对(中小型)企业的支持	13%	-
旅游	-	27%
交通	60%	100%

1. 主要趋势

- 环境/能源和交通应用是试点城市实施的最受欢迎的服务。这并不奇怪,因为对于试点城市而言,环境和交通都是最常被确定的挑战领域,而且欧盟和中国的政策导向都关注这两个领域。
- 很多中国试点城市已经将公共管理项目作为其智慧服务组合的一部分。和欧盟试点城市相比,大部分中国试点城市都将电子政务或智慧政务作为智慧城市的元素之一。

与之相反,少数欧盟试点城市将公共管理作为其智慧城市服务的一部分。这主要是因为大部分欧盟行政部门在很久以前就已经开始实施电子政务解决方案和服务,而且在市民和政府之间(用于信息提供或者用于进行交易)利用电子通信手段已经颇具规模。

在2013年,已经有41%的个人利用在线方式与公共部门打交道,而一些更先进的国家(如丹麦)经常利用在线渠道进行纳税申报或者申请营业执照等业务的市民比例高达85%。①

这就指出了在评估智慧城市项目中的重要一点:智慧城市项目组成部分的活动/服务的范围存在很多的差异,这就使得认真地分析具体的应用和服务更为重要,从而为合作和分享良好实践创造基础。

- 所有的欧盟试点城市都已经实施了开放数据项目②。开放数据项目的投资有可能继续得到以下形式的驱动力:
  - 欧盟城市群的活力和参与,例如"开放数据研究所"(www.theodi.org),这家机构将世界级的专家聚集起来合作、发展、鼓励和指导新的理念并且促进创新;以及由62个国家组成的"开放政府伙伴关系"(www.opengovpartnership.org),为致力于使其政府更加开放、更负责任、对市民的诉求反应更加迅速的国内改革者提供了一个国际平台。
  - 开放数据可能创造的潜在经济价值。根据麦肯锡公司的报告《开放数据:以透明的信息开启创新和效能》③,开放数据的结果,将是在7个领域一年可以产生超过3万亿美元的增加值。

---

① 来源:http://www.west-info.eu/e-government-is-widespread-amongst-the-eu-population/4-18122013-bp-en/。

② 2013年6月,欧盟通过了使公共部门的信息可用于"默认开放数据"系统的新法规。

③ 发布于2013年10月的这份研究报告是由麦肯锡商业技术部、麦肯锡全球研究所以及合并了麦肯锡政府中心的公共领域实践部共同完成的。

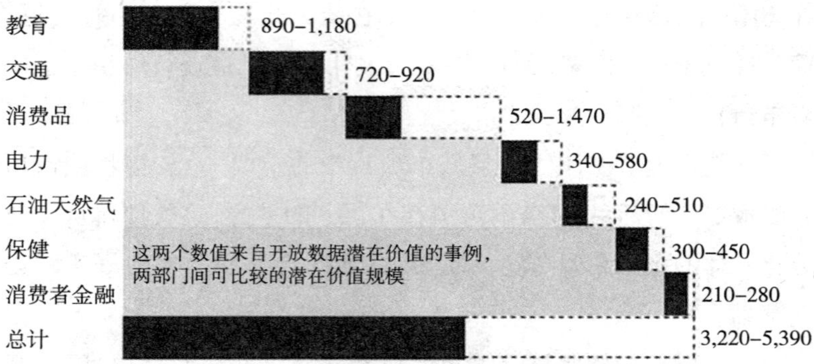

图 7–1:开放数据中的潜在价值

注:仅包括美国数据。

来源:Mckinsey Global Institute analysis。

- 开放数据晴雨表(www.opendatabarometer.org)是一家旨在揭示全球开放数据计划的普及和影响的机构,它在 2013 年 10 月发布了一份报告[①],根据获取开放数据的效益的就绪情况、实施的实际水平以及这些计划产生的影响,对国家和地区进行了评级。这些研究认为开放政府数据政策在过去五年来得到了快速的推广,在其调查的国家中超过了 55%的水平。

如表 7–3 所示,所有拥有试点城市的欧盟国家在开放数据就绪实施和影响方面都排在前 20 名。[②] 中国位列第 61 位。

尽管开放政府数据政策得到了迅速的推广,但是真正的开放数据的可用性仍然很低,根据此报告的说法,还没有国家宣称完全

① 《开放数据晴雨表 2013 年全球报告》提供了开放政府数据实践在国家层面上的简要介绍。它还分国别对 77 个国家进行了概要的评级。

② 没有对拉托维亚、克罗地亚和立陶宛进行评估。

实现了“默认开放”。

表 7-3:开放数据就绪、实施和影响排名

Country	Rank	Readiness Sub-Index	Implementation Sub-Index	Impact Sub-Index	ODB Overall
United Kingdom	1	100.00	100.00	79.91	100.00
United States	2	95.26	86.67	100.00	93.38
Sweden	3	95.20	83.14	71.95	83.75
New Zealand	4	81.88	65.49	89.81	74.34
Norway	5	84.88	70.98	46.15	71.86
Denmark	5	83.54	70.20	55.73	71.78
Australia	7	87.88	64.71	51.19	67.68
Canada	8	79.11	63.92	51.59	65.87
Germany	9	74.50	63.14	53.81	65.01
France	10	79.39	64.31	39.07	63.92
Netherlands	10	85.92	67.06	21.42	63.66
Korea(Rep. of)	12	77.19	54.90	24.56	54.21
Iceland	13	62.99	52.94	26.45	51.01
Estonia	14	72.38	49.41	24.00	49.45
Finland	14	91.19	41.18	40.87	49.44
Japan	14	76.99	47.06	27.94	49.17
Spain	17	67.48	49.41	21.13	48.19
Austria	18	68.56	39.22	48.62	46.03
Israel	18	61.82	45.88	25.36	45.58
Italy	20	50.39	42.75	45.69	45.30
Russia	20	54.43	40.39	48.86	44.79
Switzerland	22	65.11	41.57	26.80	43.24
Czech Republic	22	61.83	40.00	35.36	43.18
Kenya	22	49.70	45.88	21.55	43.06
Mexico	25	49.10	45.49	8.37	40.30
Chile	25	65.79	39.22	18.27	40.11
Portugal	27	60.38	38.04	19.25	38.63
Brazil	28	66.03	32.16	27.87	36.83
Singapore	29	70.28	35.29	8.97	36.29
Ireland	29	61.81	32.55	23.92	35.76
Thailand	31	38.09	39.22	14.88	35.33
Argentina	31	46.08	36.47	17.29	35.00
Belgium	31	72.01	28.63	25.64	34.80
India	34	57.36	33.73	9.87	33.38
Uruguay	34	54.66	32.94	13.31	33.04
Costa Rica	36	47.34	35.29	0.00	31.21
Kazakhstan	37	34.96	32.16	2.84	27.61
Greece	37	43.95	27.84	12.30	27.59
Turkey	37	41.92	31.37	0.00	27.58
Morocco	40	36.46	27.84	16.59	27.24
Colombia	40	44.33	29.02	2.49	26.71
Hungary	42	32.42	28.63	10.51	26.09
Mauritius	42	35.71	30.59	0.00	26.08
United Arab Emirates	44	53.88	21.57	12.30	24.59
Rwanda	45	36.71	27.84	0.00	24.27
Jamaica	40	32.50	25.88	2.49	22.69
Philippines	47	40.33	21.18	10.31	21.91
Peru	47	36.36	23.14	4.95	21.74
Ghana	47	39.51	23.53	0.00	21.60
Ecuador	50	38.51	22.35	2.83	21.12
Tunisia	50	63.52	10.98	26.46	21.02
South Africa	52	35.39	18.43	10.31	19.20
Indonesia	52	34.91	20.39	0.00	18.66
Bahrain	54	42.94	18.04	0.00	18.18
Uganda	55	23.99	13.33	23.07	16.15
Botswana	55	12.16	21.57	0.00	16.08
Nepal	55	21.15	13.43	2.84	15.70
Tarzania	58	20.43	17.05	0.00	14.51
Malow	59	28.24	11.76	16.52	14.47
Oatar	60	39.01	11.76	0.00	13.09
China	61	41.72	9.41	0.00	11.82
Venezuela	62	9.59	14.90	0.00	10.91
Pahistan	63	14.59	12.16	0.00	9.70
Jordan	63	30.95	8.63	0.00	9.63
Bangladesh	63	23.00	10.20	0.00	9.56
Ethopia	66	15.45	10.59	0.00	8.70
Burkina Faso	67	17.03	8.24	0.00	7.35
Benin	67	11.00	9.41	0.00	7.28
Saudi Arabia	67	40.82	.57	5.69	7.09
Namiba	67	11.57	4.02	0.00	7.00
Senegal	71	28.57	4.71	0.00	6.46
Cameroon	71	7.11	6.67	5.56	5.65
Zimbabwe	73	15.20	5.88	0.00	5.30
Yemen	73	0.00	2.24	0.00	4.69
Nigeria	75	36.90	0.00	0.00	4.35
Zambia	75	11.84	2.10	0.00	4.23
Mal	77	6.15	0.39	0.00	0.00
Grand Total		47.99	32.20	18.62	32.47

来源:《开放数据晴雨表 2013 年全球报告》

一些试点城市已经以其智慧城市服务获得了提名或者奖项,例如:

- 南沙的智能公共照明管理平台已经赢得了一个国际奖项(入围2012年巴塞罗那智慧城市世界博览会创新项目)和六个国内奖项。
- 2013年11月,布里斯托以其通过智能技术提高能源效率的工作在阿姆斯特丹赢得了环保奖。
- 阿姆斯特丹市2012年以其DIVV(公共交通部门)的开放数据项目在巴塞罗那获得了世界智慧城市奖的一等奖。

一些"更为先进的"欧盟试点城市已经开发了大量的智慧城市应用。例如,阿姆斯特丹在生活、工作、移动性、公共设施和数据开放五个关键领域开发了50多个智慧城市服务。在巴塞罗那有超过100个项目被认为是智慧城市工作的组成部分,其中13个项目被视为其智慧城市计划的关键部分①,如表7-4所示。

表7-4:智慧城市项目——巴塞罗那

项目类型	项目
横向项目——涉及多个不同部门的项目	• **新的电信网络** 集成不同光纤网络,推进Wi-Fi网络,降低运营和维护成本,开发新的商业模式 • **城市平台** 包括巴塞罗那传感器平台、城市运营系统以及移动应用程序和服务 • **智能数据** 开放数据、城市指标的评测以及用于决策和控制的中央形势室 • **照明指挥部计划** 照明战略规划

① 来源:英国商业创新和技能部研究论文第135号:"全球创新者:国际智慧城市案例研究—智慧城市研究—案例研究报告",2013年10月。

（续表）

项目类型	项目
纵向项目	• **自给自足岛屿**　建立能源自给自足的岛屿，改进与能源消费和生产相关的活动 • **电动汽车**　在未来几年进行短期（两年）和中期（五年）的电动汽车开发 • **远程灌溉管理**　对自动灌溉基础设施进行集中控制的远程管理系统，实现对每个地区的灌溉持续时间和频率的控制 • **正交公交网络或者指挥交通计划**　旨在改善城市交通为巴塞罗那公交网络的正交设计 • **城市转型**　在改造巴塞罗那主要街道的框架内开发系列智慧城市和电信项目 • **市民为 2012—2022 年可持续性做出让步**　实现更平等、繁荣和自给自足的巴塞罗那的路线图 • **开放政府**　开放政府方案的实施、战略和路线图、在透明度的特定领域开发工具和网站、开放数据和市民参与 • **智能停车**　全市范围的传感器网络和可用停车位显示 • **口袋中的巴塞罗那**　巴塞罗那非接触和移动应用程序

- 越来越多的欧洲城市愿意与其他城市合作和共享其智慧城市应用,例如:
  - 阿姆斯特丹和巴塞罗那在发展理念和网络的过程中,与其他城市的合作具有特别的优先地位,他们通过城市协议项目来促进合作 www.cityprotocol.org。
  - 阿姆斯特丹、巴塞罗那和曼彻斯特在 CitySDK(www.citysdk.eu)[①]中是合作伙伴。CitySDK 开发了一个开源的基础设施(开放和可互操作的数字化服务接口和可用性标准),使城市服务应用开发人员的专业知识和技能得到更高效的发挥。
  - 阿姆斯特丹和巴塞罗那(连同旧金山)签署了一项协议合作建立一个公用平台——"Cityzenith 5D 智慧城市"[②],城市及其市民可以通过简单的移动应用程序来在平台中相互使用和共享数据。5D 智慧城市是第一个也是唯一一个基于云的 SaaS(软件即服务)平台,它从单一角度整合了多源城市数据。
  - 一些欧盟试点城市参与了 Apps for Europe(欧洲应用程序)项目(www.appsforeurope.eu),这是一个支持平台,为基于数据应用的理念转变为可行的业务提供工具,并且使转变结果可持续,而且有益于整个欧洲。
  - 伊西莱穆利诺市已经在教育和智能建筑领域开发了

① CitySDK 是一个部分由欧盟委员会资助的 340 万欧元项目。它是"竞争力与框架计划"中的"ICT 政策支持计划"的 B 类试点项目,在 2012 年 1 月至 2014 年 6 月实施。

② 来源:www.cityzenith.com。

多个应用,这些领域的应用被认为对其他城市也是适用和可行的。

此外,中欧在智慧城市应用领域已经有了一些合作。如 Climate-Kit[①](欧洲主要的气候创新项目)于 2013 年与天津市签订了谅解备忘录。双方的项目合作旨在激发绿色增长,比如在建筑改造过程中采用节能技术,另外还有智慧城市系统的试点项目等。

2. 挑战

试点城市在开发智慧城市服务方面可能面临的主要挑战包括:

- **智慧城市服务和规模的选择**

  每个城市的发展水平、规模和信息化基础不同,所以没有统一的智慧服务框架。因此确定提供智慧城市服务的优先级以及智慧服务达到何种程度成为一种挑战。

- **缺少单一的客户**

  对于很多智慧城市服务而言,没有单一的客户,应用开发人员经常需要与众多独立的利益相关方打交道,这是一项非常具有挑战性的任务。

- **开放数据带来了新的风险和挑战**

  城市在致力于开放数据项目时将面临多种挑战,例如:

  ■ 支持创新者和中间商使用数据并且为其提供数据。数据挖掘技术的发展是如此之快,以致很多人在还没

① Climate-Kit 是欧洲聚焦于应对气候变化的最大的公私合作创新项目(www.climate-kic.org)。

有意识到该事物时就已经实现。

- 数字化记录存储标准的采用率较低,这将导致小型的科技公司难以在城市之间扩展。
- 要确保在存储和扩展个人信息与机密信息方面存在明确的法规。

(五)技术

已经在以下领域确定了几种产生创新智慧城市服务的技术趋势和开放挑战:

- 宽带连接;
- 物联网/万物互联;
- 智能个人设备;
- 云计算;
- 大数据分析。

1. 宽带连接

普遍存在的大容量固定(如电缆、各种数字用户线路、光纤接入)和/或者无线(如LTE、Wi-Fi、WiMaX)宽带网络是智慧城市信息通信技术基础设施的关键要素。遗憾的是,城市水平的宽带数据非常少。

表7-5列出了试点城市所在国家的固定和移动宽带普及率以及固定宽带网络的平均速度。

表 7-5:试点城市所在国家的宽带普及率

国家/城市		宽带普及率①		平均固定宽带速度 Mbps②
		固定	移动	
欧盟	荷兰,阿姆斯特丹	39.4%	61.0%	10.1
	西班牙,巴塞罗那	24.3%	53.2%	5.9
	英国,布里斯托	34.0%	72.0%	8.4
	丹麦,哥本哈根	38.2%	87.5%	8.1
	意大利,佛罗伦萨/普拉托	22.1%	51.8%	4.9
	德国,法兰克福	34.0%	41.0%	7.3
	法国,伊西莱穆利诺	37.8%	52.2%	5.7
	法国,里昂	37.8%	52.2%	5.7
	瑞典,马尔默	32.2%	101.3%	8.4
	英国,曼彻斯特	34.0%	72.0%	8.4
	拉脱维亚,里加	21.5%	51.2%	不适用
	爱沙尼亚,塔林	25.7%	72.5%	不适用
	意大利,威尼斯	22.1%	51.8%	4.9
	立陶宛,维尔纽斯	19.5%	8.6%	不适用
	克罗地亚,萨格勒布	20.3%	52.3%	不适用
中国		14.1%	29.9%	2.93

① 来源:“2013 年宽带状况:宽带普及化”,宽带委员会报告,2013 年 9 月。

② 来源:“互联网状况”,阿卡迈公司报告,2013 年第二季度。

除德国和立陶宛之外的大部分欧盟国家的固定或者移动宽带的普及率在 50% 以上,平均固定宽带速率为 4.9Mbps 或者更高。尽管欧洲范围的城市水平数据很少,但是有证据表明城市宽带普及率要远远高于国家水平。①

在中国,截止到 2013 年年底,固定宽带用户数达到了 1.89 亿,3G 移动宽带用户数达到了 4.01 亿,普及率分别达到了 14.1% 和 29.9%。② 固定宽带的平均速率为 2.93Mbps,中国试点城市中超过 2/3 的固定宽带速率高于平均水平。③

中国的宽带普及率将会提高。2013 年,中国发布了"宽带中国战略",该战略制定了全国的宽带发展目标以及实施的其他措施,例如,最近颁发了第一批 4G 牌照以及虚拟移动网络运营商的许可。

一些欧盟试点城市(阿姆斯特丹、巴塞罗那、曼彻斯特和威尼斯)和一些中国试点城市(海淀、浦东、南沙)向其市民提供了免费 Wi-Fi。一些欧盟试点城市,例如,曼彻斯特已经与第三方签订协议和/或者建立了伙伴关系,来提供城市 Wi-Fi 基础设施。

2. 物联网/万物互联

大部分试点城市已经或者正在推进将物、机构和人连接起来的 ICT 覆盖——即万物互联(IoE)——为其市民提供公共利益服务。这些服务建立在开放数据和开放基础设施的理念之上,其中,城市 ICT 资产和公共数据在整个城市网络中都是可用的。

---

① 例如,巴塞罗那的固定宽带普及率为 30%,而全国的水平为 24%。

② 来源:工业和信息化部网站。

③ 来源:《中国宽带速率报告》,2013 年上半年,宽带发展联盟发布。

表 7-6 提供了试点城市利用 IoE 传感和通信技术部署智慧服务的一些案例，例如，无线射频识别（RFID）、无线传感器网络、制动器、近场通信（NFC）。

表 7-6　利用 IoE 传感和通信技术的智慧服务

智慧城市服务	例子
教育	• **伊西莱穆利诺**已经实施了多项利用了城市物联网基础设施的智能教育服务
环境/能源	• **南沙**已经开始利用物联网传感技术来修复建筑中的空调系统。该项目的效益是将能耗降低了大约 30% • **浦东**利用工业物联网网关对 366 栋主要公共建筑进行了能源审计和分项计量监控 • **布里斯托**已经在数字化环境房屋能源管理系统（DEHEMS）中利用物联网来提高家庭能源效率（在 50 个家庭中部署的一个试点项目）
交通	• **前海**利用了一个物联网平台和大数据分析技术在城市商业区实现了一个智能停车解决方案，这是中国第一个这种类型的方案 • **曼彻斯特**的智能交通解决方案“动态路网效率和出行信息系统”利用物联网技术为出行者提供实时的信息，使他们对服务的可靠性具有更多的信心，从而做出更明智的选择

(续表)

智慧城市服务	例子
食品安全	• 成都通过物联网平台建立起了一个肉类和蔬菜的可追溯系统。

一些试点城市在服务开始全面实施之前,就已经在检验IoE技术的可行性并且评估服务的效益,例如布里斯托的DEHEMS项目。

可能制约城市对IoE技术和智慧服务部署进行投资的一些挑战包括:

- **一些IP网络尚未"IoE准备就绪"**

  城市网络的带宽可能有限,或者网络的电力、内存和CPU处理能力这类资源可能有限,难以扩展到足以支持亿万个设备,或者网络缺少足够的IP地址来满足IoE应用的要求。为了克服这些挑战,需要标准机构、技术供应商和网络提供商之间进一步创新和合作来开发一个与行业无关的分布式网络架构和协议。

- **欠缺IoE技能和知识**

  城市就业人员和城市管理层中欠缺技能和知识是广泛利用IoE的一个主要障碍。为了弥补这些不足,需要培训工作人员并且招募IoE人才。一些城市为了积累知识以及确定成功的IoE商业模式,雇用了咨询人员和第三方专家。

- **缺少信任**

  IoE产生了数量巨大的数据,市民可能会担心他们的隐私,从而不愿意使用智慧城市服务,因为他们不相信数据是安全的和得到保护的。

- **数字鸿沟**

并不是所有的市民都可以从 IoE 受益。例如，低收入的个人、老年人以及其他有需求但没有智能设备和/或者不知道如何使用智能设备的人。

3. 智能个人设备

智能手机和平板电脑等具有相当大的计算能力，能够产生大量的数据，这些数据可以有助于生成智慧城市解决方案。

如表 7-7 所示，到 2012 年第二季度，在拥有试点城市的所有欧盟国家，智能手机的普及率超过了 30%。中国智能手机的普及率为 40.8%。考虑到试点城市所在省份的宽带普及率高于全国的平均水平，人均 GDP 也高于平均水平，所以试点城市的智能手机普及率也可能更高（参见第 5 章试点城市简介）。

而且，随着智能手机越来越便宜，欧盟和中国的试点城市中的智能手机普及率可能还将提高①。

表 7-7 试点城市所在国家的智能手机普及率

国家/城市		智能手机普及率（国家层次）
欧盟	荷兰阿姆斯特丹	54%
	西班牙巴塞罗那	39%
	英国布里斯托	56%

① 国家互联网数据中心的研究，2013 年智能手机的平均价格将是 372 美元，低于 2012 年的 407 美元和 2011 年的 443 美元。到 2017 年时智能手机的平均销售价格将降低至 309 美元。

(续表)

国家/城市		智能手机普及率(国家层次)
欧盟	丹麦哥本哈根	不适用
	意大利佛罗伦萨/普拉托	31%
	德国法兰克福	30%
	法国伊西莱穆利诺	41%
	法国里昂	41%
	瑞典马尔默	85%
	英国曼彻斯特	56%
	拉脱维亚里加	不适用
	爱沙尼亚塔林	不适用
	意大利威尼斯	31%
	立陶宛维尔纽斯	不适用
	克罗地亚萨格勒布	不适用
中国		40.8%

来源:玛丽·米克尔,摩根斯坦利公司,2012 年 5 月①;电信研究院纵深观察,2014 年。

大部分试点城市已经为市民开发了智能手机应用程序。随着智能手机普及率的提高以及城市领导者更深入地理解了与智能手机相关的服务如何改善市民的生活,这种服务的数量可能会增加。

① 来源:http://venturebeat.com/2012/12/03/mary-meeker-releases-stunning-data-on-the-state-of-the-internet/。

表 7-8 列出了与智能手机相关的服务类型，这些服务类型包括对城市生活的满意度有最为正面和负面的方面。调查结果是基于爱立信公司在 2013 年 10 月对圣保罗、北京、纽约、伦敦和东京的 7500 名 15—69 岁 iPhone/Android 智能手机用户进行的在线调查得出的。①

表 7-8　影响城市生活的智能手机服务

主要结论	说明
智能手机应用程序正在迅速地改变城市生活	• 对新 ICT 服务的大量需求有可能在短短三年的时间里就使城市生活发生巨大的变化
期望服务很快可以使用	• 智能手机用户希望爱立信所测试服务的市场可供数量在一年里就可以增加到原来的三倍 • 智能手机用户希望在三年的时间里可供服务数量将是目前的五倍，将测试的概念转变为畅销的服务
应用将为大部分市民提供服务	• 几乎 30%的智能手机用户认为手机预定、餐厅指南和当日交付服务将是所有市民的常用功能

① 来源："智能手机改变城市：提高对城市生活满意度的 18 种服务"，爱立信消费者洞察总结报告，2013 年 10 月。

(续表)

主要结论	说明
城市居民最为满意的 3 个生活方面是购物、餐厅/咖啡店和休闲设施	● 将加强智能手机服务概念有: ■ 购物 ○ 在线和在商店中当日交付 ○ 移动商品导购 ○ 情景购物推荐 ■ 餐厅/咖啡店 ○ 移动菜单和桌位预定来提前点餐 ○ 餐厅食材检查员和社会餐厅指南 ■ 休闲设施 ○ 移动休闲设施预定 ○ 虚拟游戏连接器 ○ 数字式实时教练员/助理
城市居民最不满意的 3 个生活方面是儿童日托/老年人护理、官方通信和交通	● 将加强智能手机服务概念有: ■ 儿童日托/老年人护理 ○ 互联的食品和医药服务 ○ 社会护理网络 ○ 在线就近护理系统 ■ 官方通信 ○ 使智能手机和个人电脑获得公共信息的在线城市服务 ○ 提供基于位置的信息的情境移动城市服务 ○ 24/7 在线热线都市聊天

（续表）

主要结论	说明
城市居民最不满意的3个生活方面是儿童日托/老年人护理、官方通信和交通	■ 交通 ○ 个人导航仪 ○ 自驾/停车 ○ 最低日出行计划
方便交通出行的应用程序排名很高	• 20%—30%的参与调查者每天都会使用所有新的服务，而40%的参与调查者每天使用与交通相关的服务

4. 云计算

所有试点城市都已经部署了云计算来降低为其市民提供服务的总体成本并且/或者提供对市民的诉求反应更加迅速的服务。很多欧盟试点城市拥有丰富的经验。例如，巴塞罗那已经实施了基于云的解决方案来提供以下服务①：

- **身份、安全性和设备管理**

  这是一个为现场员工提供的增强版虚拟桌面基础架构（VDI），实现了更高的效率和生产率，而更高的生产率又转化为对市民更好的服务。

- **数据中心和业务线平台**

  巴塞罗那已经开发出了一系列的应用，例如，Third Place（第三地，www.findthirdplace.com），这是满足移动工

① 来源："巴塞罗那通过云、设备和应用程序来实现创新城市治理的愿景"，微软。

作者需求的一种服务,包括了前去工作城市的地点信息。

- **大数据和分析**

OpenData BCN,巴塞罗那的开放数据门户网站,通过利用先进的分析将传统的信息库转换为云端的服务信息,使该市成为可以为市民提供更加开放、更负责任和更高效的服务。该项目包括了一个被称为“bigov 更佳城市指标”的显示面板,显示了 120 项主要的城市指标。通过巴塞罗那与“城市协议社会”的合作,这些指标将成为城市发展水平的基准,用来展现城市如何具有吸引人们的居住和经营条件。

图 7-2:在 Windows 8 系统中运行的“bigov 更佳城市指标”程序界面

来源:“巴塞罗那通过云、设备和应用程序来实现创新城市治理的愿景”,微软。

- **CRM**

从 2013 年年初开始,有 16 个业务线应用已经被集成到了新的 CRM(客户关系管理)系统中。“市民关心与参与”系统记录了市民与政府包括通过社交媒体交互的历史，从而确定市民划分，分析出共同点或者经验。这使市民意识到他们起到了城市“促进者”的作用，而且这种信息将与所有部门共享。

两个欧盟试点城市，曼彻斯特和伊西莱穆利诺，是欧洲智能城市平台（EPIC）①项目中的合作伙伴（www.epic-cities.eu）。EPIC 的主要目的是开发“一体化智慧城市”，帮助城市只支出传统 IT 解决方案成本的一小部分就可以实现更加智慧。这个项目证明了利用云方法进行智慧城市服务评估和交付的可行性，降低了硬件成本，并且为满足更多可变的用户需求提供了弹性。

一批欧洲和日本的公司、研究机构、大学和城市正在 ClouT 项目（www.clout-project.eu）中共同合作，提供利用物联网和云计算实现智慧城市的方法。ClouT 表示“物云”，将为城市及各种利益相关方开发基础设施、服务、工具和应用来建立、部署和管理那些利用了最先进的物联网和云计算技术的、以用户为中心的应用。

一些中国试点城市已经在云计算方面取得了显著的成绩。在扬州，云计算中心已经与市政府下属的 59 个机构的数据中心和信息系统集成，实现了数据中心硬件、软件、网络平台、安全保证和维护的合作建设和共享，大约节省了 2000 万元人民币。天津滨海新区的产业云一直在为超过 500 个用户提供云服务，用户包括石油勘探、设备制造、卫星遥感处理、研究机构和大学，服务包括超级计算、数字设计、自动化设计、基因分析等。中国的大型互联网企业，例如，百度、腾讯和阿里巴巴，也已经建立起了非常强大的云计算服务。

① EPIC 得到了欧盟委员会的支持，并且从其获得了部分资助。

尽管在所有的试点城市都正在使用云计算,但是也存在着很多阻碍采用云技术的障碍和挑战,包括:

- **安全性**

  安全性是采用云技术的最主要障碍。城市领导者需要确保云服务提供商能够理解和适当地管理在云系统上存储其数据和运行其应用程序相关的安全风险。但是,有迹象表明安全性问题正在下降。在"北桥创投合作伙伴云计算的未来第三次年度调查"[①]中,尽管安全性仍然是最主要障碍,但是参与调查者中将其视为最主要障碍的比例从2012年的55%降低到了2013年的46%。

- **管理云组件的复杂性**

  越来越多的云标准,再加上不成熟云计算,使得IT部门实现云解决方案更为复杂。

- **隐私权**

  存储在世界上任何地点的云信息不会被云提供商以不希望的方式使用或者披露,城市领导者和市民需要对此抱有信心。《个人数据保护法》这样的现代隐私权法律以及实施结构需要制定,使市民相信他们的数据不会被以不希望和不受欢迎的方式使用或者披露。

- **云和厂商锁定之间的互操作性**

  一些城市在确信可以从一个特定的云上以及云之间(如公共云和私有云)转移数据之前,可能不会完全采用云计算。

① 来源:http://www.nbvp.com/2013-cloud-computing-survey(www.placr.co.uk)。

5. 大数据分析

计算和分析领域取得的进步使得试点城市可以将各种来源的大量数据转换到新的应用中来，以提高生产率及改善为市民提供的服务。例如，宁波和前海已经开展了基于大数据的数据挖掘来改进城市交通系统的规划并且降低污染。南通已经建立起了人口、法人、地理空间和宏观经济基础数据库，以实现数据共享和跨领域应用。巴塞罗那已经在利用先进分析方法来开发其“bigov 更佳城市指标”。曼彻斯特利用大数据分析来更好地理解人、地点以及“问题家庭”的流行病学之间的联系。

大部分利用大数据分析建立的试点城市应用，是利用城市的自有资源开发的，将政府/城市服务的目标定位于确定趋势和/或者改善运营。但是在欧盟中也有多个第三方开发商通过对开放城市/政府数据应用先进数据分析为公众产生价值的例子。例如，英国一家私有公司 Placr（www.placr.co.uk）已经开发出了利用各种来源的公共交通数据来降低英国的交通成本、提高交通质量的应用。

城市如果要发挥出大数据的全部潜力，需要克服一些挑战，包括：

- **人才短缺**

  为了实现大数据的价值，城市将需要雇用数据分析人员以及能够利用从大数据得出结论的人员。对具有这些技能的人才存在着巨大的需求，包括商业机构和金融机构以诱人的薪酬吸引人才。

- **隐私权和安全性方面的数据政策**

  隐私权和安全性是城市与市民建立起信任关系的基础。城市领导者将需要确保实施的大数据分析政策符合隐私权法律和政府法规。

- **技术**

  需要部署新技术来采集、储存、保护、检索、共享和分析数据。不同的城市所面临的技术挑战也是不同的,这取决于机构内部具有的能力,但是这些挑战可能包括:

  - 身份和隐私管理这类安全性问题,例如,在整个系统中必须采用伪提名将采集到的用户数据与用户的真实身份分离;
  - 应对管理分布式系统不断增加的复杂性;
  - 集成来自遗留系统以及不兼容标准和格式的数据。

(六) 政府政策

多项政府政策已经被实施或者正在实施的过程之中,以支持智慧城市解决方案、应用的开发及其在试点城市中的实施。在欧盟中,因城市对中央政府的政策措施拥有相当大的独立性,特别是拥有很高的财政独立性,所以大部分政策措施都具有协调、展示良好实践以及提供激励的特点。在一些领域实施的政策框架和法律措施,可直接影响城市的可能发展道路。这些框架和措施主要集中于新建工程的环境法规方面,对可能的智慧城市项目仅有间接的影响。

就中国而言,政府强有力地参与了措施的制定,特别是通过工业和信息化部、国家发改委、科技部或者住房和城乡建设部的意见和指导来参与，是依据信息安全产业发展、物联网发展、电子商务发展和智慧城市发展的十二五规划或五年专项计划来制定的。但是，中央政府的主要作用仍然是对那些愿意进行智慧城市现代化建设的城市发展和实施智慧城市项目提供指导和支持。考虑到中国城市的数量以及城市行政和管理现代化所需要的财政支持，尽管中国的城市可以从国家开发银行获得可观的财政资源，但是也同样面临着为投资寻找新的融资形式的挑战。

下面的表列出了最近的政府政策的例子。

政策领域	案例
研发融资	• 欧盟委员会计划在“地平线2020”研究和创新计划的2014—2015年预算中为智慧城市和社区投入大约2亿欧元资金，以加速智慧城市解决方案的进程并且扩大建设规模。这些研究和开发资源可以与来自以智慧、可持续和包容增长为目的的欧洲凝聚基金的融资结合起来① • 在国家层面上，英国已经将物联网和智慧城市作为其5条主线中的2条包括在其数字经济战略中，其他主线是云计算、电子商务和大数据②

① 来源：http://europa.eu/rapid/press-release IP-13-1159 en.htm。

② 来源：http://bit.ly/19fPKeX。

(续表)

政策领域	案例
研发融资	• 科学技术部已经在 863 计划之下启动了智慧城市研发项目,目前阶段是在 2012—2015 年间,开展涉及 8 个领域的智慧城市基本技术,投入资金大约为 5000 万元①
示范项目融资	• 在欧盟层次上,"智慧城市和社区欧洲创新伙伴行动"(EIP-SCC)已经为智慧城市在能源、交通和 ICT 领域的示范项目的发展和实施提供了 3.65 亿欧元 • 英国是为数不多的建立专门的财政支持制度以支持智慧城市解决方案发展的成员国之一。英国政府在 2013 年 10 月宣布:通过技术战略委员会融资 2400 万英镑,来展现城市如何通过利用集成和连接城市系统的新技术实现地方经济的增长和市民生活水平的提高② • 德国政府已经在最近达成一致的联盟协议中纳入了促进智慧服务的目标,其目的是为私营领域开展类服务的开发以及智慧解决方案在公共和私营领域的应用创造竞争环境 • 工业和信息化部和财政部已经在 2011 年建立了物联网专项基金来支持试点应用;到 2013 年时总融资达到了 15 亿元

① 来源:http://www.863.gov.cn/。

② 来源:http://bit.ly/1kmZc2c。

（续表）

政策领域	案例
示范项目融资	• 国家发改委从2011年起已经建立了大约30个物联网试点项目 • 住房和城乡建设部与国家开发银行合作，对正式参与智慧城市试点项目的一大批城市进行建设管理
环境政策框架	• 旨在实现智慧、可持续和包容性增长的"欧洲2020战略"以及"资源效率欧洲"计划为欧盟城市发展（还有其他方面）提供指导框架。这体现了欧盟签署了《京都议定书》的15个成员国以及后加入成员国做出的承诺。欧盟在整体上已经做出了减排目标承诺，各个成员国为了确保这些目标得以实现，也已经提出了各自的承诺目标① • 对于大部分中国智慧城市而言，环境保护都是主要的应用领域之一。这些领域包括水资源管理、环境监控、污染物排放监控、有害物质监控和安全生产等
基础设施发展	• 在其最近的改革工作中，欧盟委员会已经致力于确保为所有欧盟成员国提供高质量、高速和价格实惠的宽带连接的电子通信市场提出了一

① 如需了解详情，请参见：http://ec.europa.eu/clima/policies/g-gas/index en.htm。

(续表)

政策领域	案例
基础设施发展	揽子改革。通过新的市场定义、降低漫游费以及跨国许可制度的前景,市场效率将会提高,并且激励网络运营商更新其提供的网络。每个成员国都已经制定了国家宽带计划,定义了2020年之前的带宽和普及率目标,利用欧盟数字化议程计分板对实现的水平进行经常性评估 • 为了进行类似的推动,中国政府发布了《"宽带中国"战略及实施方案》,制定了到 2020 年时的普及率和带宽目标,同时加快在电信市场引入更具竞争性的元素,例如,虚拟网络运营商牌照、4G 牌照以及批准中国移动成为新的固定宽带提供商,以便确保高质量基础设施的更快速的部署
开放数据	• 为了使私营领域行为主体更顺畅和高效地利用政府数据,欧盟委员会建议"默认开放数据"政策应当使公众能够以机器可读的格式标准获得政府数据。目前存在着大量的开放数据政策和法律框架,成员国和城市大都独立地对数据的传播负责。同时整个欧盟正在寻求高效解决方案,以建立具有经济效益的开放数据门户网站和应用 • 目前主要是由非政府项目来开发和推动开放数据方面的指南。具体案例请参见"市民共享"

（续表）

政策领域	案例
开放数据	（Civic Commons）网站 http://wiki.civiccommons.org/Open 数据指南或者开放共享基础（Open Commons Foundation）的"开放数据手册"（Open Data Handbook）页面：www.opendatahandbook.org/ • 尽管正在实施的多项工作使市民和企业家更容易地获得中央和城市层次的中国政府数据，但是目前这些工作没有置于遵循通用标准的共同政策之下
支持创业和 ICT 技能	• 在促进 IT 业创业和鼓励新的创新性人才进入市场的工作中，欧盟委员会与相关的公司合作，共同利用"数字化就业大联盟"。该联盟的目标是到 2015 年时创造 10 万个额外的培训机会，通过教育和培训方案的现代化来提高学生的 ICT 技能，通过共同的市场体系促进与 ICT 相关的就业① • 在中国，试点城市进行了类似的工作。很多试点城市开展了培训项目和竞争来提高市民和企业家的 ICT 技能，例如，浦东、宁波、扬州等

在促进将智慧城市的发展作为实现更可持续性生活条件的工

① 来源：https://eceuropa.eu/digital-agenda/en/grand-coaNtion-digitaHobs-0。

具方面,政府政策具有双重作用。

- **减轻财政负担**

推动城市现代化以满足具有可持续性和能源效率的发展需求需要投资大量的资金,所以需要政府采取措施来帮助城市减轻财政负担,并且为这种现代化制定激励措施。这一点可以通过以下方法来实现:

■ 政府通过研发基金进行直接财政拨款,用于开发和实施解决方案的支持。

■ 为了使私营领域更容易参与,也可以利用政府政策为私营领域的参与创造有利环境。这可以通过为建立公私合作形式提供可靠的法律框架来实现,包括激励性的标准合同和参考的商业模式。一项重要的政策考量是应当在私营基础设施中允许何种程度的公共领域直接投资,例如电信网络——欧盟尤其要考量此问题,因为国家补助规则在原则上限制了政府对这类市场的投资。

- **监管框架**

与此同时,还需要确保有效和安全地使用技术的监管框架:

■ 对使用标准化应用程序和接口的深入分析,例如,与使用开源软件和使用专有软件解决方案相对比有关的分析,以实现智慧城市项目之间更好的合作以及在良好实践中更高的可转移性。

■ 明确的数据储存标准与发布原则和格式,以便在各个政府部门以及私营领域企业家更便利地使用这些数据。

- 积极促进私营领域参与开发智慧城市相关解决方案的政策，例如，通过企业家研讨会、编程马拉松、竞争等方式。
- 需要建立确保网络和应用完整性、市民隐私权和企业经营的法律框架，以建立对系统的信任，并且在尽管对过多的数据采集（如智能计量系统）存在担心的情况下，促进智慧城市应用的利用。
- 需要信息安全政策来确保安全性法律和法规框架在行为和技术层面上的实施。这需要涵盖从数据储存冗余，到用户信息与使用数据分离、网络和政府雇员的数据使用政策等各种问题。

八　建议

如本报告所述,每个城市均已通过不同方式在建设智慧城市。从实施个人交通或废物管理解决方案到建立全市范围内的一体化综合服务,通过利用信息与通信技术(ICT),将它们涵盖到"智慧城市"的体系中。这是很自然的,因为每个试点城市都有各自不同的出发点,具有不同的社会和经济先决条件、自然和地理环境、经济结构、技术解决方案的经验以及各自不同的基础设施成熟程度等。因此,关于如何"变得更智慧",不可能仅有一套单一的适用于所有或者大多数试点城市的建议。

然而,我们应为参加中欧智慧城市合作的所有试点城市提供一个程序方面的统一建议。建设智慧城市是一个没有明确截止点的过程,在为公民和企业提供更好的服务和更有效地利用资源这两个方面,一个城市必须不断改善和提高。持续改善的建议路线图旨在为试点城市逐步推进,直至达到"最成熟"水平提供指导。如下页图 8-1"智慧城市走向成熟的阶梯路线图"阶梯示。

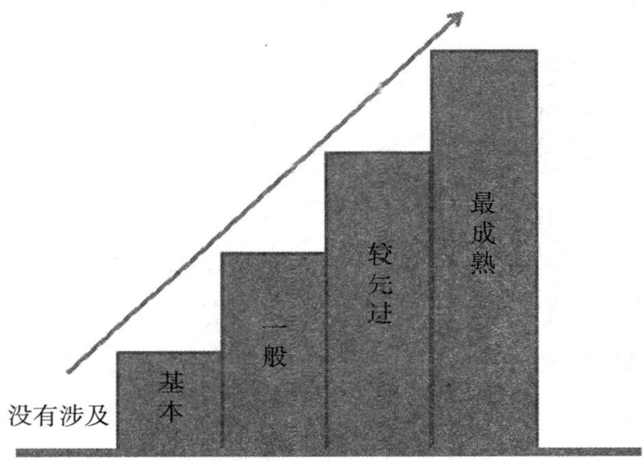

图 8-1：智慧城市走向成熟的阶梯路线图

一些试点的智慧城市可能没有兴趣或没有足够的资源，达到该“智慧城市走向成熟的阶梯路线图”中具有成熟特性的智慧城市的最高可能水平，例如“战略”或“商业模式”。但该图也为如何解决逐步实现不断现代化的任务，以及如何在不向现有城市系统施加过大压力的情况下，保持设定雄心勃勃的可实现目标与所面对压力的平衡提供了指导。“智慧城市走向成熟的阶梯路线图”中有两个重要的基本原则：

- **不越级**

从成熟的“基本”水平跨越式地达到“最先进”水平，不仅是大多数试点的智慧城市在管理、技术和财政能力方面不可能完成的任务，而且在大多数情况下还会适得其反。实施这样的策略可能会对许多城市系统施加过大的压力，导致其日常正常运行的功能受到影响。对能力（例如人力资源）进行培训，可能需要实施和测试新的信息与通信技术系统，在实施下一项挑战任务前需要利益相关者对这些改变产生的影响进行评估。

- **不孤立推进**

推进评估框架的某一个特征而忽略其他特征,这在大多数情况下往往也会适得其反。举例来说,我们很难想象一个智慧城市不同时推进"治理"、"金融"、"商业模式"或"利益相关者"这些相关方面,而能够在"信息与通信技术基础设施"方面设法达到成熟的"最先进"水平。孤立专注于信息与通信技术基础设施可能会促使新的基础设施到位,但如果信息与通信技术基础设施不能满足公民和企业的需求,那它将只能保持闲置并导致投资浪费。当然,这并不是要求所有特性都要与要实现的同一成熟级别的智慧城市完全一致。市政府及其公民有责任确定其所在城市的优先领域。但是,应当避免各个方面之间的差距过大,因为这是城市还没有足够的能力来推进现代化进程的一个指标。

为推进"智慧城市走向成熟的阶梯路线图",试点的智慧城市可使用多种资源,例如:

- **知识交流平台,如欧盟和中国之间建立的那些平台;**
- **智慧城市已有的最佳实践。**

尽管在第6章中提供了对试点的智慧城市成熟度的评估,但我们依旧强烈建议各试点城市就其目前的成熟度进行严格的自我评估。一旦这个评估完成,则试点的智慧城市接着就能找出与其围绕着"智慧城市走向成熟的阶梯路线图"中需要开展的下一步工作相似度较高的其他智慧城市,或某一个相似度极高的城市的单个项目。

作为指导,下面提供了一些用于评估智慧城市框架各个特征的普遍建议。

(一)智慧城市战略

成熟度			
基本	一般	较先进	最成熟
• 明确阐述智慧城市的愿景并与城市总体愿景联系起来 • 专注于信息与通信技术的有限战略	• 智慧城市的愿景包含的目标至少涉及以下这些因素:环境、能源、交通、废物管理,城乡凝聚力和生活品质 • 有限的智慧城市的关键绩效指标(KPIs) • 适当的信息与通信技术计划	• 明确定义的和可衡量的智慧城市的关键绩效指标 • 城市的信息与通信技术愿景	• 智慧城市关键绩效指标的基准对照适用于所有利益相关者的国际标准 • 信息与通信技术计划应当确保主要技术趋势包含在其城市的规划中

综合城市规划

最终目标是使智慧城市战略与城市和区域的总体战略相匹配。一个单独的、孤立的智慧城市战略,无法考虑到城市管理层、公民和其他利益相关者的需求。特别是智慧城市存在这样一种风险,即成为一个技术项目,而不是一个改善城市民生的项目。

面向未来

制定智慧城市战略的目标不应当专注于仅仅满足未来可实现的步骤。相反,我们的目标应当是提供足够的资源,有系统地筛选全国乃至全球的最佳实践,找出最先进的解决方案。这个诀窍将使那些做出的战略选择尽可能地面向未来:

- **技术标准的选择,比如物联网的出现;**
- **考虑用户行为,如增加移动宽带的需求;**
- **未来的人口发展趋势,例如中产阶级化。**

这种方法也应当有助于避免做出现在合理但几年后便会过时的战略选择,从而时常产生大量高昂的调整成本。

现代管理工具

先进智慧城市的发展战略规划非常复杂,它需要同样复杂的方法来实施这一计划。这需要在众多区域进行能力建设,一个关键组成部分就是要建立一个决策者能够评估计划成功或不足的系统。为此,应当建立相关的关键绩效指标,确保持续评估该计划的进展情况并在出现挑战时提供早期预警。一些试点的智慧城市已经在使用关键绩效指标来衡量它们在实现智慧城市目标中的表现。在少数情况下,试点城市已将它们的关键绩效指标同国际标准相参照。这些为那些推进较低先进水平的智慧城市战略发展规划的试点城市提供了范例。

各城市还能获益于制作城市仿真和场景规划模型,因为这些工具能够有助于在不同背景条件下更好地理解政策和实施策略。

（二）利益相关者

成熟度			
基本	一般	较先进	最成熟
• 明确定义了利益相关者的作用和关系，但是服务的设计却没有公民的参与	• 明确定义了利益相关者的作用和关系，服务的设计只有有限的公民参与	• 服务的设计明确定义了利益相关者的作用和关系 • 公民参与服务的设计，例如，建立反馈机制	• 采用多种形式的交互技术与公民互动，例如，作为与公民之间互动机制的群众外包、游戏化等 • 积极促进和向利益相关者宣传智慧城市的发展 • 提供促进公民接受新服务的培训

客户的主动参与

推进“智慧城市走向成熟的阶梯路线图”的实质是一种理念,即城市的主要利益相关者之一是客户,而这些客户有各自的需求和喜好。每一类客户都可能有不同的要求,例如,企业可能看重关于与政府互动、健康和训练有素的雇员、低能源成本等的高效率程序;而市民的需求可能会集中在高效和负担得起的公共交通、清洁的空气和水以及能够获得的医疗和教育服务。积极寻求所有客户的需求并评估他们的要求,包括那些可能难以诉说需求的弱势群体的需求,如文化水平较低的群体以及在经济或社会地位上处于弱势的群体,这是任何一个城市都面临的具有挑战性的任务。一些试点城市已经采用了多种形式的与公民互动的互动技术,作为与客户互动的机制,并能就如何解决这一关键问题,提供这些试点城市迄今与客户有限互动的一些实践经验和建议。

客户参与是一个持续的进程,它并不局限在规划阶段,可能一直存在提升空间。努力达到与其利益相关者之间现代化互动的城市,应当持续寻求为其客户提供更好服务的新方法。

寻求雇员的反馈和意见

制定和实施智慧城市战略的过程需要熟练和经验丰富的人力资源和技术人员,因此掌握所有部门现有雇员的意见至关重要。这个群体在城市进程和面临的挑战方面有着丰富的经验,并能在确定何种解决方案和服务能提供福利方面做出有价值的贡献。实施智慧城市解决方案往往需要新技术以及能力建设,包括招聘新雇员,但这可能会让目前的雇员感到他们在城市体系中未来的作用和影响受到威胁。涉及的前期雇员应当共同致力于为城市下一次迭代的发展创建一个更好的氛围,为每一位雇员提供贡献各自力量的机会并对实现的成果拥有所有权。

（三）治理

成熟度			
基本	一般	较先进	最成熟
• 部门治理结构	• 适当的跨部门治理结构，以确保整个城市规划发展进程的协作 • 全市范围内的治理结构与跨部门共享的绩效目标	• 全市范围内的治理结构与跨部门共享的绩效目标	• 全市范围内的治理结构与跨部门共享的绩效目标 • 适当的程序， ■ 让利益相关者参与决策； ■ 确保对各类利益相关者透明和建立问责的机制

调整组织结构,与智慧城市的愿景相匹配

一个成功的管理结构,关键是要创建一个治理的综合系统,一方面使每个部门专注于各自的专业任务;另一方面确保实现城市的所有功能,因此各部门要成为"智慧城市"概念下城市现代化进程的一部分。虽然每个城市可以在特定情况下找到最适合自己的不同的解决方案,但是所有城市都应当考虑的是从现代私营企业中学到如何最好地建立矩阵式组织结构,能让如信息与通信技术这些功能促进垂直领导部门的工作,并注入现代化元素。

公众参与

与"利益相关者参与"的建议有关,通常的城市治理,特别是智慧城市的治理,应当在决策制定过程中听取利益相关者意见的方法。大多数城市级别的决策,例如,新的交通解决方案或废物处置计划,就是典型范例。公众咨询过程产生了比市政府独立设计、开发和实施的解决方案更好(即效率更高和效果更好)的成果。城市各个领域的治理应当根据大规模咨询来决定,市政府应当明确阐明那些需要比较有限的专家圈参与的领域,并传达给所有的利益相关者。在这种情况下,它也关系到战略的制定,如通过政务公开或公开数据门户来发布公共部门的信息,才能使利益相关方形成意见并在决策的过程中做出重大贡献。

（四）融资

成熟度			
基本	一般	较先进	最成熟
• 为试点项目提供资金，但是没有超出试点范围、扩大资助的计划 • 财政支出的基本监控	• 适当的筹集资金计划，以将一些试点项目扩展到全面部署	• 可用的资金，以将一些试点扩展到全面项目 • 建立完善的系统，监控财政支出	• 资金充足，可用资金可以满足智慧城市的所有目标

制定可持续的筹资计划

确保试点的应用程序或服务的资金是朝向实现智慧城市的战略目标的健全和可持续筹资的第一步和非常必要的一步。寻求参与一个系统性和长期性的进程从而迈向现代化、成熟的智慧城市，应当从一开始就评估金融期权的范围，以保证有足够的资金来实现智慧城市的目标。

已经成功筹集到智慧城市项目资金的试点城市，应熟练地用投资者能够理解的语言将其项目的价值传达给他们。例如，私营部门重视推动股东价值和利润最大化的项目，而当地或国家政府项目则往往侧重于为公民提供高品质的服务和提高运营效率。

面临资金问题的试点城市可能会需要探索一些已在全球智慧城市中成功应用的金融工具,如绿色债券、节能绩效保证合约(Energy Saving Performance Contracts)、众筹(crowd funding)等。

远景规划

虽然最先进的应用和服务通常是为了所有城市和社区的利益,但并不是每个城市都能让他们在规划期间建立起实现这一目标的结构以及合作伙伴的关系。建立描述多种筹资需求的现代化道路的各种远景规划是可取的。并不是总能成功筹集到所需资金,因此有一个专门描述的备用“B 计划”,这在该项目只筹集到有限资源的情况下尤为必要。如果在规划过程中未能实现第一次最佳选择的筹资计划,那么 B 计划能确保该项目以修订的形式继续进行,而缺乏其他规划则会导致项目的临时改动或者被取消。

(五) 价值评估

成熟度			
基本	一般	较先进	最成熟
• 以个体项目为基础评估智慧城市的商业案例,	• 一些非财政价值成为商业案例评估的一部分	• 城市已经建立了智慧城市的评估框架,其中	• 考核评估所有智慧城市项目的整体影响(经济、环境、社会和文

（续表）

成熟度			
基本	一般	较先进	最成熟
并只考虑财政因素		包括一些非财政因素（如社会、环境）	化成果）

合理的规划和分析工具

健全的价值评估是基于与城市的目的和目标直接相关的度量指标，然后跟踪这些目标的进度。有些指标比较容易量化，如“高峰时间在路上的私家车数量”或“每年的碳排放量”。但其他一些不易量化的因素也应当加以评估，例如“公民的安全感”或“对投资者的吸引力”。

更先进的试点城市已经建立了规划体系和分析工具，使管理层能够跟踪广泛的各项衡量指标，并就智慧城市相关的项目和改进做出明智的选择，这为目前尚不具备这种能力的试点城市提供了有益的学习经验。

利用私营机构的专业知识

与私营机构合作开发一个价值评估程序对城市的政府部门大有裨益，因为这些工具被广泛应用于私营机构的项目中。私营机构的合作伙伴可能是一个具有价值评估工具专业知识的顾问公司；顾问可以在协助市政府部门的决策方面提供额外的专业知识，同时还有利于政府在此过程中提升能力。另一种方法是市政府建立公私合伙（PPP）以交付智慧城市的项目，这一范例的可取之处就是与私营机构的合作伙伴合作开发一套价值评估体系。由于在早期阶段合作伙伴双方将需要在项目实施前就该项目的财务和非财务结果达成一致,因此具有一些优势。此外,该进程中应当协助谈判并达成公私合伙协议。

(六) 商业模式

成熟度			
基本	一般	较先进	最成熟
• 超出试点阶段,商业模式不可持续	• 为试点项目开发各种不同的商业模式(一些已被证实,其他的仍处在试验阶段)	• 商业模式可能超出试点阶段(可能尚未证实)	• 采用多种已经在全面项目中实施的商业模式

提供创新空间

用来提供智慧城市服务的商业模式的范围和种类没有限制。一些商业模式是经得起考验的,如将非关键服务外包给私人经营或收入分享模式。更先进的智慧城市已经在试点项目中测试新的商业模式,以便量化评估其在全面项目中实施的效果。

商业模式应当是灵活的,应包括激励措施以支持城市的总体目标。同样,智慧城市项目并不仅仅专注于提供服务,还可能包括其他的目标,如提供行为改变的激励措施。例如,该项目可能为参与交通遥感测试的公民提供福利,对最早采用网上税务申报的人员进行税收减免或采取类似的激励措施。何处创造了价值,谁是受益人,以及如何与每一个项目中的不同的利益相关者进行价值沟通,这些对市政府来说是至关重要的,同时也有利于城市现代化战略的全面成功。

明确定义商业模式的参数

由于许多智慧城市的项目涉及私营机构的合作伙伴,因此,市政府必须将一项服务全部或部分外包给第三方的收益和风险进行平衡。要求明确定义各个不同参与方的作用、职责和交付物,这就需要以强有力的合同为保证。此外,市政府应当对所有合作伙伴进行彻底的尽职调查,以便将因第三方未能履行合同规定的义务而导致的下行风险降至最低。

(七)信息与通信技术基础设施

成熟度			
基本	一般	较先进	最成熟
• 宽带(固定,移动或汇聚)网络汇聚所有	• 有针对性的信息与通信技术项目投资(例如,智	• 实现100%全城宽带覆盖 • 所有智慧城	• 100%高速(>20Mbps)宽带覆盖 • 优化实时城

(续表)

成熟度			
基本	一般	较先进	最成熟
试点项目 • 为每个项目提供信息与通信技术的基础设施	慧电网) • 智慧城市跨项目管理和共享一些信息与通信技术基础设施	市项目管理和共享信息与通信技术的基础设施 • 为先进宽带网络提供资金支持(例如,长期演进(LTE)项目、车载无线、传感器等),并为未来的智慧城市项目建立全市范围的数据中心	市操作 • 由专职城市CIO监督信息与通信技术愿景和战略 • 采取适当的措施确保城市“未来证明”及其对信息与通信技术的基础设施的投资

技术中立的基础设施目标

要求交付给智慧城市项目的技术基础设施应当按照功能而不是一个特定的技术术语来定义。例如,对于宽带基础设施的目标应包括参数(如网络速度、覆盖范围、服务质量、渗透率、时间线等)和开发的技术选择[如长期演进(LTE)项目和光纤到户等]以满足功能参数的需要。

战略重点

市政府需要用长远的眼光来了解其对智慧城市的投资，当信息与通信技术项目往往是以一个个项目为基础使用时，这相当难以实现。任命一名了解信息与通信技术对城市和城市目标战略意义的首席信息官（CIO）有助于解决这一问题，因为他或她可以帮助优化投资的决策过程。

开放标准和开放数据

应用程序和技术标准应当在可行的位置以开放标准为基础，因为它们有利于与城市相互之间以及与私营部门的合作。例如，通过开放的应用程序接口（API）和其他标准，在发展智慧城市服务方面进行合作，使城市能够充分利用这些广泛应用标准的规模经济的优势。

"欧洲创新伙伴关系"与欧洲标准化组织（欧洲标准化委员会、欧洲电工技术标准化委员会，欧洲电信标准协会）以及中国各种标准团体（例如，全国信息技术标准化技术委员会）之间的合作，在识别谁已经积极制定关于这些话题的标准并且协调正在进行的智慧城市标准工作方面，发挥着重要作用。

越来越多的城市正在将它们的数据库向公众开放，以鼓励公众重新利用存储在数据库中的数据，使企业和个人为他们自己，也为公众从数据中创造出价值。除公共交通数据（其中许多数据发布者正在利用通用运输反馈规程（GTFS））以外，迄今为止政府数据中的标准化数据非常少。鉴于能够跨城市和国界结合统计数据、财务信息和公司信息以解决关键社会问题的潜在价值，各城市应当努力发展在未来需要的具有包容性和开放性的标准。

促进现代化的政策框架

鉴于信息与通信技术基础设施的投资成本较高,政策框架应当允许灵活设计公私合伙,以共同为在商业上尚不可行的基础设施升级提供资金。这应当与有关此类项目影响的严格义务联系起来,以确保有效运用公共资金。然而,一个城市应当有足够的灵活性,能够以这样一种方式,优先运作它有能力实现的项目,例如,快速部署计量系统以提供创新公共服务。与此同时,政策框架应当涵盖所有利益相关者的利益,包括消费者保护和公民个人利益,以便在新的应用程序中创建信任和加快采用。

(八) 智慧城市服务

成熟度			
基本	一般	较先进	最成熟
• 少数（<5）智慧城市服务——一些是试点项目	• 实施了多项智慧城市的服务，但有些可能仍然是试点项目	• 广泛的智慧城市服务满足跨行业利益相关者的需求 • 服务已经在全市范	• 一些智慧城市服务代表“最佳实践”并因其服务而受到褒奖 • 通过公开

（续表）

成熟度			
基本	一般	较先进	最成熟
		围内实施	数据和众包交付智慧城市服务

优先服务

市政府决策者将始终面临着选择挑战，他们要从数百种可能的智慧城市应用中选出能够满足城市目标的提供最多价值的方案。这意味着决策者需要使用分析工具来比较那些潜在的不相关的项目的价值，以便决定选择哪一种运用。

打造服务平台

为了在城市管理的技术基础设施和能力建设方面创造协同效益，在早期建立能使一系列的服务托管在一个公用平台的结构是可取的，如电子政务服务的中间件。未来的新服务也可以通过模块化的方式快速和有效地添加进去，而不必对整个系统造成大量破坏。

与其他城市合作

与其他城市合作开发智慧城市服务是许多欧盟试点城市的一个重要优先事项。欧盟国家已经建立一些平台，如 CitySDK（www.citysdk.eu）、欧洲应用程序（www.appsforeurope.eu）等，都是以开放平台为基础并提供可用于开发有利于整个欧盟的应用程序的工具。欧盟和中国的合作伙伴（DG CNECT 和工信部）不妨探讨扩展这些平台，让中国城市也能使用。

九　未来发展

由于智慧城市项目向各城市建设工作者提出了大量挑战，所以为了项目成功，能力建设是至关重要的，特别是在技术替代评估、公私合伙的设计和管理方面尤其如此。为使各城市做出符合自身条件的选择，需要做大量的工作。

为满足该需求，知识交流平台在帮助各城市达到各自智慧城市成熟度的下一阶段方面，将继续发挥重要作用。在理想情况下，政策制定者、行业和各城市自身将建立此类知识交流平台，用以应对具体的系统、应用或其他挑战。

此外，需要加强城市与企业之间的联系，以允许双方从其合伙关系中受益。在智慧城市规划早期，城市行政管理需要积极与相关行业合作，使其一直在技术和财务上均保持在可行、可持续的发展道路上。提供智慧城市相关解决方案的企业，需要理解城市行政管理者的不同视角，并且创造性匹配城市政府需求的产品和解决方案，在遵循覆盖范围更广的政策目标的同时，节约稀缺资源。鼓励各平台和论坛将这些城市和企业汇聚到一起，以便沟通，同时鼓励建立合伙组织。

本报告已提供给来自中欧试点城市的官员和代表，这些高级代表于 2014 年 4 月 28 日至 30 日参加在北京举行的“中欧绿色智慧城市合作试点城市交流会”，参与者提供了对《中欧智慧城市比较研究报告》结论的反馈。此外,研讨会的分组会议将使参与者能够讨论在开发和实施智慧城市项目过程中面临的关键挑战。在如何更好地处理这些挑战及如何提出进一步合作的适用领域方面,试点城市进行经验交流。鼓励参会试点城市建立更多的利益相关者的正式城市群,以便在具体解决方案方面开展务实合作。

特别是对那些目前正在准备制定相似解决方案的城市,应当考虑与欧盟或中国的其他城市共同合作,并且从彼此的经验中获益。

寻求进一步发展智慧城市宏伟目标的城市的另一选择,是使用为比较研究而制定的"智慧城市评估框架",并且将其用作评估智慧城市发展现状的内部管理工具,通过确认差距和弱点,着重处理上述差距和弱点。对有意于全面和现实考虑其发展过程的城市,这被证明是一种有益的工具。

附录

附录 1:智慧城市服务实例

类别	智慧城市服务实例
能源和环境	**韩国济州岛的自动计量项目** 韩国电信和鲜京电信正在将济州岛作为自动计量基础设施的实验平台,通过移动和固定网络与供电、供水和供气的供应商连接。基础设施可以自动发现泄漏点,并且提供准确的计量读数,提高可靠性,减少浪费,降低成本。使市民和企业利用移动网络远程监测和控制其建筑的能源使用的建筑能源管理系统,作为自动计量系统的补充。 市政当局还引入了电动车辆服务,在自动身份识别和充电计费支持下,实现了简便的汽车租赁和共享。 **美国多个城市中的 Trashtrack(废物追踪)** 由麻省理工学院 SENSEable 城市实验室开发的 TrashTrack 是一个利用无线传感器网络追踪城市废物流动的实验性应用项目。利用简单的移

（续表）

类别	智慧城市服务实例
能源和环境	动电话技术，将传感器连接到废品上，例如，铝罐或者咖啡杯。从废品启程被运往垃圾填埋场或者回收利用开始，传感器就实时报告目标位置。这个过程是可见的，并可标绘在地图上，利用这种技术可以了解其他方式察觉不到的城市过程。 **里约热内卢的 Rede Ampla（Ampla 网络）** Ampla 是一家电能经销商，为里约热内卢州提供了 73%的电能。城市化比例低、居住条件差（贫民窟）以及犯罪率高导致了无法承受的能源盗窃和不良贷款风险水平。大量的消费者不能使用个人银行服务。住宅和商业场所的计量仪表可能被篡改，贿赂雇员又鼓励了欺诈。Ampla 公司线路上的能源损耗平均达到了 23.6%，在部分地区甚至达到了 52%。这对公共事业的利润率产生了负面影响，带来了更高的能源成本，而这种成本又被传递给了消费者。 2003 年 Ampla 公司开始推广一种安装在柱上的名为 Rede DAT 的新型智能计量仪表试点项目。利用 Rede DAT，变压器可以记录每个家庭的消耗，通过移动网络将消耗数据传递给公共事业公司。能源消费者通过其移动电话接收消耗数据。

(续表)

类别	智慧城市服务实例
能源和环境	试点项目取得了巨大的成功,盗窃造成的损失降低了 50%以上,供电中断的次数降低了 40%以上,而且运营成本也降低了。随着更大范围的推广,使成千上万的 Ampla 居民和企业消费者可以使用上 Rede Ampla 的服务。 **美国印第安纳州南本德市的用水管理** 南本德市从 2011 年后期开始采用 IBM 的智能运行中心(IOC)仪表板来查看从城市智能阀门和传感器获得的数据。这个项目已经将降雨天气时污水溢出事故降低了 23%,并且几乎完全消除了干燥天气时的事故,例如下水道堵塞。该市还能够节省 1.2 亿美元的基础设施升级改造费用,这个项目还有助于避免 60 万美元可能的政府罚款。 **印度孟买的水管理** 当印度最大的城市孟买在 2012 年安装了因创公司(Itron)的计量仪表后,水损失降低了 50%。在这之前,供水系统仅能为该市 1300 万居民中的一半每天供水几个小时,另外一半根本就得不到水供应。原因是该市大约有 50%的自来水由于泄漏损失掉了。 计量系统帮助孟买市政公司查找泄漏点并

（续表）

类别	智慧城市服务实例
能源和环境	且阻止浪费，从而使更多的居民可以用上自来水。因创公司的官员注意到他们在非洲也取得了类似的节水效果。 **智慧路灯** 全球范围内，LED 和智慧路灯正帮助城市更智能，这也是物联网技术的典型应用。到 2025 年，通过采用高效 LED 和智慧路灯，预计城市每年能够节约 113 亿美元（86000 吉瓦时）。根据东北集团公司公布的研究报告，到 2025 年，这个领域的累计投资将会达到 720 亿美元。
交通	**旧金山的 SFpark（旧金山停车）项目** 该项目旨在通过帮助驾驶员找到停车位来降低交通流量。SFpark 采集关于哪里有停车位的实时信息（利用无线停车传感器），然后通过智能手机应用程序将信息分发给驾驶员。它还定期调整仪表，根据需求调高和调低车库定价，鼓励驾驶员在未充分利用的地区和车库停车，降低对过度使用地区的需求。 美国联邦政府为该项目提供了 80%的资金，并且通过提高停车空间的利用率以及更好地匹配停车收费和需求，为该市创造少量的收入。

(续表)

类别	智慧城市服务实例
交通	**旧金山的 Cabspotting(出租车定位)项目** 旧金山的探索和设计公司 Stamen 开发的 Cabspotting 项目对正在整个旧金山湾区行驶的出租汽车进行追踪,基于每辆出租汽车的路线建立起一个实时的运动路线图和跨城区的城市活动图。该项目从安装在黄色出租车里的 GPS 追踪设备中获得数据,并且供调度员使用。旧金山已经基于这些数据制作了很多可视化产品,来探索可以从这些数据中获得哪些与城市有关的有意义的信息。 **首尔的 u-Shelter 先进公共汽车站** 首尔在 2009 年引入的 u-Shelter 公共汽车站结合了先进的 ICT,来为市民提供各种智能服务。在 2011 年,每个 u-Shelter 公共汽车站每日平均与 2518 人交互,最常使用的服务——公共汽车线路指南每日被使用 1427 次,其次是数字地图(764)、目的地搜索(135)、交通广播电台(65)和天气预报(59)。 **日本丰田汽车城** 丰田汽车城是丰田汽车公司的总部,毋庸置疑它关注的是其智慧城市计划的交通和机动性问题。该城正在开发多个与可持续交通相关的

（续表）

类别	智慧城市服务实例
交通	示范项目，包括插电式混合动力汽车共用系统以及建设基于太阳能的充电基础设施。该城还在试点家庭能源管理系统和需求响应项目。
公共安全	**首尔的 u-Seoul 安全服务** u-Seoul 安全服务已经从 2008 年 4 月开始运行。它利用“基于位置的服务”和闭路电视技术将涉及儿童、残障人士、老人和老年痴呆症病患的紧急事件通知给当局和家庭成员。首尔已经开发了专用于这种用途的智能设备，当其持有人离开了指定的安全区域或者按下紧急按钮时，紧急警报将发送给监护人、警察、消防部门和闭路电视控制中心。 为了利用 u-Seoul 安全服务，市民需要使用为此用途特别设计的移动载体注册。首尔向低收入家庭和弱势群体免费或者以相当大的折扣提供紧急告警设备，目标是到 2014 年注册用户数量达到 5 万。
卫生	**阿姆斯特丹的卫生实验室** 卫生实验室是阿姆斯特丹大都市区的一个项目，旨在为支持创新护理技术的开发和实施创造一个环境。该项目的重点是提高护理效率来

(续表)

类别	智慧城市服务实例
卫生	提高最终用户的独立性。在卫生实验室中,专业人员、科学家和企业家与最终用户密切合作来探索解决方案。基于 ICT 的技术的潜能发挥了重要作用。 为了支持和刺激阿姆斯特丹大都市区数字化医疗的发展,该项目有三大重点内容: • 建立一个所有参与者都可以聚集在一起讨论和分享护理领域新解决方案发展和实施经验的平台; • 支持和刺激建设多个生活实验室场馆,在这些地方可以与用户一起测试和改进新的解决方案; • 在教学设置中增加以这些解决方案的实现为重点的新课程。
教育	**首尔的学校简讯应用程序** 市民开发的学校简讯应用程序将学校与学生家长联系起来,可以将课程计划的变化或者要求学生为了第二天的课程带到学校的物品,迅速通知家长。这是通过一个在线"教育委员会"实现的,无论其内容何时被更新,它都可以立即将内容的变化通知家长。目前首尔有100所小学在使用这种服务,并且鼓励更多的学校通过"I am school(我是学校)"程序来使用这种服务。

（续表）

类别	智慧城市服务实例
经济刺激	**韩国釜山** 釜山是韩国的第二大城市，是全球第五大集装箱港口。釜山的经济以重工业为基础，所以也面临着同其他大城市和工业城市类似的挑战。釜山面临的主要挑战是为其每年6万名大学毕业生创造就业机会并且保留高质量的劳动力。釜山广域市政府认识到要通过利用ICT来发展其经济基础。通过将市民、教育机构、政府部门和产业界连接起来，城市可以实现可持续的发展，同时使市民便捷地使用城市服务。 思科公司提供的云基础设施将釜山广域市政府、釜山移动应用中心（BMAC）以及五所当地大学连接起来。最终，它将通过电话亭、全市数字交互式显示器、家庭接入和移动接入为市民提供服务。第一个基于云的主要计划设计目的是到2014年创造3500个就业机会以及300家以移动应用开发为重点的创业企业。在釜山信息产业振兴院（BIPA）的带领下，该项目将建立一个开放的创新生态系统来刺激釜山的移动应用经济。釜山广域市政府为ICT的发展提供资金，并且通过BMAC提供培训和教育。软件开发人员、企业家和小型企业可以注册并且获得工具、培训

(续表)

类别	智慧城市服务实例
经济刺激	和测试资源,来为市民开发智能应用程序和基于移动应用程序的服务。创造的收入通过 BIPA 回馈给开发人员。 BMAC 提供项目和会议室作为实际的工作场地,开发并共享用于 Windows 和 Mac 操作系统的云平台、应用程序库、创业企业和小型办公室与家庭办公室专业人员的咨询中心、测试工具、智能设备、访问市政数据的应用程序编程接口、应用程序开发人员论坛以及营销资源。
开放数据	• **实时新加坡!(Live Singapore!)** "实时新加坡!"是麻省理工学院 SENSEable 城市实验室领导的一个研究项目,其重点是开发从城市系统和网络中采集、组合和分配实时数据集的平台,例如,车辆(出租汽车、公共汽车、地铁)、电信网络(移动电话、陆上线路、Wi-Fi)、港口和机场、环境传感器网络以及用户生成的数据。 已经开发的应用程序的例子包括:(1)碳排放地图,通过利用 GPS 和车辆上的速度和加速计数据,可以实时地掌握交通流量在何处产生较高二氧化碳排放。这使得慢跑者、自行车骑行者以及其他人可以避开高污染地区,对于规划减少排放的交通路线也是有价值的数据。

（续表）

类别	智慧城市服务实例
开放数据	（2）在2009年，新加坡能源市场管理局启动了智能计量试点项目。通过允许房屋所有者获得其个人的能源消耗信息，试点实验显示他们可以在总体能源消耗上至少降低2%，在高峰期间的消耗降低10%。通过能源数据、各种激励措施以及消费者态度和优惠的综合作用，该项目可以更好地理解人们的能源使用，并且帮助定制特定的信息来推动更多地节省能源。 **旧金山的DataSF（数据旧金山）** 旧金山在2009年通过其开放数据工程DataSF，成为第一批公开分享数据的城市之一。DataSF拥有来自于几十个城市机构的超过200个数据库，并且已经为这些数据开发了数十个应用程序。一些例子包括：（1）Neighbourhood Score（街区评分）给每个街区都提供了总体健康和可持续性评分。这个应用程序以一个整体模型为基础，确定了所有特定城市地区的自然和社会环境中的有利条件和危害。这个应用程序可以用于评估宜居性，发现各个社区的成功与失败之处，使居民和当选的官员可以逐条街道宣传更健康的城市生活。（2）EcoFinder（生态发现者）通过提供距离市民家庭最近的相关企业和服务信

(续表)

类别	智慧城市服务实例
开放数据	息,帮助市民找到回收和正确处理废品的地点。 **新西兰克赖斯特彻奇市的"感觉城市"(Sensing City)** 克赖斯特彻奇市在2010年和2011年经历了一系列大地震,其整个中央商务区都被摧毁。"感觉城市"项目将在重建的基础设施中安装传感器,在粒度级实时监控从噪声水平到用水的所有情况。它还将加入来自现有数据库(例如交通流量)的数据以及来自控制建筑管理系统的信息。聚合数据将在一个开放的数据存储系统中共享使用,城市官员和市民均可以对数据进行分析。 第一批开发的项目之一是检验空气质量、空气温度和呼吸系统疾病发病率之间的相关性。当人们要求避免慢性阻塞性肺疾病的发病时,呼吸者身上的传感器将进行监控。这些传感器依赖于关于分发药物数量、呼吸者嘴部和所在场地的温度的实时数据。此外还有测量整个城市空气中微粒水平的粒度级实时数据。这个项目对城市、卫生系统以及病人都具有很多重大的效益。

来源:

(1) "智慧城市指南:移动运营商的机遇",全球移动通

信系统协会,2013 年 2 月;

(2) “智慧城市通过创造性地利用技术来改变 21 世纪的城市”,英国奥雅纳工程顾问公司,2010 年 9 月;

(3) “智慧城市首尔:案例研究”,国际电信联盟电信标准化部技术观察报告,2013 年 2 月;

(4) “智慧移动城市:移动运营商实现智能城市的机遇”,埃森哲咨询公司、思科公司和全球移动通信系统协会,2011 年;

(5) www.smartcitiescouncil.com;

(6) www.greenbiz.com;

(7) “城市利用公共云改变经济可持续性”,思科公司;

(8) www.sensingcity.org;

(9) 阿姆斯特丹智慧城市,http://amsterdamsmartcity.com/projects/detail/id/38/slug/health-lab。

附录 2:与智慧城市项目相关的中国-欧盟合作

<table>
<tr><td>

中欧城镇化伙伴关系和中欧市长论坛

欧洲城市组织与区域委员会也参与了这项合作,由欧盟能源总司领导。

http://ec.europa.eu/energy/international/bilateral_cooperation/china/china_en.htm

</td></tr>
<tr><td>

中国-欧盟环境治理项目

该项目旨在致力于通过在环境领域加强管理、信息公开、公众参与、司法正义和企业责任,来强化中国的环境治理。

http://www.ecegp.com/index_en.asp

</td></tr>
<tr><td>

中国-欧盟环境可持续项目(ESP)

该项目旨在支持中国实现“十二五”发展规划确定的环境和气候变化相关目标。

https://webgate.ec.europa.eu/europeaid/online-services/index.cfm? do=publi.welcome&nbPubliList=15&orderby=upd&orderbyad=Desc&searchtype=RS&aofr=133582&userlanguage=en

</td></tr>
<tr><td>

中欧水资源交流平台(CEWP)

中国和欧盟在法国马赛举行的第 6 届世界水资源论坛(2012 年 3 月)上同意在欧洲水资源计划的支持下建立水资源平台。该平台的目标是实现对中国水资源的综合管理。

http://eeas.europa.eu/delegations/china/press_corner/all_news/news/2012/20120314_en.htm

</td></tr>
</table>

（续表）

中国-欧盟可持续城市化园区 中欧城镇化伙伴关系下的试点项目，旨在促进可持续城市发展各个方面的交流与合作。 http://www.sustainable-urbanisation-park.com/index.php? m=content&c=index&a=lists&catid=82
中国-欧盟清洁能源中心（EC2） 中国-欧盟清洁能源中心（EC2）是由欧盟委员会、中国国家能源局和中国商务部共同创立，在意大利环境、领土与海洋部的支持下，由欧盟资助为期五年的合作项目。 由（意大利）都灵理工大学领导。 http://www.ec2.org.cn/en
欧洲中国研究和咨询网络（ECRAN） 该项目旨在进一步加强欧盟政策制定者密切关注和评估中国当前发展的能力。 http://www.chathamhouse.org/research/asia/current-projects/europe-china-research-and-advice-network-ecran
中欧城市温室气体减排项目（URGENCHE） 该项目旨在将一批国际知名的科学家聚集在一起，为评估中国和欧洲各种温室气体（GHG）减排政策对健康和福祉的总体风险和效益，建立和应用一套方法体系。 http://www.urgenche.eu/

(续表)

城市中国 “城市中国”将分析未来40年中国的城市化趋势,并且根据可持续性理念定义未来可能的场景。 http://www.urbachina.eu/index.php/en/
中欧低碳生态城市合作项目(EC-Link) 该项目旨在支持中国实现“十二五发展规划”确定的环境、能源和碳浓度指标,通过分享欧洲和中国之间在可持续城市化发展和其他相关政策方面的经验,向中国住房和城乡建设部(MOHURD)提供技术援助,帮助中国城市采用能源和资源高效的生态解决方案。 项目于2013年后期启动,由欧盟能源总司领导。

附录3:欧盟智慧城市知识交流和合作平台

智慧城市理事会

http://smartc itiescouncil.com/

智慧城市理事会是一个顾问和市场推动机构。它促进城市向智慧、可持续化方向发展,主要通过以下相关方面进行准备:

- 成熟度指南:城市用以评测其进展的高级模型和指标
- 融资模板和案例研究:新兴融资模式指南,其中,某些模式结合了公共、私人、慈善和开发资金来源
- 政策框架和案例研究:促进经济发展同时保障市民权益的政策案例
- 可见性活动:包括奖励、赛事、发布和研究等
- 区域交流活动:仅限受邀者参加的高级活动,借此城市及其市民可以从众多学科的世界顶级专家那里直接学习相关知识,而智慧城市的创建需要这些学科的结合

智慧城市理事会的网站为很多城市提供了很多可能与其正在准备的项目相关信息,特别是:

智慧城市工具:http://smartcitiescouncil.com/smart-cities-information-center/smart-city-tools

- 市民参与策略和工具
- 融资和采购工具
- 政策框架和工具
- 研究、出版物和网站
- 智慧城市理事会成熟度指南
- 愿景和路线图工具

(续表)

智慧城市案例：http://smartcitiescouncil.com/smart-cities-information-center/examples-and-case-studies

智慧城市概念：http://smartcitiescouncil.com/smart-cities-information-center/smart-city-concepts

- 定义和概述
- 责任范围
  - ■ 构建环境
  - ■ 经济发展
  - ■ 能源
  - ■ 卫生和人口服务
  - ■ 公共安全和安保
  - ■ 电信
  - ■ 交通
  - ■ 水资源和污水
- 驱动力
  - ■ 分析方法
  - ■ 市民参与
  - ■ 计算资源
  - ■ 连接性
  - ■ 数据管理
  - ■ 融资和采购
  - ■ 仪表和控制
  - ■ 协同工作能力
  - ■ 政策和领导能力
  - ■ 安全和隐私

（续表）

eeRegio——能源效率 ICT 地方和区域计划

http://ec.europa.eu/information_society/activities/sustainable_growth//eeregio/index_en.htm

eeRegio 维基百科是整个欧洲地方、区域和国家机关（城市、自治市和区域）的资源平台。维基百科和论坛提供了大量涉及 ICT 能源效率计划的实际建议和良好实践案例。

其他城市可能特别感兴趣的是“ICT 对能源效率的贡献：地方和区域计划”（2011 年 7 月）《最终报告：地方和区域计划工具集》

http://ec.europa.eu/information_society/activities/sustainable_growth/docs/ict4ee_wiki/final_toolkit_master-p_v.pdf

这个工具集包括了通过 12 个“示范”形式提供的实际指导，地方和区域当局可以用来研究如何推进能源效率计划。该工具集还包括来自涵盖整个欧洲的 23 个案例研究，每一个案例都介绍了如何开发和实施 ICT 项目。

工具集中包括的项目类别有：

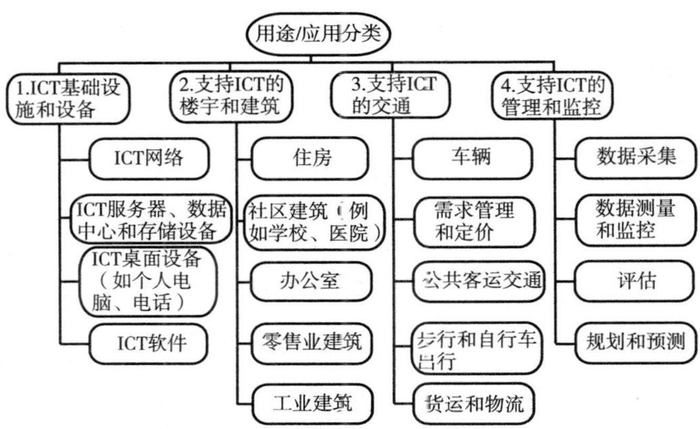

欧洲智能城市论坛(EPIC)

www.epic-cities.eu

EPIC 的目标是成为整个欧洲中等规模城市(50000—500000 人口)的服务创新和交付(路线图)平台,在这个平台上所有城市都可以经济有效地分享、获得和修改一系列服务来更加智慧地工作,以满足其市民、访客以及各种商业/社会关系的需要。

开放城市-智慧城市的开放创新机制

http://www.opencities.net/

作为城市创新管理过程,该项目旨在帮助其"开放式创新"应用。该项目力争:(1)提炼关于如何在公共领域应用"开放式创新"的深刻见解和最佳实践;(2)理解基于"开放式创新"技术平台的管理;(3)验证泛欧众包平台、开放数据、光纤到户网络和开放传感器网络的使用;(4)通过利用五个欧洲主要城市中众包平台、开放数据、光纤到户和开放传感器网络中的现有工具、实验和平台,促进"先进未来互联网服务"的发展;(5)通过支持生活实验室的有效应用,来促进智慧城市中对创新的采用和共同创造。

PEOPLE

http://www.people-project.eu/portal/

在基于"智慧城市"的 ICT 服务背景下,PEOPLE(利用促进和支持电子服务开放创新的试点城市生态系统)项目的重点是实施创新的互联网-万维网服务来为市民的日常生活提供便利,

（续表）

将他们作为定义需求的主要来源。PEOPLE 包括四个“试点智慧开放创新城市生态系统”（PEOPLE 试点），它们是基于 ICT 服务的可持续智慧城市的种子项目。
ICT4E2B（用于能源效率建筑的 ICT）（2010—2012 年） http://ict4e2b.eu/ 跨价值链和创新链的欧洲利益相关方论坛，探讨用于建筑能源效率的 ICT 系统的未来研究和整合的需求、挑战和机遇。该项目的目的是将参与用于建筑能源效率的 ICT 系统和解决方案利益相关方聚集在一起，确定和审查在研究和系统集成方面的需求，以加速启动和实施。
SEAP——如何制定智慧城市行动计划 http://www.covenantofmayors.eu/IMG/pdf/SEAP-ENG-final.pdf “市长盟约”（不仅限于欧盟城市）推动了一个支持波罗兹克市（白俄罗斯）和塞拉市（摩纳哥）起草和启动可持续能源行动计划（简称“SEAP”）的项目，使它们可以实施欧盟的 2020 战略。所产生的一系列成果对阐述什么是 SEAP、城市为什么需要它以及如何开发和实施这样的计划，都非常有帮助。通过 SEAP，能源管理的科学方法意味着每一个计划都将在环境和财政效率方面进行计算。频繁的能耗诊断和排放普查已经被证明是计划拟定和实施中的关键要素。 在“市长盟约”网站上可以获得SEAP发展指南和模板，对

(续表)

于非成员的城市,它们也是有用的资料。盟约成员城市和专家的以往经验在制定作为智慧城市项目组成部分的行动计划所需的步骤上,提供了有价值的指导。 指导手册:http://www.eumayors.eu/IMG/pdf/seap_guidelines_en.pdf 模板说明:http://www.eumayors.eu/about/covenant-step-by-step-seap-submission_en.html 相关下载:www.eumayors.eu/IMG/xls/template_en.xls
互联智慧城市 http://connectedsmartcities.eu/ 已经建立了"互联智慧城市组合网络"来为智慧城市提供一个开放和合作的框架,以合作、交流和分享其经验。这是FIREBALL(火球)项目的成果,这个项目将三个主要群体,即生活实验室、未来互联网研究社区和城市聚集在了一起。它得到了欧洲生活实验室网络和欧洲城市组织的支持。 城市概况:http://connectedsmartcities.eu/city-profiles
智慧城市欧盟 http://www.smart-cities.eu/ 这是一个基于综合性指标目录对智慧城市进行排名的项目,将欧洲中等规模城市的作用以及它们各自的差异和比较优势、劣势考虑在内。该项目试图根据全面的特点描述和制定的大量指标,对每个城市进行深入的分析。

（续表）

最终报告： http://www.smart-cities.eu/download/smart_cities_final_report.pdf 其他项目文档： 国际住房与规划联合会哥本哈根会议： http://www.smart-cities.eu/download/city_ranking_final.pdf 结果指标： http://www.smart-cities.eu/download/results_indicators.pdf
欧盟智慧城市利益相关方平台 http://www.eu-smartcities.eu/ 欧盟委员会启动智慧城市利益相关者交流平台的目的有两个：(1) 确认和交流智慧城市实践者的需要，并传播相关的信息技术解决方案；(2) 为欧盟委员会和其他高层组织提供相关政策支持信息。它既是一个网络平台，也是一个物理平台，对所有注册人开放。该平台由利益相关方所有，利益相关方以自下而上的方式支持其运转。该平台是智慧城市和社区欧洲创新伙伴关系（EIP）的两个治理机构之一。 智慧城市概述：http://www.eu-smartcities.eu/smartcities-profiles
欧洲的智慧城市 http://www.smartcitiesineurope.com/

(续表)

Smartcitiesineurope.com 是一个试图将整个欧洲各种项目经验汇聚在一起的平台。该平台的目的之一是提供智慧城市的实用路线、学习课程和出版物。 最佳实践部分:http://www.smartcitiesineurope.com/category/best-practices/? orderby=title&order=ASC
CitySDK http://www.citysdk.eu/ CitySDK 项目致力于将智慧城市应用程序从一个城市推广到另一个城市。它试图解决缺少统一的后台技术、创新的终端用户服务以及超越单一城市的统一市场的问题。它的目标是通过大规模的需求驱动的城市试点,建立一个智慧城市应用程序生态系统,这些城市试点在主要的智慧城市应用领域提出一揽子计划,并且统一采用开源服务开发人员工具集。 首先,项目将为欧洲智慧城市应用程序开发一个开源服务开发人员工具集(简称"CitySDK")。其次,开发人员将全身心投入到 CitySDK 的使用中(例如,个人开发者、中小型企业、城市 ICT 部门和黑客行动主义者)。该项目包括 9 个欧洲国家的 22 个合作方:中小型企业、ICT 和媒体公司、研究机构以及 8 座城市。

附录4:欧盟智慧城市项目的资金来源

每个项目和气候专项的预算分配

多年度财政框架:类目	每个项目小计	气候专项	气候专项	说明/注释
类目1:智慧和包容性增长				
地平线2020	87000百万欧元	35%	18500百万欧元	资金特别包括以下项目: • 安全、清洁和高效的能源,建议预算65亿欧元; • 智能、绿色和综合的交通,建议预算77亿欧元; • 气候行动、资源效率和原材料,建议预算36亿欧元。 要求启动特别用于智慧城市的项目,其他项目可以与城市需求关联起来,例如,电网、废物回收等。

（续表）

多年度财政框架:类目	每个项目小计	气候专项	气候专项	说明/注释
COSME	2500百万欧元			项目是针对改善和加强联盟企业特别是中小型企业的竞争力和可持续发展能力的计划。该项目可以用于支持技能的发展和运转智慧城市所需要的企业。
子类目:经济、社会和区域凝聚				
凝聚政策,包括ERDF和ESF	325149百万欧元	国家ERDF的20%分配给发达/转型地区,6%分配给欠发达地区	16000百万欧元用于EE/RES投资。至少**16257**百万欧元用于城市地区	根据欧盟委员会的建议,专项资金仅用于EE/RES活动。交通领域的其他气候相关活动或者与应对气候变化相关的活动,在专项任务之外也可以获得资助。**此外,至少有5%的国家ERDF资金专用于可持续城市发展活动,可以包括与交通、能源和ICT有关的活动。这些政策的城市层面将高度取决于区域规划。**

（续表）

多年度财政框架:类目	每个项目小计	气候专项	气候专项	说明/注释
CEF – 交通、能源和ICT	29300百万欧元			CEF专用于泛欧网络。这些将对地方层级上的决策产生影响,因为地方基础设施期望的需求将必须改变。区域将能够很好地与外部资源或者能源需求联系起来。
类目2:可持续增长:自然资源				
CAP:任务2 EARDF	85000百万欧元	25%（非约束力要求）	21250百万欧元	农村发展基金的目标是在与气候相关的投资中占有重要的资金比例。这些地区可能是与城市地区相关的,尤其是如果他们与能源生产相关。也应当考虑发展与农村地区的更强有力的联系,以及开拓可能的新的市场机遇。

(续表)

多年度财政框架:类目	每个项目小计	气候专项	气候专项	说明/注释
LIFE+	3600 百万欧元		902 百万欧元	LIFE 项目中新的“气候变化”部分可以用于促进城市地区中的缓解和适应气候变化活动。这些可能与种子基金、测试和试点项目、良好实践交流以及改善治理相关。

工具、各自活动和目标群体概述

项目	金融工具	活动的目标和类型	目标/受益人
类目 1:智慧和包容性增长			
地平线 2020		该项目旨在支持 RDI(研究开发和创新)活动,但是也通过支持在其他方面未必进行的高风险和长期 RDI 活动来解决市场失效问题。活动的重点包括安全、清洁和高效的能源(包括 IEEII 的后续),智慧、绿色、综合的交通和气候行动。	所有公共或者私营实体。对中小型企业给予特别关注。

（续表）

项目	金融工具	活动的目标和类型	目标/受益人
地平线2020	债务机制	债务机制的目的是依靠RDFF来填补目前市场中对高风险研究、创新投资的贷款和担保的需求与供给之间的缺口。RSFF在很大程度上是需求驱动的，因此与气候、能源、交通和ICT相关的活动不是唯一的重点。但是，EIB会根据欧盟的气候目标权衡考虑更重要的项目。	所有规模的法人实体，有能力进行创新和快速发展的中小型企业；中型和大型企业；大学和研究机构；研究基础设施和创新基础设施；公私伙伴关系；以及专用车辆或者项目。
	股权机制	股权机制的目的是为早期和成长阶段投资改善股权融资的可用性，并且促进联盟风险资本市场的发展。这应当特别有助于技术转移和启动阶段，此时新企业将面临“死亡之谷”——公共研究拨款已经终止，而且不可能吸引私人投资。	正在进行或者着手进行创新活动的所有规模的企业，特别关注于创新的中小型企业。这种机制对于城市中的大型创新示范项目具有特别重要的意义。

(续表)

项目	金融工具	活动的目标和类型	目标/受益人
COSME		该计划的目标是提高和加强联盟企业,特别是中小型企业的竞争力和可持续发展能力;制定新的竞争力战略,尤其包括影响企业竞争力和可持续发展能力政策的设计、实施和评估,包括灾难恢复和可持续产品、服务和过程的开发;加速有竞争力的产业兴起的计划,包括提高生产力、资源效率、可持续能力和企业社会责任的计划。	现有的企业(特别是小型企业),未来的企业(包括年轻人)以及国家、区域和地方当局。城市可以利用这些基金建立新的商业模型和能力以及运转高效智慧城市所需的经济结构。
	贷款担保机制(LGF)		扩张和发展阶段的企业,特别是有可能联同"地平线2020"股权机制在早期阶段进行投资的跨境经营企业。
	增长股权机制(EFG)		

（续表）

项目	金融工具	活动的目标和类型	目标/受益人
凝聚政策，包括 ERDF、ESF 和 CF	拨款 贷款、担保、股权和风险分担机制	同时通过拨款和创新的金融工具融资，可以把致力于 11 个主题目标之一的所有类型的项目作为对象，其中包括支持向低碳经济转移、适应气候变化和风险防范、可持续的和低碳的交通、中小型企业中的生态创新活动。这些可以包括：生产性投资，特别是创造就业和中小型企业支持；在能源、环境、交通和 ICT 领域基础设施的投资；社会、卫生和教育基础设施；通过支持区域和地方政府以及研究和创新发展内在潜力；以及技术援助。	为跨实施计划的不同优先级标准确定具体的目标群体/受益人的管理当局，可以是任何公共和私营法人实体、中小型企业、市民、非政府组织等，对于公共基础设施，应当是政府机构/公共事业提供商。
CEF	拨款	在泛欧层次上在交通、能源和 ICT 领域具有共同利益的项目。	项目开发商（可能是政府机构或者私营运营商）。

(续表)

项目	金融工具	活动的目标和类型	目标/受益人
CEF	风险分担机制促进的股权、贷款和/或担保,包括项目债券的增强机制	在交通和能源领域具有共同利益的项目。	
类目 2:可持续增长:自然资源			
欧洲农业和农村发展基金	拨款 贷款、担保、股权和风险分担机制	同时通过拨款和金融工具融资,可以把致力于 **6 个优先主题(以及 18 个次级优先主题,它们被称为“重点领域”,其中包括支持向低碳经济转移、适应气候变化和风险防范的活动)**之一的所有类型的项目作为对象。提供资金的例子可能包括对农村基础设施的实际	EAFRD 的目标是农村地区的农民、林地和其他土地管理者以及社区、企业和个人。这个范围可以在能源和交通以及用水分配和效率方面更好地将发展与城市整合起来。

（续表）

项目	金融工具	活动的目标和类型	目标/受益人
欧洲农业和农村发展基金		投资（例如为沼气发电厂的设施、房屋保温、现代机械等投资）以及提高个人的能力的投资（例如培训和提供建议）。	
环境和气候变化（LIFE）	拨款 金融工具	LIFE 项目中新的“气候变化”部分可以用于缓解、适应以及治理气候变化活动。重点是试点、示范项目，最佳实践项目，综合项目、技术援助、预备项目，以及信息、意识和宣传项目。	私营（例如中小型企业）和公共机构。部分 LIFE 资金将根据“欧洲适应战略”，以城市为重点。特别是大型城市将需要适应战略以及缓解战略。这些战略应当是一致的。

来源：智慧城市利益相关方平台财经工作组：“指导文件：利用欧盟的智慧城市融资机制”，2013 年。

以下网站介绍了几乎所有可能用于智慧城市的融资机会、项目等：http://ec.europa.eu/energy/technology/initiatives/smart_cities_en.htm 和 http://setis.ec.europa.eu/implementation/technology-road-map/european-initiative-on-smart-cities。

附录 5:试点城市成熟程度评估标准

<table>
<tr><th rowspan="2">特征</th><th colspan="4">成熟度</th></tr>
<tr><th>基本</th><th>一般</th><th>较先进</th><th>最先进</th></tr>
<tr><td>智慧城市战略</td><td>• 清晰界定智慧城市愿景,且与城市发展总体愿景密切相关
• 对 ICT 领域的战略关注有限</td><td>• 智慧城市理念包含至少以下因素:环境、能源、交通、水资源管理、城乡一体化、生活质量等
• 有一些智慧城市指标
• 制定了城市信息化规划</td><td>• 清晰地制定了可衡量的智慧城市关键指标
• 具有单独的智慧城市战略规划或顶层设计</td><td>• 智慧城市绩效考核指标符合国际标准,适用于所有利益相关方
• 在城市规划中体现了 ICT 技术发展趋势</td></tr>
<tr><td>利益相关方</td><td>• 各利益参与方的作用和关系</td><td>• 利益相关方的作用和关系清</td><td>• 各利益参与方的作用和关系</td><td>• 应用多种技术与市民互动,</td></tr>
</table>

（续表）

特征	成熟度			
	基本	一般	较先进	最先进
利益相关方	清晰定义但没有市民参与智慧城市业务应用的设计	晰界定，市民有限参与应用	清晰定义 • 市民主动参与应用设计，形成了政府的响应反馈机制	包括微博、移动社交应用程序、众包、游戏化等 • 积极推动和宣传智慧城市发展 • 通过培训帮助市民适应新技术
治理	• 部门内部的治理结构	• 建立了跨部门的治理结构，确保城市发展规划相关的机构能够有效合作	• 形成了跨部门覆盖全市的治理结构，且有跨部门绩效目标	• 形成了跨部门覆盖全市的治理结构，且有跨部门绩效目标 • 具备以下程序

(续表)

特征	成熟度			
	基本	一般	较先进	最先进
治理				■ 允许利益相关方参与决策 ■ 透明、可信
融资	• 仅仅对试点项目有资金支持,并没有扩大到整个城市范围 • 对资金支出只有最基本的监控	• 有现成规划,可以将部分试点项目大范围扩展	• 具有足够资金将智慧城市应用示范试点推广到整个城市 • 对于智慧城市建设资金的使用有完备的监督系统	• 不存在资金的问题,资金足够满足所有目标
价值评估	对于单个应用项目仅开展财务评估	• 非经济价值的评估作为商用案例的组成部分	• 建立了智慧城市评估框架,包括社会、环境	• 对所有的智慧城市项目评估总体影响,包括

（续表）

特征	成熟度			
	基本	一般	较先进	最先进
价值评估			等非财务因素，且对所有的智慧城市项目进行评估	经济、环境、社会和文化等方面
商业模式	• 试点期之后，商业模式不太可持续，或缺乏长效机制	• 针对试点项目开发了不同的商用模式（部分已经形成经验，其他的在试验阶段）	• 具有一定长效机制的商业模式	• 在所有的项目中使用相应的商业模式
信息通信基础设施	• 固定、移动或融合的宽带网络覆盖所有试点项目	• 针对特定项目的ICT投资，如智能电网 • 一些ICT基础设施在所	• 100%的城市宽带覆盖 • ICT基础设施在所有的智慧城市项目	• 20兆以上高速宽带100%覆盖 • 实时城市运营 • ICT愿景

(续表)

特征	成熟度			
	基本	一般	较先进	最先进
信息通信基础设施		有的智慧城市项目中共享或管理	中共享或管理 ● 为先进宽带网络提供资金,如 **LTE**、车载无线网、物联网等,并且在建设面向未来智慧城市项目的数据中心	和规划由城市的首席信息官监督实施 ■ 存在保障 **ICT** 领域持续有效投入的措施和手段
智慧城市应用	● 很少应用(少于5个)	● 实施一些应用,但部分仍处于试点的阶段	● 智慧城市应用大范围普及,满足不同利益相关方的需求 ● 业务在整个城市范围内应用	● 一些智慧城市应用代表了最佳实践并获得荣誉 ● 智慧城市业务通过开放数据和众包等方式提供

附录6：北京“祥云工程”：打造北京信息共享平台

当前，云计算作为一种新兴的信息技术服务与应用模式，正以它独特的优势受到世界各国的广泛重视，各国政府纷纷将其视为IT产业发展的新机遇，并在政策上加以引导和部署，以促进本国云计算产业的发展。

2010年10月，北京市发布了《北京“祥云工程”行动计划》，计划整合北京市云计算产业的高端人才、风险投资、产业基地、创新性企业等产业发展要素，推动云计算产业早起步、快发展、上规模，在新一轮信息技术的国际竞争中抢占先机，希望到2015年云计算的三类典型服务（IaaS、PaaS、SaaS）形成500亿元产业规模，带动产业链形成2000亿元产值，云应用水平居世界各主要城市前列，成为世界级云计算产业基地。

北京“祥云工程”是“智慧北京”的重要组成部分，通过此工程的建设，旨在提高人口、交通、环境、安全、民生等重点政府领域智能协同服务水平，集约发展智慧北京的信息基础设施，推动电子政务再上新台阶，是“十二五”北京电子政务建设的重点工程。

一、挑战

经过“十一五”期间的建设，北京市电子政务实现了快速发展，“数字北京”目标基本实现，电子政务快速发展和全面应用的格局基本形成。但在建设体制和技术上，存在一些问题，需要通过新的

架构新的技术解决:

1. 信息孤岛情况严重 原有电子政务业务分散在近30个委办局的小数据中心,相互独立形成“信息孤岛”,信息和资源难以共享,难以形成高效统一的智慧政务平台。此外,由于业务独享物理的计算和存储资源,资源利用率平均不到16%,造成了很大的浪费。

2. 信息安全隐患多 原有近30个小数据中心都有各自的接口分别接入互联网,每个接口都承受着每月10万次以上的安全威胁,各委办局的安全防护能力参差不齐,存在着巨大的隐患。

3. IT运维管理难 平均每个委办局数据中心都配备2个以上的IT运维人员,近30个委办局政务外网的运维人员超过70人。但是分散的数据中心普遍缺乏专业的IT运维能力,处理问题的效率非常低,知识和经验无法共享,严重影响了政府的公共服务水平。

二、解决方案

北京政务祥云采用华为电子政务云解决方案,建设智慧政务数据中心IaaS平台,提供从服务器、存储设备、交换设备、安全设备、防火墙、云平台到运维管理的一体化解决方案。通过此方案,实现集约化建设,有效地降低成本、提升效率、保证安全可靠。基于统一的IaaS平台,部署现有成熟的PaaS平台,丰富政务信息化应用,便于向党政机关提供不同层次的SaaS政务应用,快速推进智慧政务建设。

该方案把近30个小数据中心的政务外网业务用统一云平台来承载,共享的架构使得计算资源平均利用率大幅提升到55%。原有近30个互联网接口统一为一个，采用完善的安全防护方案，降低了安全隐患，实现了快速统一防御和管控。借助可视化的统一的运维管理系统ManageOne，原来近30个数据中心独立运维管理集中到了政务云数据中心统一管理，显著提升了运维效率。

三、方案亮点

解决方案的亮点主要体现在三个方面：

1. 数据高度共享 通过统一云平台，承载了原有各部门的数据业务，实现了全市主要政府职能部门的业务共享。实现了北京主要政府部门的资源整合和数据整合，为区县和市级的主要政务应用提供支撑。同时，共享的架构使得计算资源平均利用率从16%提升到55%。

2. 信息安全可控 华为为“祥云工程”提供了网络安全、终端安全、数据安全和安全管理的端到端信息安全解决方案。将原30个互联网出口统一为一个，采用容量是业界水平2倍的USG9000系列防火墙，可同步分析20000Gbps+的网络流量，提供专业的DDOS攻击防护功能，通过统一网管实现对网络的统一管控。华为端到端信息安全解决方案为“祥云工程”构建了“航母级”信息安全架构，安全威胁降为原来的5%，为北京电子政务云平台的安全运行，提供了强有力支撑。

3. IT运维高效 “祥云工程”采用华为自主知识产权的可视化统一运维管理系统ManageOne，将原来近30个数据中心独立运维管理，集中到了政务云数据中心统一管理，显著提升了运维效率，大大提升了运维的专业性与效率，运维人力从原70人下降到5

人,运维水平显著提升。

四、客户收益

1. 低成本

(1)基于云架构的电子政务云平台可以兼容原有系统资源,大幅节省系统改造成本,保护客户投资。此外,系统可弹性扩容,平滑升级。

(2)共享的架构使得计算资源平均利用率从 16%提升到 55%,将硬件投资成本节省为原来的一半。

(3)统一运维管理系统实现政务云系统高效运维,人力成本节省为原来的 1/12,总体运维成本减低到原来的 1/3。

2. 高收益

(1)跨部门共享与协同　基于电子政务云平台,有效整合北京市人口、交通、环境、安全、民生等重点政府领域资源,实现这些部门智能协同,大幅提升北京电子政务水平。

(2)快速承载现网业务　仅仅 3 个月时间,把一批与民生密切相关的外网业务(计生、社保、医保、视频北京等)平滑迁移到政务云平台并上线运行,3 个月实现真正商用。此外,可以实现新增业务快速部署,新业务上线的时间由以前的几个月缩短到现在的几天。

(3)形成云计算示范效应　北京电子政务云平台的上线,对云计算在北京落地起到了很好的示范效应,对整合北京市云计算产业的高端人才、风险投资、产业基地、创新性企业等产业发展要素,推动云计算产业早起步、快发展、上规模,在新一轮信息技术的国际竞争中抢占先机都起到了积极的示范与推动作用。